U0582912

国家社会科学基金项目（16BGJ010）

中国制造业
海外投资效率提升研究
——基于全球价值链的视角

姚战琪◎著

RESEARCH ON IMPROVING THE EFFICIENCY OF
CHINA'S MANUFACTURING INDUSTRY'S OVERSEAS INVESTMENTS FROM
THE PERSPECTIVE OF GLOBAL VALUE CHAIN

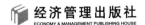

经济管理出版社
ECONOMY & MANAGEMENT PUBLISHING HOUSE

图书在版编目（CIP）数据

中国制造业海外投资效率提升研究：基于全球价值链的视角/姚战琪著．—北京：经济管理出版社，2021.12
ISBN 978 - 7 - 5096 - 8289 - 0

Ⅰ.①中…　Ⅱ.①姚…　Ⅲ.①制造工业—工业企业—对外投资—研究—中国　Ⅳ.①F426.4

中国版本图书馆 CIP 数据核字（2021）第 277346 号

组稿编辑：申桂萍
责任编辑：魏晨红
责任印制：黄章平
责任校对：陈　颖

出版发行：经济管理出版社
　　　　　（北京市海淀区北蜂窝 8 号中雅大厦 A 座 11 层　100038）
网　　　址：www. E - mp. com. cn
电　　　话：（010）51915602
印　　　刷：唐山玺诚印务有限公司
经　　　销：新华书店
开　　　本：720mm×1000mm/16
印　　　张：13.5
字　　　数：258 千字
版　　　次：2022 年 8 月第 1 版　　2022 年 8 月第 1 次印刷
书　　　号：ISBN 978 - 7 - 5096 - 8289 - 0
定　　　价：68.00 元

·版权所有　翻印必究·
凡购本社图书，如有印装错误，由本社发行部负责调换。
联系地址：北京市海淀区北蜂窝 8 号中雅大厦 11 层
电话：（010）68022974　　邮编：100038

自　序

进入 21 世纪以来，中国对外直接投资快速增长，从 2014 年开始，中国对外直接投资流量超过了实际利用外资额，2014 年中国对外直接投资流量为 1231.2 亿美元，实际利用外资额为 1195.6 亿美元，但从 2017 年开始，中国对外直接投资流量逐渐下降，而实际利用外资额继续增长。2017 年，中国对外直接投资流量为 1582.9 亿美元，实际利用外资额为 1310.4 亿美元；2019 年，中国对外直接投资流量为 1171.2 亿美元，实际利用外资额为 1381 亿美元。当前，在推动中国制造业海外投资的同时，必须创新传统的对外直接投资理论，首先，要打破在全球化进程中美国、日本等国家的跨国公司永久处于全球价值链高端而中国永久处于全球价值链中低端的困境，必须构建中国全球价值链战略，积极推动产业升级，提升中国参与全球价值链水平，通过"一带一路"倡议逐步构建中国自己的全球价值链。其次，必须做到中国制造业对外直接投资与服务业的互动，不断提升中国竞争力。最后，中国装备制造业"走出去"，构建互利共赢的全球价值链，做到设计、生产、销售、服务等产业链全覆盖。

在理论上，本书尝试完善社会主义市场经济对外开放理论体系；尝试构建一个继续扩大制造业开放程度的理论体系，在丰富产业经济领域既有成果的基础上，完善我国新时期的对外开放理论。在政策上，本书尝试揭示全球价值链背景下提高中国制造业对外直接投资效率的新机制。进入 21 世纪以来，中国制造业海外投资快速增长，面对全球产业融合的大趋势，中国企业在参与现有全球价值链分工的基础上应构建自己的全球价值链，但我国在境外直接投资产业链方面仍存在脱节，专门针对制造业"走出去"的路径与战略的经验研究仍然存在真空地带。因此，借助于本研究，我们不仅可能为制造业"走出去"的路径研究提供一个具有说服力的经验证据，而且也有可能揭示全球价值链背景下中国制造业通过"走出去"来提高对外直接投资效率的新机制。结合新时期、新阶段的新形势和新变化，为了提高中国企业对外直接投资效率，值得关注未来中国海外投资的三大显著特征：其一，中国制造业海外投资和服务业对外直接投资融合与互动。其二，提升中国制造业海外投资效率与我国尽快向全球价值链上游攀升密不可分。其三，全球经济日益一体化背景下的制造业与服务业紧密关联。

本书从中国攀升全球价值链角度研究了中国制造业如何有效率"走出去"等问题，第一，运用文献研究、案例分析、实地调研等方法展现当前中国融入全球价值链面临的国际环境和所处的角色。第二，研究中国制造业通过海外投资融入全球价值链的进程和在全球价值链中的角色演变，主要运用文献研究、实地调研等方法，使用不同类型国家的数据，利用随机前沿引力模型等，分析了中国制造业海外投资效率损失的影响因素，研究了东道国政府的整体功能水平、法律约束力、劳动力人口占比、通信业固定资产投资等因素对中国 OFDI 效率的影响，结果表明，转型及发展中国家的通信业固定资产投资与中国 OFDI 效率显著正相关；发达国家政府的整体功能水平与中国 OFDI 效率显著负相关，而发展中国家政府的整体功能水平对中国 OFDI 效率的影响未通过显著性检验；发达国家法律约束力与中国 OFDI 效率显著正相关。第三，从不同东道国角度探索"走出去"的中国制造业所处价值链环节及其对经济增长的带动作用，主要运用基于不同国家截面的时间序列的计量经济学方法，如超效率 DEA 法等，探索中国在不同国家的投资规模、所处的价值链环节对国内经济结构调整和经济增长的带动作用。第四，分析中国制造业和服务业对外直接投资在融入全球价值链进程中所扮演的角色和互动关系，运用实地调研和计量经济学研究方法，探索和验证中国制造业对外直接投资和生产性服务业对外直接投资的关联性以及当前服务业对外直接投资大大超过制造业对外直接投资的事实。第五，从制造业对外直接投资与进出口贸易互动性角度研究中国制造业对外直接投资与提升贸易竞争力之间的关系，运用 SVAR 计量经济学分析方法，验证中国制造业对外直接投资的贸易产业竞争力效应得到认可的事实。第六，探索中国制造业对外直接投资对国内产业结构转型升级的带动作用。推动中国三大地区制造业"走出去"，整合产业链，攀升全球价值链，力求拓展中国对外直接投资理论研究的视野和深度，最大程度地缩小我国地区发展差距，主要运用因子分析、EViews 建模检验法、案例分析法和回归分析法分析中国制造业对外直接投资与工业产业结构升级的互动关系、制造业对外直接投资对服务业发展及结构升级的影响。

姚战琪

2020 年 5 月 5 日

目　录

第一章　引言

第一节　主要思路

本书拟尝试构建一个继续扩大制造业开放的理论体系，在丰富现有产业经济领域既定成果的基础上，完善我国新时期的对外开放理论。进入 21 世纪后，中国制造业海外投资快速增长，面对全球产业融合的大趋势，中国企业在参与现有全球价值链分工的基础上应构建自己的全球价值链，因此揭示全球价值链背景下提高中国制造业对外直接投资效率的新机制具有重要的意义。

当前中国对外直接投资快速增长，在全球价值链视角下如何提升中国制造业海外投资效率引起了学术界的广泛关注。发展中国家通过对外直接投资可以获得发达国家的先进技术，从而通过 OFDI 带来的人力资源流动的溢出效应、模仿示范效应、关联产业跟进的发展效应三个途径，促进发展中国家企业向全球价值链高端延伸。当前我国仍处于全球价值链的中低端，应加快实现从嵌入全球价值链向主导"一带一路"区域价值链转变。

一、揭示中国制造业对外直接投资与提升贸易竞争力之间的互动关系

中国制造业对外直接投资与提升贸易竞争力之间密不可分，中国对发达国家 OFDI（对外直接投资）、对发展中国家 OFDI、对"一带一路"沿线国家 OFDI 都对我国出口技术复杂度具有显著的促进作用，应加大对发展中国家和对"一带一路"沿线国家 OFDI，提升企业对外直接投资逆向技术溢出效应，提升中国贸易竞争力。因此，中国制造业企业"走出去"与国际贸易密不可分，在全球价值链背景下，应通过制造业"走出去"改变中国贸易政策，通过构建全球价值链改变国际贸易和投资格局。

中国出口技术复杂度与通过对外直接投资获得的国外研发资本存量紧密关联，从两者的关联度角度对各省进行排名，排名前10位的省份分别为上海、重庆、海南、北京、河南、吉林、贵州、福建、山东、广东。排名后10位的省份分别为四川、天津、甘肃、山西、江西、云南、宁夏、陕西、湖南、安徽。上海市出口技术复杂度与通过对外直接投资获得的国外研发资本存量关联度最高，表明上海市OFDI逆向技术溢出显著促进了出口技术复杂度的提升。但安徽省出口技术复杂度与通过对外直接投资获得的国外研发资本存量关联度最低，因此该省通过对外直接投资获得的逆向技术溢出效应对出口技术复杂度的贡献极其微弱。

二、发挥对外直接投资对国内投资的推动作用

制造业和现代服务业可以大胆"走出去"，因为制造业可以带动中国中间（投入）品出口和国内产业发展，尤其是现代服务业对外直接投资的增加会推动国内投资的增加。因此，要大力推动制造业和现代服务业向"一带一路"沿线国家和地区理性投资，同时也要遏制房地产业非理性的对外直接投资，大力发挥该行业对外直接投资对国内投资的推动作用。

在当前背景下，中部地区必须重视通过大力发展金融业等现代服务业，从而推动企业"走出去"。对外直接投资对国内投资的影响与国内金融市场密切相关，由于中西部地区金融业发展滞后导致对外直接投资不能推动国内投资的增加，因此，应制定相关政策，鼓励中西部地区中小银行的金融机构经营许可证与短期金融工具及长期金融工具的申请。

在"一带一路"背景下，推动企业向"一带一路"沿线"走出去"，同时金融业必须支持"一带一路"建设，为"走出去"的中国企业提供金融支持。若不重视金融的支持，对"一带一路"沿线国家投资就会对国内投资产生替代作用，因此必须大力发展金融业，促进国内投资和对"一带一路"沿线国家投资的互补作用。

三、推动中西部地区对外直接投资的逆向技术溢出效应

西部地区应适度发展对外直接投资，并以引进外资为主，大力发挥中国对外直接投资对产业结构调整和升级的促进作用，尤其是要进一步提升中西部地区对外直接投资效率，大力发展中西部地区金融业，大力推动中部地区对外直接投资对产业结构高度化的促进作用。

当前，外商投资对中西部地区出口技术复杂度的影响不显著，同时中国通过对外直接投资获得的国外研发资本存量对东部地区出口技术复杂度的影响强于中西部地区，因此应进一步提高中西部地区的开放度。提高各区域尤其是中西部地

区的对外开放度，完善人力资本、要素市场的发育和法律制度环境，以促进吸收更多的 OFDI 逆向技术溢出。进一步加大中西部地区的对外开放度，积极发挥《中西部地区外商投资优势产业目录（2017 年修订）》的作用。

四、考察 OFDI 对我国攀升全球价值链的影响

当前我国的 OFDI 流量仅次于美国，并且从 2015 年开始中国成为资本净输出国。OFDI 对价值链的影响机制主要表现为发展中国家通过人力资源流动的溢出效应、模仿示范效应、关联产业跟进的发展效应三个途径获得对外直接投资的逆向技术溢出，从而促进其向全球价值链的高端延伸。

对发达国家 OFDI 将促进我国全球价值链地位指数的不断上升。因此，要加强与发达国家的技术输出合作，增强对发达国家的技术寻求型投资。依托北美、东欧、中欧地区劳动力受到良好训练的优势，加强在该地区进行战略投资合作，将发达国家作为我国获得逆向技术溢出的主要东道国。

要加大对欧盟、中欧、东欧、日本等发达国家和地区的市场寻求型对外直接投资力度。对那些对中国有贸易壁垒的国家可采取来源于第三国的中国中间品出口等多种方式促进我国出口，充分发挥中国的成本优势以及欧盟等发达国家的市场规模、市场特点优势，推动中国出口。

对发展中国家 OFDI 将促进我国全球价值链参与指数的不断上升。因此，要加大对发展中国家基础设施建设的支持力度，增强对发展中国家的资源寻求型对外直接投资。

五、探索 OFDI 对东道国攀升全球价值链的影响

OFDI 不但能促进中国攀升全球价值链，而且也能推动东道国全球价值链分工地位指数不断得到提升。中国 OFDI 能显著提升东道国全球价值链分工地位，中国 OFDI 的进入能通过技术外溢效应，提升东道国技术水平和生产率，促进东道国价值链升级，即中国 OFDI 进入一国不但能提升该国全球价值链的嵌入度，而且也能提升该国全球价值链的分工地位。在具体的实践中可以看到，在美欧主导全球价值链的背景下，我国企业先从其他国家尤其是从东南亚国家大量进口中间品，经中国加工再出口到第三国从而实现出口，因此显著增加了进口中间品的国外附加值，即"一带一路"沿线国家大量出口中间品，经中国加工再出口到第三国，因此中国企业"走出去"必然会提升"一带一路"沿线国家的全球价值链地位指数，有利于提高"一带一路"沿线国家全球价值链的嵌入程度，从而促进"一带一路"沿线国家全球价值链升级。

六、辨析服务业对外直接投资的主要特质

在"一带一路"沿线国家与中国快速发展商品贸易进程中，中国生产性服务业快速增长，与"一带一路"沿线国家相比，中国生产性服务业在全球价值链中的地位较高，因此中国生产性服务业具有较强的竞争力。中国生产性服务业应大胆向"一带一路"沿线国家和地区"走出去"，尤其是应向东盟和东南亚地区"走出去"，充分发挥中国生产性服务业的比较优势。应尽快制定促进中国生产性服务业"走出去"的优惠政策和鼓励措施，积极打造"中国服务"品牌，在"一带一路"沿线国家和地区建立品牌形象。

当前中国服务业对外直接投资流量和存量占比均超过70%，"走出去"的大多数服务业企业在国外建立贸易子公司，绕开关税壁垒和非关税壁垒并服务于东道国市场，从而中国对外直接投资与当地企业的关联度较高，因此"走出去"的服务业与制造业紧密关联。

七、阐述不断提升中国企业海外投资效率的当代意义

在中国对外直接投资快速增长的同时，应重视在全球价值链视角下不断提升中国海外投资效率。当前中国仍处于全球价值链的中低端，应加快实现从嵌入全球价值链向主导"一带一路"区域价值链转变。由于我国从"一带一路"沿线国家和地区大量进口中间品，甚至从东亚国家进口的中间品贸易额快速增长，经过加工装配后，最终出口到美国等发达国家，因此，尽管各国之间的中间品贸易能促进中国攀升全球价值链，但非常缓慢，中国出口所包含的国外增加值远远大于国内增加值，中国仍长期处于全球价值链的中低端。

虽然中国生产性服务业在全球价值链中的地位大大高于"一带一路"沿线国家，但当前欧美日仍主导全球价值链，因此我们认为，中国主导的区域价值链比欧美主导的全球价值链更有可行性。如果中国能同"一带一路"沿线国家和地区组成中国主导的区域价值链，中国将极有可能成为区域价值链中的技术先进方，并代替欧美主导的全球价值链中的技术落后方。"一带一路"建设为中国主导的区域价值链代替美欧日主导的全球价值链提供了重大机遇，实现从全球价值链向区域价值链转变，中国将改变低端发展的老路，实现对全球价值链高端技术环节的控制。在美欧日主导的全球价值链中，作为"世界工厂"的中国主要从事加工、组装、运输、制造等环节，但在中国与"一带一路"沿线国家组成的区域价值链中，中国将扮演美欧日在全球价值链中扮演的角色，即中国将处于价值链的中高端环节，并不断提升创新能力。因此，应创造条件，加快实现从全球价值链向中国主导"一带一路"区域价值链转变。

本书的研究成果充实了现有理论，并验证了本书提出的假设，认为提升中国制造业对外直接投资效率与服务业对外直接投资快速增长紧密关联，"走出去"的大多数服务业企业在国外建立贸易子公司，绕开关税壁垒和非关税壁垒并服务于东道国市场，从而促进我国中间品进出口，因此传统服务业在中国制造业对外直接投资进程中扮演着提高我国制造业对外直接投资效率的角色。本书给出了全球价值链背景下实现中国进出口贸易、国内投资、产业结构升级与对外直接投资互相促进和互动发展的对策建议。本书的研究成果在实践中取得了较好的成效，已有多篇论文类阶段性研究成果在国内外核心期刊正式发表，并得到了学术界的认可。

第二节　主要内容

本书的主要内容由三部分组成：①全球价值链视角下中国制造业海外投资的现状与机遇。②中国制造业对外直接投资与融入全球价值链关系的理论与实证分析。③整合国内价值链，通过国内企业"抱团"加入特定的全球价值链，推动我国产业升级，研究中国对外直接投资对中国产业结构调整与经济增长质量的影响。

本书共分为十二章。引言之后的部分安排如下：

第二章对中国制造业融入全球价值链现状的评估。分析中国成为 APEC 成员后中国出口到 APEC 国家的全球价值链地位指数，以及分析中国出口到发达国家的全球价值链地位指数、中国出口到发展中国家的全球价值链地位指数、中国出口到"一带一路"沿线国家的全球价值链地位指数、中国出口到欧盟的全球价值链地位指数，并分析全球价值链背景下中国 OFDI、进出口贸易对中国攀升全球价值链的影响。

第三章中国海外投资的发展历程及各因素对中国对外直接投资效率的影响评价。展现了全球价值链视角下中国制造业对不同国家海外投资的发展历程及结构性分布，以及中国各省份和地区通过对外直接投资获得的国外研发资本存量的结构性分布，并使用随机前沿引力模型等研究中国对外直接投资效率及其影响因素，分析了各国进出口贸易占比、中国对各国 OFDI 占比、中国对各国进出口占比、中国人均 GDP、各国人均 GDP、中国对各国 OFDI 占比与进出口占比的交互项、各国天然气租金占比、中国与各国的国土接壤情况、各国经济距离、政府效率、法律与腐败监管、每百人无线通信系统的电话租用、劳动力占总人口比重等因素对我国 OFDI 的影响。

第四章中国对外直接投资与中国制造业攀升全球价值链的理论与实证分析。基于中国对 16 个发达国家和 10 个发展中国家 OFDI 及通过 OFDI 获得的国外研发资本存量,从发达国家和发展中国家层面研究中国对外直接投资对中国全球价值链地位指数、中国全球价值链参与指数和基于中间品出口增加值的全球价值链分工地位的影响。结果发现,中国对发达国家 OFDI 显著促进了我国全球价值链地位指数的不断上升,也显著促进了我国全球价值链参与指数的不断上升;中国对发展中国家 OFDI 促进了我国全球价值链参与指数的不断上升,但不能显著促进中国 GVC 地位指数的提升;中国对发展中国家的 GVC 参与指数大于中国对发达国家的 GVC 参与指数,但中国对发达国家的 GVC 地位指数大于中国对发展中国家的 GVC 地位指数。

第五章中国对外直接投资对各国攀升全球价值链的影响。从发达国家和发展中国家视角研究中国 OFDI 对发达国家和发展中国家全球价值链地位指数、全球价值链参与指数和基于中间品出口增加值的全球价值链分工地位的影响。结果发现,中国对发达国家 OFDI 将促进发达国家全球价值链地位指数的不断上升,中国对发达国家 OFDI 也显著促进了发达国家全球价值链参与指数的不断上升。同时,中国对发展中国家 OFDI 不但促进了发展中国家全球价值链参与指数的不断上升,而且也显著促进了发展中国家 GVC 地位指数的提升。并且中国 OFDI 对发展中国家的 GVC 参与指数的促进作用大于中国 OFDI 对发达国家的 GVC 参与指数的促进作用,中国 OFDI 对发展中国家的 GVC 地位指数的影响程度大于中国 OFDI 对发达国家的 GVC 地位指数的影响程度。

第六章中国与其他国家和地区建立自由贸易区的直接投资效应分析。分析了中国与 FTA 伙伴、东盟成员国、中国香港和澳门、新加坡、APEC 成员建立自由贸易区的直接投资效应,以及中国对外直接投资对基于中间品出口增加值的中国全球价值链分工地位的影响。不但分析了中国对外直接投资效应,研究了各因素对中国对各国出口的影响,同时也分析了对外直接投资和其他因素对基于中间品出口增加值的中国全球价值链分工地位的影响。

第七章中国对外直接投资对进出口的影响。研究了中国对"一带一路"沿线国家和地区 OFDI 的逆向技术溢出效应对中国出口技术复杂度的影响、对发展中国家 OFDI 的逆向技术溢出效应对中国出口技术复杂度的影响、对发达国家 OFDI 的逆向技术溢出效应对中国出口技术复杂度的影响,并进行了分区域回归。结果发现,中国通过对发达国家 OFDI 获得的国外研发资本存量、通过对发展中国家 OFDI 获得的国外研发资本存量、通过对"一带一路"沿线国家和地区OFDI获得的国外研发资本存量都对出口技术复杂度产生了显著的正向影响,同时,中国对发展中国家 OFDI 获得的研发资本存量对中国出口技术复杂度的贡献大于中国对发达国家 OFDI 获得的研发资本存量和中国对"一带一路"沿线国家和地区 OFDI 获得的研发资本存量对中国出口技术复杂度的贡献。

第八章中国制造业对外直接投资与国内产业结构调整及升级。在分析中国对外直接投资与国内产业结构升级的关系时考虑了空间因素，全面认识中国对外直接投资对国内产业结构升级的作用及其形成机理。利用我国 30 个省份（不包括西藏自治区）的面板数据，在引入空间距离因素的基础上探索中国 OFDI 对产业结构转型升级的直接影响和空间溢出效应，更好地揭示制造业对外直接投资对产业结构升级的作用路径。

第九章中国对外直接投资对国内投资的影响。本章不但研究了 OFDI 流量对国内资本形成的挤出效应或挤入效应，而且研究了中国通过 OFDI 流量获得的国外研发资本对我国国内投资的影响，也研究了通过"一带一路"沿线国家和地区 OFDI 流量获得的国外研发资本对我国国内投资的影响。学术界关于发达国家 OFDI 对国内投资存在挤入效应还是挤出效应尚无一致结论，我国学者关于发展中国家 OFDI 对国内投资存在挤出效应还是存在挤入效应还有较多的分歧。

第十章中国对"一带一路"沿线国家 OFDI 逆向技术溢出与地区技术创新。从以专利授权数量表示的技术创新能力的视角，选择中国省际面板数据，考察基于获取、消化、吸收 3 个维度 6 个指标调节的 OFDI 逆向技术溢出对中国技术创新能力的影响，并根据所得结论提出相关政策建议，以更好地促进中国技术创新能力的提高。相对于中西部地区来说，市场的作用、R&D 经费支出对东部地区的 OFDI 逆向溢出与技术创新能力之间关系的调节效应更为重要，同时，国民素质、金融市场化及外资占比和法律约束力对西部地区的 OFDI 逆向溢出与创新能力之间关系的调节效应更为重要。

第十一章我国制造业对外直接投资案例研究。本章进行了一次我国对外直接投资企业调查和实地调研，选取进入埃塞俄比亚等国家的力帆汽车、华坚集团等我国制造业企业作为调查样本，从更深层次上理解和分析我国制造业对非洲投资存在的风险和问题，并提出了风险应对策略和发展前景。

第十二章结论及政策建议。基于以上研究，为进一步提升中国制造业海外投资效率提出了相关政策建议。

第二章　对中国制造业融入全球价值链现状的评估

当前，中国正面临复杂的国际环境以及发达国家贸易保护主义和新贸易保护主义对中国对外直接投资的冲击，因此必须正确认识中国企业"走出去"参与全球价值链分工的影响因素，大力推进中国 OFDI 与进出口贸易协调发展，加快实现从全球价值链中的技术落后方向"一带一路"区域价值链主导方转变。

第一节　"走出去"的中国企业参与全球价值链分工的影响因素分析

一、中国各年 GVC 地位指数和参与指数

1995 年以来，中国制造业中间品出口贸易额快速增长，制造业中间品进口贸易额也不断增长。2015 年，中国制造业中间品出口贸易额为 1074287.5 万美元，制造业中间品进口贸易额为 776227.5 万美元，所占比重分别为 88.83% 和 63.64%。根据 TiVA 数据库的增加值贸易核心指标可以计算得到中国 GVC 地位指数、GVC 参与指数以及中国 GVC 位置指数（见表 2-1）。

本书使用以下方法计算全球价值链参与指数：

$$GVC\_\ Participation = \frac{IV_{nr}}{E_{nr}} + \frac{FV_{nr}}{E_{nr}} \tag{2-1}$$

其中，IV_{nr}/E_{nr} 为前向参与度，FV_{nr}/E_{nr} 为后向参与度，IV_{nr} 为 r 国 n 产业出口中所蕴含的国内增加值部分，FV_{nr} 为 r 国制造业中 n 产业出口中所蕴含的国外增加值部分。

使用以下方法计算全球价值链地位指数：

$$GVC\_Position = \ln\left(1 + \frac{IV_{nr}}{E_{nr}}\right) - \ln\left(1 + \frac{FV_{nr}}{E_{nr}}\right) \qquad (2-2)$$

产业 GVC 位置指数的计算方法如下：

$$GVC\_Site = (IV_{nr}/E_{nr})/(FV_{nr}/E_{nr}) \qquad (2-3)$$

表 2-1　2000~2014 年中国 GVC 地位指数和参与指数

指数 ＼ 年份	2000	2001	2002	2003	2004	2005	2006	2007	2008	2009	2010	2011	2012	2013	2014
后向参与度	0.14	0.13	0.14	0.17	0.19	0.19	0.19	0.19	0.17	0.15	0.16	0.15	0.14	0.14	0.13
前向参与度	0.12	0.12	0.12	0.12	0.12	0.11	0.11	0.11	0.12	0.11	0.11	0.12	0.12	0.12	0.12
GVC 参与指数	0.26	0.25	0.26	0.28	0.30	0.30	0.30	0.30	0.29	0.25	0.27	0.27	0.26	0.26	0.25
GVC 地位指数	-0.01	-0.01	-0.02	-0.04	-0.06	-0.07	-0.06	-0.07	-0.05	-0.03	-0.04	-0.03	-0.03	-0.02	-0.01
GVC 位置指数	0.91	0.95	0.87	0.70	0.62	0.59	0.61	0.60	0.69	0.75	0.72	0.78	0.80	0.84	0.96

资料来源：根据 TiVA 数据库计算得到。

从表 2-1 可以看到，虽然中国整体行业的 GVC 地位指数不断提升，但仍处于较低水平。中国 GVC 地位指数长期为负，表明中国出口的国外附加值远远高于国内增加值，中国在全球价值链中更多从事组装、加工等下游环节，仍长期被锁定在全球价值链分工的低端环节。同时可以看到，中国后向参与度与 GVC 参与指数变化趋势基本一致，即我国产业总出口中所包含的国外增加值主导我国全球价值链参与指数的主要方向，而我国各产业总出口中所包含的间接国内增加值所占比重极低，这也是受到了我国出口导向型战略影响的必然结果。

以下具体分析中国制造业和服务业的全球价值链地位指数、全球价值链参与指数。从图 2-1 可以看到，我国制造业 GVC 参与指数不断提高，虽然制造业全球价值链地位指数一直为负，但从 2007 年开始制造业后向参与度逐渐降低，从而推动了我国制造业位置指数不断提高。

与制造业不同，我国服务业 GVC 地位指数为正，并处于缓慢增长趋势，因此中国服务业前向参与度大于服务业后向参与度，从而推动了中国服务业 GVC

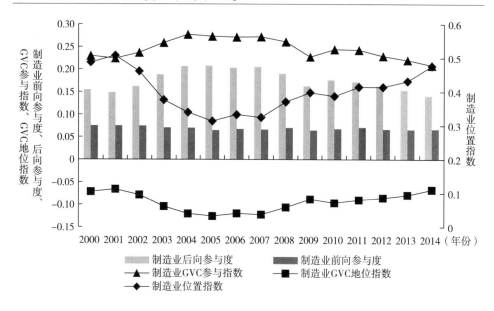

图 2-1　中国制造业 GVC 参与指数、地位指数及位置指数

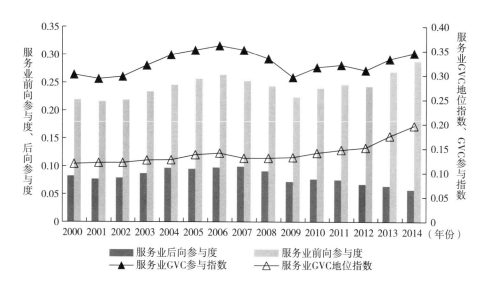

图 2-2　中国服务业 GVC 参与指数、地位指数

地位不断提升。如图 2-2 所示。虽然中国服务业的国际分工地位逐渐提升，但是与其他国家相比，中国服务业 GVC 地位指数仍处于较低水平，不但中国

服务业后向参与度较低，在全球 30 个国家（地区）中排名倒数第三①，而且中国服务业前向参与度明显小于发达国家，在全球 30 个国家（地区）中排名倒数第五。

二、"走出去"的中国企业参与全球价值链分工的影响因素分析

1. OFDI 对中国企业出口的影响

关于出口和对外直接投资的关系，国内外文献有三种观点：出口和 OFDI 呈互补关系、出口和 OFDI 呈替代关系、出口和 OFDI 没有互补和替代关系。但研究中国制造业出口与 OFDI 之间关系的文献较少，OFDI 显著促进了中国从各国进口最终品和中国对各国出口中间品。丁一兵和张弘媛（2019）发现，OFDI 显著促进了中国出口国内增加值，黄德春等（2020）发现中国 OFDI 对中国出口的促进效应显著。綦建红和陈晓丽（2011）认为，虽然中国对发展中国家 OFDI 与出口呈互补关系，中国对发达国家 OFDI 与出口呈替代关系，但从全球来看，OFDI 显著促进了中国出口增长。因此，出口和对外直接投资都是中国企业"走出去"的重要方式，中国 OFDI 的出口效应显著。同时，中国 OFDI 与各国人均 GDP 呈显著的因果关系，能通过推动各国人均 GDP 显著促进我国服务贸易最终品出口额增长。

中国对各国制造业中间品出口与中国 OFDI 紧密关联，因此中国 OFDI 与中国对各国制造业中间品出口的交互项显著促进了中国服务贸易中间品出口的增长。并且中国 OFDI 能显著促进中国生产性服务中间品出口增长，同时中国 OFDI 与中国从各国进口制造业最终品的交互项显著促进了中国服务贸易最终品出口额的增长。刘素君和赵文华（2018）也发现中国 OFDI 与中国进口贸易呈互补关系，但没有研究 OFDI 与中国中间品进口贸易之间的关系，Head 和 Ries（2001）、Swenson（2004）发现，日本对美国直接投资显著促进了日本对美国中间品的出口；俞毅和万炼（2009）研究发现，中国对外直接投资会促进中国初级产品的进口和制成品的出口。韩亚峰和付芸嘉（2018）发现，中间品进口显著促进了中国出口技术复杂度的提升，但没有研究中国 OFDI 和中间品交互项对我国出口技术复杂度的影响。很多学者认为，OFDI 与中间品出口之间的关系与跨国公司在海外投资的类型密切相关，但没有研究对外直接投资对中国制造业中间品进口的影

---

① 全球 30 个国家（地区）是指在 2000～2014 年服务贸易出口额排名前 30 的国家（地区），包括美国、中国、土耳其、挪威、波兰、马来西亚、泰国、奥地利、巴西、中国台湾、丹麦、卢森堡、瑞典、澳大利亚、中国香港、比利时、爱尔兰、新加坡、瑞士、俄罗斯、加拿大、韩国、德国、英国、日本、法国、印度、西班牙、意大利、荷兰。

响。对外直接投资通过促进制造业中间品出口推动中国攀升全球价值链，因此OFDI与中国制造业中间品出口的交互项与服务中间品出口额显著正相关，OFDI与中国制造业中间品出口的交互项能显著促进中国服务中间品出口额和中国生产性服务中间品出口额增长。OFDI能显著促进中国对各国制造业中间品出口增长，所以OFDI与中国对各国中间品出口增长显著正相关。

2. 中国对外直接投资结构对进出口贸易带动程度的影响

近年来，尤其是2005年以来，中国服务业对外直接投资的流量逐年显著增加，在对外直接投资总额中所占的比重也逐年上升，已经超过50%，成为对外直接投资的主体，而制造业对外直接投资比重却一直下降。但是，从服务业对外直接投资的结构来看，在服务业对外直接投资中，租赁和商务服务业以及批发和零售业所占比重相对较高，而这些行业对服务贸易的带动程度较低。目前，与著名外国公司在我国设立大量企业形成鲜明对比的是，中国企业在境外的保险、分销、运输等服务领域几乎没有分支机构，而这些服务行业的对外直接投资是带动服务贸易（尤其是服务贸易出口）能力最强的行业。

3. 以加工贸易和低附加值产品为主的对外出口对我国结构升级的影响

虽然OFDI与中国对各国中间品进出口显著正相关，但我国以制造业为主的出口结构升级缓慢。20世纪80年代以来，占我国货物贸易一半以上的加工贸易主要由外商投资企业主导，具有明显的两头（即一头是研发、设计，另一头是销售、服务）在外的特点，只有中间加工生产在国内进行，从而导致我国出口结构和产业结构升级缓慢。

4. 东道国经济特征对中国企业参与全球价值链的影响

随着中国出口贸易的快速增长，东道国人均GDP与我国服务中间品出口额和生产性服务中间品出口额紧密关联，东道国人均GDP会推动我国服务中间品出口额和生产性服务中间品出口额快速增长，东道国的经济发展水平的提高和消费需求的增加会推动中国出口增长（宋国豪和徐洁香，2018），东道国的人均GDP不但会推动中国服务中间品出口额增长，也会推动中国生产性服务中间品出口额增长，因此东道国人均GDP与中国服务中间品出口额显著正相关。

同时，各国和北京之间的距离与中国服务出口的国内增加值显著负相关，很多文献均发现，各国和北京之间的距离显著影响中国各行业出口。邵敏、武鹏（2019）发现，出口城市到我国海岸线的距离越近，该出口城市的依存度就越高。各国和北京之间的距离与中国服务出口的国内增加值负相关，由于各国和北京之间的距离不利于促进中国服务出口的国内增加值增长，因此各国和北京之间的距离越远，中国服务出口的国内增加值就越小于其均值；各国和北京之间的距离越近，中国服务出口的国内增加值就越大于其均值。

第二节　全球价值链背景下大力推进中国 OFDI 与进出口贸易协调发展

当前，推进对"一带一路"沿线国家 OFDI、进出口贸易、国内投资的协调发展意义重大。为了实现对"一带一路"沿线国家 OFDI、进出口贸易、国内投资的协调发展，"一带一路"建设为中国主导的区域价值链代替美欧日主导的GVC 提供了重大机遇。

一、对"一带一路"沿线国家 OFDI 对中国攀升全球价值链的影响

1. 对"一带一路"沿线国家 OFDI 能促进中国 GVC 参与指数显著提升

本书发现，对"一带一路"沿线国家 OFDI 能显著促进我国包含间接国内增加值的中间品贸易和包含国外增加值的最终产品贸易，因此，中国参与全球价值链的分工程度不断提高。中国对外直接投资不仅能促进出口所包含的间接国内增加值，也能显著促进出口所包含的国外增加值。随着对"一带一路"沿线国家的直接投资显著增加，中国企业选择了海外资源拓展型 OFDI、战略合作型 OF-DI、海外并购型 OFDI、科技合作型 OFDI、全球本土型 OFDI，中国对外直接投资显著促进了中国全球价值链参与度的提升（阚放，2016）。因此，与外商投资相同，中国对外直接投资与中国全球价值链参与度显著正相关，对外直接投资是中国参与全球价值链并且提升全球价值链参与度的重要工具。

2. 对"一带一路"沿线国家 OFDI 以及对"一带一路"沿线国家进出口均不能促进中国 GVC 地位指数提升

由于我国从"一带一路"沿线国家大量进口中间品，甚至从东亚等地区进口的中间品贸易额快速增长，在中国经过加工装配后，最终出口到美国等发达国家，因此，虽然中国对"一带一路"沿线国家直接投资能显著提升中国全球价值链参与指数，但不能促进中国全球价值链地位指数的提升。尽管各国之间的中间品贸易能促进中国攀升全球价值链，但中国 GVC 地位指数仍很低。中国全球价值链地位指数长期为负，表明中国出口所包含的国外增加值远远大于出口所包含的间接国内增加值，因此中国长期处于全球价值链的中低端环节。同时，虽然"一带一路"沿线国家生产性服务业的 GVC 地位指数和参与指数明显小于中国，但中国 GVC 地位指数大大低于美国、日本等国家。

以上是根据由欧美日主导的 GVC 的事实得到的研究结果，但由中国主导的

区域价值链（RVC）比由欧美主导的全球价值链更有可行性。根据区域价值链理论，如果中国能同"一带一路"沿线国家或地区组成由中国主导的区域价值链，中国将极有可能成为区域价值链中的技术先进方，并代替欧美主导的 GVC 中的技术落后方。"一带一路"建设为由中国主导的区域价值链代替由美欧日主导的 GVC 提供了重大机遇，实现了从全球价值链向区域价值链转变，中国将改变低端发展的老路，实现对 GVC 高端技术环节的控制（魏龙和王磊，2016）。在美欧日主导的 GVC 中，作为"世界工厂"的中国主要从事加工、组装、运输、制造等环节，但在中国与"一带一路"沿线国家组成的区域价值链中，中国将扮演美欧日在 GVC 中扮演的角色，即中国将处于价值链的中高端环节，并不断提升创新能力。因此，应创造条件，加快实现从全球价值链中的技术落后方向由中国主导的"一带一路"区域价值链转变。

二、对"一带一路"沿线国家进出口贸易对中国攀升全球价值链的影响

1. 对外贸易显著促进了中国攀升全球价值链

学术界最新研究成果发现，OFDI 对中国进出口贸易的促进作用显著小于贸易投资便利化（崔日明和黄英婉，2017），因此贸易投资便利化能显著促进中国进出口贸易，应大力促进贸易投资便利化，加大力度支持"一带一路"沿线国家基础设施互联互通建设，促进"一带一路"沿线国家贸易投资便利化水平提升。

本书使用贸易结合度指数测算中国的贸易潜力，即计算中国对一个贸易伙伴国的出口与根据该国在世界贸易中的份额所预期的出口之比，若该值大于 1，表明中国对该国的出口大于根据该国在世界贸易中的份额所预期的出口，中国对该国的出口潜力较大；若该值小于 1，则表明中国对该国的出口小于根据该国在世界贸易中的份额所预期的出口，中国对该国的出口潜力较小。贸易结合度大于 1 的"一带一路"沿线国家和地区有 24 个，包括吉尔吉斯斯坦、巴基斯坦、越南、蒙古国、孟加拉国、菲律宾、塔吉克斯坦、柬埔寨、老挝、马来西亚、伊朗、斯里兰卡、印度尼西亚、埃及、泰国、约旦、阿拉伯联合酋长国、也门共和国、新加坡、乌兹别克斯坦、哈萨克斯坦、印度、俄罗斯、以色列，因此中国对以上国家的出口大于根据该国在世界贸易中的份额所预期的出口。但中国与其他 28 个国家的贸易结合度小于 1，因此中国与"一带一路"沿线的白俄罗斯、北马其顿、阿塞拜疆等 28 个国家的贸易潜力没有被完全挖掘。中国应充分利用与"一带一路"沿线国家贸易的互补性，加强贸易合作（见表 2－2）。

表2-2　中国与"一带一路"沿线国家的贸易结合度

年份\国家	2011	2012	2013	2014	2015	2016	年份\国家	2011	2012	2013	2014	2015	2016
阿尔巴尼亚	0.42	0.55	0.46	0.56	0.73	0.74	立陶宛	0.43	0.48	0.43	0.40	0.32	0.25
亚美尼亚	0.31	0.22	0.22	0.21	0.24	0.24	北马其顿	0.14	0.14	0.09	0.10	0.11	0.13
阿塞拜疆	0.61	0.62	0.43	0.30	0.20	0.11	马来西亚	1.47	1.73	2.05	1.96	2.01	2.06
巴林	0.69	0.83	0.79	0.76	0.74	0.71	摩尔多瓦	0.18	0.21	0.17	0.17	0.18	0.18
孟加拉国	2.41	2.18	2.34	2.47	2.47	2.47	蒙古国	3.85	3.34	3.07	2.94	2.73	2.52
白俄罗斯	0.16	0.19	0.18	0.23	0.20	0.16	尼泊尔	2.07	3.17	2.97	2.59	0.82	0.21
波黑	0.04	0.05	0.09	0.25	0.41	0.57	阿曼	0.37	0.44	0.44	0.50	0.56	0.62
保加利亚	0.31	0.30	0.29	0.29	0.28	0.27	巴基斯坦	2.27	2.07	2.30	2.69	3.05	3.42
柬埔寨	3.31	3.14	3.21	2.71	2.41	2.12	菲律宾	1.91	2.00	2.31	2.35	2.38	2.42
克罗地亚	0.66	0.57	0.55	0.38	0.37	0.37	波兰	0.51	0.56	0.52	0.52	0.56	0.59
捷克	0.54	0.44	0.44	0.47	0.50	0.53	卡塔尔	0.30	0.22	0.28	0.33	0.33	0.33
埃及	1.36	1.24	1.20	1.40	1.43	1.47	罗马尼亚	0.48	0.39	0.35	0.36	0.37	0.37
爱沙尼亚	0.66	0.64	0.50	0.48	0.48	0.46	俄罗斯	1.04	1.01	1.03	1.17	1.06	1.01
格鲁吉亚	1.05	0.83	0.90	0.84	0.61	0.61	沙特	0.82	0.82	0.79	0.75	0.74	0.73
匈牙利	0.65	0.58	0.51	0.47	0.43	0.39	新加坡	0.80	0.84	0.87	0.88	1.02	1.16
印度	0.98	0.85	0.89	0.95	1.01	1.06	斯洛伐克	0.52	0.50	0.54	0.54	0.30	0.31
印度尼西亚	1.50	1.53	1.59	1.66	1.64	1.62	斯洛文尼亚	0.52	0.50	0.54	0.54	0.61	0.68
伊朗	1.57	0.85	1.25	2.41	2.05	1.75	斯里兰卡	1.47	1.42	1.55	1.52	1.60	1.69
以色列	0.79	0.77	0.81	0.76	0.88	1.00	塔吉克斯坦	4.97	3.38	3.12	2.56	2.71	2.16
约旦	1.29	1.31	1.38	1.25	1.30	1.36	泰国	1.10	1.17	1.16	1.25	1.34	1.44
哈萨克斯坦	2.03	1.81	1.93	2.08	1.59	1.10	土耳其	0.67	0.64	0.65	0.70	0.72	0.75
科威特	0.58	0.47	0.56	0.62	0.68	0.75	乌克兰	0.85	0.75	0.80	0.67	0.61	0.61
吉尔吉斯斯坦	10.52	8.23	7.31	7.40	7.50	7.60	阿拉伯联合酋长国	1.16	1.07	1.09	1.16	1.23	1.30
老挝	1.46	2.10	3.23	2.93	1.93	2.12	乌兹别克斯坦	1.05	1.41	1.42	1.45	1.29	1.13
拉脱维亚	0.73	0.72	0.69	0.63	0.54	0.45	越南	2.80	2.93	3.38	3.81	3.29	2.77
黎巴嫩	0.62	0.52	0.76	0.76	0.64	0.52	也门共和国	0.95	1.52	1.41	1.32	0.88	1.21

资料来源：根据世界银行相关数据计算。

2. 中国生产性服务业的全球价值链地位指数和参与指数显著大于"一带一路"沿线国家

在"一带一路"沿线国家与中国快速发展商品贸易进程中，中国生产性服务业全球价值链地位指数和参与指数显著增长（杨仁发和王金敏，2017），并且中国的生产性服务业的全球价值链地位指数和参与指数显著大于"一带一路"沿线国家，与"一带一路"沿线国家相比，中国在全球价值链中的地位最高，因此中国生产性服务业具有较强的竞争力。中国生产性服务业应大胆向"一带一路"沿线国家和地区"走出去"，尤其是中国生产性服务业应向东盟和东南亚地区"走出去"，充分发挥中国生产性服务业的比较优势。应尽快制定促进中国生产性服务业"走出去"的优惠政策和鼓励措施，积极打造"中国服务"品牌，在"一带一路"沿线建立品牌形象。因此，中国应同"一带一路"沿线国家和地区组成区域价值链，尽快用区域价值链中的技术先进方代替全球价值链中的技术落后方。

3. 中间品贸易已成为中国融入全球价值链的主要模式，但中国与"一带一路"沿线国家之间的贸易合作仍处于较低水平

加入世界贸易组织以来，中国中间品贸易量快速增长，中间品贸易包括本国生产再出口到国外和先从国外进口加工组装后再出口到国外，中间品贸易已成为中国融入全球价值链的主要模式。中国对"一带一路"沿线国家进出口快速增长，但中国与"一带一路"区域内其他国家之间的贸易合作仍处于较低水平。我国大量进口"一带一路"沿线国家中间品来生产最终品并出口到美欧等发达国家，同时包含间接国内增加值的中间品贸易增长较慢导致我国前向关联度极低，因此我国全球价值链地位指数很低。并且"一带一路"沿线国家面向区域内国家和地区的进口和出口在该国全部进出口贸易中的比重也很低，"一带一路"沿线国家和地区也处于全球价值链的较低位置。因此，"一带一路"沿线国家和地区面临被全球价值链中低端锁定的风险，中国必须和"一带一路"沿线国家和地区共同搭建全球价值链伙伴关系，融入全球价值链体系中，不断提高我国的国际竞争力。

三、对"一带一路"沿线国家 OFDI 与中国对"一带一路"沿线国家进出口关系的研究

1. 不同"一带一路"沿线国家外商投资效应存在显著差异，在签署自贸协定推动中国 OFDI 增长的同时，由于集聚效应导致东道国吸引中国 OFDI 的减少

在对"一带一路"沿线国家 OFDI 快速增长的同时，中国对"一带一路"沿线国家进出口快速增长。并且随着 21 世纪经济全球化和区域经济一体化的推进，当前我国内地已与香港和澳门地区签订了 CEPA 协议，与新加坡签订了中国－新加坡自贸协定，并且已经与东盟成员国建立了自由贸易区，而且中国已成为 APEC 成员。在我国对 FTA 伙伴、东盟成员国、新加坡、APEC 成员等自由贸易区伙伴出口贸易快速增长的同时，与 FTA 伙伴、东盟成员国、新加坡、APEC 成

员之间的双边投资同步增长。当前学术界的研究成果主要集中在某个自由贸易区或者某个区域几个国家形成的区域经济一体化带来的外商投资效应或对外直接投资效应，没有研究多个自由贸易区带来的外商投资效应和对外直接投资效应，本书研究了中国成为 FTA 伙伴、东盟成员国、新加坡、APEC 成员等多个自由贸易区成员对中国直接投资的影响。本书发现，中国对各国的 OFDI 的贸易效应存在显著差异，虽然中国签署的 CEPA 协议、签订的中国 - 新加坡自贸协定、签署的 FTA 有利于各国吸引中国 OFDI 的快速增长，但带来的一体化规模产生的集聚效应反而不利于东道国吸引中国 OFDI。

2. 对"一带一路"沿线国家 OFDI 对我国能源进口贸易存在显著的替代效应

对"一带一路"沿线国家 OFDI 对能源进口贸易的影响受到学术界的关注，程中海等（2017）发现，中国对外直接投资变量对能源进口贸易的影响显著为负，并且中国对中亚的 OFDI 对中国从中亚的能源进口的负面影响呈现不断增加趋势。但该研究结果与我国对"一带一路"沿线国家 OFDI 不断增长的事实相悖，主要是因为中国对中亚等"一带一路"沿线国家 OFDI 的动机不是开采矿产和开采石油能源。

3. 对"一带一路"沿线国家 OFDI 存量与中国对各国出口额关联度显著不同

我们使用广义灰色关联度计算 2000~2017 年中国对"一带一路"沿线各国 OFDI 存量与对各国出口额绝对关联系数、相对关联系数和综合关联系数，计算结果如表 2-3 所示。从表中发现，中国对"一带一路"沿线国家 OFDI 存量与对各国出口额的关联度差异较大，我国对"一带一路"沿线国家出口额与我国对该国直接投资的关联度排名世界前十的国家分别为柬埔寨、蒙古国、格鲁吉亚、越南、阿塞拜疆、罗马尼亚、约旦、尼泊尔、塔吉克斯坦、泰国，因此对以上十国的 OFDI 存量与中国对该国的出口额的绝对关联度、相对关联度和综合关联度最大，对以上十国出口额影响最大的因素是中国对该国直接投资。说明中国对以上十国的对外直接投资增加时，更容易引起中国对该国出口额的增长，但中国对以色列、亚美尼亚、摩尔多瓦、黎巴嫩、阿尔巴尼亚、北马其顿、克罗地亚、爱沙尼亚、立陶宛、斯洛文尼亚等国家的 OFDI 对以上国家从中国进口额的影响最小。

表 2-3　中国对"一带一路"沿线国家 OFDI 存量与对各国出口额关联度排名

国家	绝对关联度	相对关联度	综合关联度	国家	绝对关联度	相对关联度	综合关联度
柬埔寨	0.953	0.611	0.782	斯里兰卡	0.533	0.575	0.554
蒙古国	0.915	0.636	0.775	阿拉伯联合酋长国	0.524	0.573	0.549

国家	绝对关联度	相对关联度	综合关联度	国家	绝对关联度	相对关联度	综合关联度
格鲁吉亚	0.666	0.821	0.744	乌克兰	0.503	0.585	0.544
越南	0.522	0.926	0.724	科威特	0.520	0.566	0.543
阿塞拜疆	0.515	0.924	0.720	拉脱维亚	0.501	0.570	0.535
罗马尼亚	0.519	0.882	0.701	保加利亚	0.539	0.529	0.534
约旦	0.504	0.868	0.686	匈牙利	0.551	0.511	0.531
尼泊尔	0.515	0.831	0.673	波黑	0.510	0.543	0.527
塔吉克斯坦	0.596	0.740	0.668	沙特	0.546	0.504	0.525
泰国	0.533	0.742	0.637	波兰	0.511	0.537	0.524
也门共和国	0.607	0.662	0.634	白俄罗斯	0.544	0.500	0.522
老挝	0.729	0.535	0.632	土耳其	0.517	0.516	0.516
吉尔吉斯斯坦	0.546	0.713	0.630	捷克	0.510	0.521	0.516
马来西亚	0.517	0.733	0.625	阿曼	0.528	0.501	0.514
巴林	0.501	0.727	0.614	印度	0.513	0.515	0.514
哈萨克斯坦	0.705	0.514	0.610	斯洛伐克	0.509	0.517	0.513
新加坡	0.664	0.529	0.596	以色列	0.503	0.517	0.510
巴基斯坦	0.663	0.523	0.593	亚美尼亚	0.515	0.500	0.508
乌兹别克斯坦	0.544	0.640	0.592	摩尔多瓦	0.513	0.500	0.506
卡塔尔	0.558	0.612	0.585	黎巴嫩	0.501	0.510	0.506
印度尼西亚	0.553	0.594	0.573	阿尔巴尼亚	0.511	0.500	0.506
孟加拉国	0.509	0.637	0.573	北马其顿	0.507	0.500	0.504
伊朗	0.563	0.574	0.568	克罗地亚	0.504	0.500	0.502
俄罗斯	0.569	0.550	0.560	爱沙尼亚	0.504	0.500	0.502
埃及	0.531	0.585	0.558	立陶宛	0.504	0.500	0.502
菲律宾	0.534	0.579	0.556	斯洛文尼亚	0.502	0.500	0.501

4. 对"一带一路"沿线国家不同类型的 OFDI 对我国出口贸易的影响不同

基于东道国角度的进出口贸易与中国 OFDI 紧密关联，本书针对"一带一路"沿线资本富裕国家和劳动富裕国家样本的回归结果发现：中国对高收入东道国的 OFDI 与中国对这些国家的出口具有微弱替代性，而对中低收入国家和劳动富裕国家的 OFDI 具有垂直型性质，即中国对中低收入国家的 OFDI 与出口具有互补关系。我国对资本富裕东道国的 OFDI 没有促进我国对这些国家的出口，而我国对劳动富裕国家的 OFDI 对出口的影响弹性迅速增长。本书也计算了中国对劳动富裕国家和资本富裕国家的直接投资对出口贸易的影响，发现中国对劳动富裕国家的 OFDI 对出口贸易的影响弹性为正，并且通过了 1% 的显著性检验，投资对出口并不具有替代效应，因此中国对劳动富裕国家等发展中国家的 OFDI 对出口贸易的促进作用显著。中国对资本富裕国家的 OFDI 对出口贸易的影响弹性也显著为正，并且通过了 5% 的显著性检验，但中国对资本富裕国家的 OFDI 对出口贸易的影响弹性明显小于劳动富裕国家，因此中国对资本富裕国家的 OFDI 对出口贸易也不存在明显的替代效应。

第三章 中国海外投资的发展历程及各因素对中国对外直接投资效率的影响评价

中国对不同类型国家的 OFDI 的发展历程不同，中国各省制造业海外投资的结构性分布也不同，并且中国对全球 OFDI、对转型及发展中国家 OFDI、对发达国家 OFDI 的效率及其影响因素也不同，应正确认识对不同类型国家 OFDI 效率的影响因素，不断提升中国对外直接投资效率。

第一节 全球价值链视角下中国制造业海外投资的发展历程及结构性分布

一、中国对不同类型东道国 OFDI 的发展历程

中国对不同类型东道国 OFDI 经过了不同的发展历程，亚太经合组织是中国开展国际贸易和对外直接投资的最主要区域，2008 年国际金融危机之前，中国对东盟 OFDI 增长速度最快，随后快速下滑。进入 21 世纪后，中国海外投资快速增长，同时我国通过 OFDI 获得的国外研发资本存量同步增长。我国东部地区通过 OFDI 获得的国外研发资本存量快速增长，但中西部地区的表现较差。2003～2016 年，我国各省份通过对发达国家 OFDI 获得的国外研发资本存量年均增长 42.39%，各省份通过对发展中国家 OFDI 获得的国外研发资本存量年均增长 41.6%，各省份通过对"一带一路"沿线国家 OFDI 获得的国外研发资本存量增长速度最快，年均增长达 57.54%。

中国对外直接投资快速增长，2015 年，中国对 APEC 成员的出口额已超过 14000 亿美元，占中国总出口的比重高达 60% 以上，中国从 APEC 成员的进口额

超过 9000 亿美元，占中国总进口额的比重也超过了 50%。同时，APEC 成员成为中国对外直接投资的重点，2016 年中国对 APEC 成员的直接投资额占我国对外直接投资总额的 72%，并且我国实际利用外资的 80% 以上来自 APEC 成员。APEC 成员除了美国、日本、加拿大、澳大利亚、新西兰为发达国家外，其他国家和地区均为发展中国家。APEC 成员是我国 OFDI 的主要目的地，对 APEC 成员的 OFDI 占我国对外直接投资的比重快速增长，2003 年对 APEC 成员的 OFDI 占我国对外直接投资的比重为 80.6%，2006 年下降为 53.26%，随后又快速增长，2009 年达到了 76.33%，2009 年后缓慢下滑，2017 年中国对 APEC 成员 OFDI 所占的比重为 56.64%。我们发现，中国对 APEC 成员 OFDI 的集聚效应可能不显著，虽然中国加入 APEC 可能不会显著促进中国对 APEC 成员的 OFDI 快速增长，但中国对 APEC 的 OFDI 不存在显著的转移效应，因此最终会促进中国对 APEC 的 OFDI 增长（见图 3 - 1）。

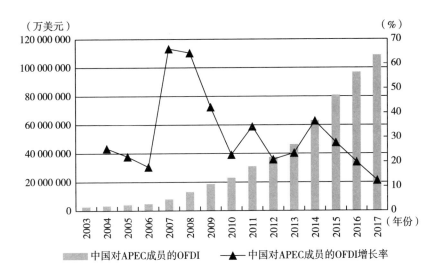

图 3 - 1　中国对亚太经合组织的 OFDI

中国对东盟 OFDI 的增长速度很快，2007 年中国对东盟 OFDI 的增长率达到了 124.18%，随后快速下滑，2008 ~ 2017 年中国对东盟 OFDI 增长率分别降至 64.10%、47.55%、49.93%、49.56%、31.57%、26.32%、33.54%、31.67%、14.09%、12.35%（见图 3 - 2）。中国 - 东盟自由贸易区的成立促进了中国对东盟的 OFDI 快速增长，但中国对东盟自由贸易区的 OFDI 也存在显著的转移效应，即大规模的外商直接投资流入存在显著的不利的集聚效应，因此中国对东盟有引资竞争力国家的 OFDI 会显著减少。

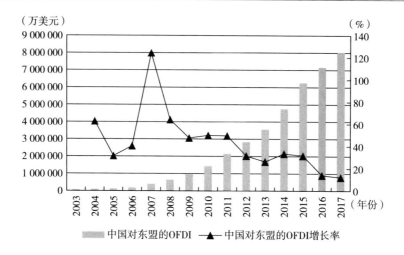

图 3-2　中国对东盟的 OFDI

尽管 2011 年以后中国对"一带一路"沿线国家 OFDI 增长率有所下滑，但仍保持了 30% 以上的增长速度。2012~2017 年，中国对"一带一路"沿线国家的 OFDI 增长率分别为 38.37%、29.28%、29.4%、30.44%、31.22%、31.66%，如图 3-3 所示。2008 年受国际金融危机影响，对"一带一路"沿线国家的 OFDI 占中国 OFDI 的比重略有下滑，由 2007 年的 7.89% 下降为 2008 年的 7.67%，随后快速增长，2017 年对"一带一路"沿线国家的 OFDI 占中国 OFDI 的比重为 10.2%。

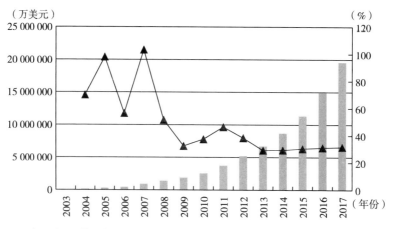

图 3-3　中国对"一带一路"沿线国家的 OFDI

从中国对外直接投资的结构上看，对发达国家 OFDI 的规模和所占比重最高，其次为对发展中国家直接投资。中国对发达国家 OFDI 快速增长（见图 3 - 4），2003 ~ 2017 年中国对发达国家 OFDI 占中国 OFDI 的比重分别为 4.12%、4.00%、3.99%、3.92%、6.68%、5.66%、6.17%、7.22%、8.91%、11.18%、11.53%、12.40%、15.25%、16.83%、18.80%。

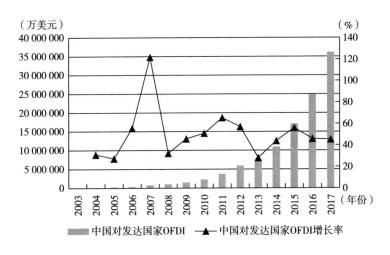

图 3 - 4　中国对发达国家的 OFDI

　　中国对发展中国家 OFDI 也保持快速增长（见图 3 - 5）。中国对发展中国家 OFDI 和通过对发展中国家 OFDI 获得的国外研发资本存量都对出口技术复杂度产生显著的正向影响。中国对发展中国家 OFDI 占中国 OFDI 的比重逐渐增加，2003 年中国对发展中国家 OFDI 占中国 OFDI 的比重为 3.45%，2008 年国际金融危机后，中国对发展中国家 OFDI 占中国 OFDI 的比重快速增长，2009 ~ 2017 年中国对发展中国家 OFDI 占中国 OFDI 的比重分别为 7.60%、7.83%、8.28%、9.42%、9.18%、8.84%、9.08%、8.95%、8.97%。

　　中国对外直接投资在快速增长的同时，中国内地与中国香港和中国澳门地区签订了 CEPA 协议，与新加坡签订了中国 - 新加坡自贸协定，并且与东盟成员国建立了自由贸易区，中国已成为 APEC 成员。在与其他国家建立自由贸易区的同时，中国与阿根廷、澳大利亚、比利时等 50 国（地区）的出口贸易占我国当年总出口的比重快速增长。根据本书测算，2016 年阿根廷、澳大利亚、比利时等50 国（地区）的出口贸易占我国总出口的比重达 81.32%，中国对美国贸易占我国总出口的比重最高，达 17.5%，其次为中国香港。

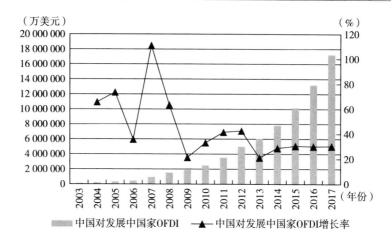

图 3 - 5   中国对发展中国家的 OFDI

二、中国各省份制造业海外投资的结构性分布

进入 21 世纪后，中国海外投资快速增长，同时我国通过 OFDI 获得的国外研发资本存量同步增长。本书使用以下方法来计算我国通过 OFDI 获得的国外研发资本存量：

首先，借鉴 LP 的方法计算 t 时期全国层面对全球 n 国 OFDI 获得的国外研发资本存量：

$$OFDIO_t = \sum_{j=1}^{n} (OFDI_{jt}/k_{jt}) RD_{jt} \tag{3-1}$$

其中，$j = 1$，2，$\cdots$，n 为本书选择的东道国样本，此处计算全国层面对全球 n 国 OFDI 获得的国外研发资本存量时，选择 $n = 34$，即 16 个发达国家和 18 个发展中国家，发达国家样本包括捷克、匈牙利、美国、日本、澳大利亚、德国、加拿大、英国、法国、意大利、瑞典、爱尔兰、比利时、波兰、荷兰、西班牙，发展中国家样本包括新加坡、韩国、巴基斯坦、蒙古国、马来西亚、泰国、伊朗、印度、印度尼西亚、南非、巴西、哥伦比亚、阿根廷、土耳其、墨西哥、赞比亚、俄罗斯、哈萨克斯坦。$OFDI_{jt}$ 为我国对 j 国的 OFDI 存量总规模，k_{jt} 为 t 时期 j 国的固定资本形成总额，RD_{jt} 为 t 时期 j 国国内研发资本存量，RD_{jt} 的计算方法与国内研发资本存量计算方法相同。

其次，计算 i 省 t 时期通过 OFDI 获得的研发资本存量：

$$OFDIO_{it} = (OFDI_{it}/\sum OFDI_{it}) OFDIO_t \tag{3-2}$$

其中，$OFDI_{it}$ 为 i 省 t 时期对外直接投资存量。

1. 中国各省份通过 OFDI 存量获得的国外研发资本

从表 3 - 1 可以看到，2003 年我国各省份通过 OFDI 获得的国外研发资本存量为 2.80058E + 13 美元，2016 年升至 2.96437E + 15 美元，年均增长 43.13%。

这种状况在东部省份充分体现，我国通过 OFDI 获得的国外研发资本存量排名前 10 的省份分别为广东、北京、上海、山东、江苏、浙江、天津、辽宁、湖南、云南。但中西部地区表现较差，通过 OFDI 获得的国外研发资本存量排名后 10 的省份分别为陕西、内蒙古、新疆、湖北、江西、山西、广西、宁夏、贵州、青海。

2. 中国各省份通过对发达国家 OFDI 获得的国外研发资本存量

表 3 - 2 为各省份通过对发达国家 OFDI 获得的国外研发资本存量，各省份通过对发达国家 OFDI 获得的国外研发资本存量的计算方法同式（3 - 1）和式（3 - 2）。发达国家样本为前文所述的 16 国，2003 年我国通过对发达国家 OFDI 获得的国外研发资本存量为 64370880.57 美元，2016 年升至 6363968347 美元，年均增长 42.39%。

各省份通过对发达国家 OFDI 获得的国外研发资本存量排名前 10 的省份分别为广东、浙江、北京、江苏、山东、上海、辽宁、天津、湖南、福建，排名后 10 的省份分别为陕西、江西、海南、山西、内蒙古、广西、新疆、宁夏、贵州、青海。

发达国家仍是我国对外直接投资的主体，2003 年中国通过对发达国家 OFDI 获得的国外研发资本存量是通过对发展中国家 OFDI 获得的国外研发资本存量的 3.96 倍，2016 年中国通过对发达国家 OFDI 获得的国外研发资本存量是通过对发展中国家 OFDI 获得的国外研发资本存量的 4.25 倍。因此，中国通过 OFDI 尤其是通过对发达国家 OFDI 获得的国外研发资本存量是促进我国产业结构调整、技术进步和经济增长的重要因素。大量的文献认为，发展中国家通过对外直接投资可以促进母国产业结构优化和要素资源结构优化。因此，中国通过对发达国家 OFDI 可以获得国外研发资本存量的不断增长的结论得到了学术界的支持。那么，中国对发达国家 OFDI 能否促进中国获得逆向技术输出？各省份通过对发达国家 OFDI 获得的国外研发资本存量能不能促进我国各省份技术进步和产业结构升级？这些问题将在第八章和第十章进行具体分析。

3. 中国各省份通过对发展中国家 OFDI 获得的国外研发资本存量

表 3 - 3 为各省份通过对发展中国家 OFDI 获得的国外研发资本存量，各省份通过对发展中国家 OFDI 获得的国外研发资本存量的计算方法同式（3 - 1）和式（3 - 2），发展中国家样本为前文所述的 18 国。2003 年我国通过对发展中国家 OFDI 获得的国外研发资本存量为 16269218.55 美元，2016 年升至 1496972685 美元，年均增长 41.6%。

表3-1 中国各省份通过OFDI获得的国外研发资本存量

单位：美元

省份	2003	2008	2009	2010	2011	2012	2013	2014	2015	2016
北京	3.00E+12	1.80E+13	2.80E+13	3.30E+13	4.40E+13	6.00E+13	9.40E+13	2.20E+14	3.46E+14	4.72E+14
天津	1.40E+11	2.30E+12	4.40E+12	6.60E+12	1.00E+13	1.70E+13	2.60E+13	7.00E+13	1.14E+14	1.58E+14
河北	5.10E+11	3.70E+12	6.70E+12	9.40E+12	1.40E+13	1.90E+13	2.60E+13	3.40E+13	4.20E+13	5.00E+13
山西	1.10E+11	1.30E+12	4.00E+12	4.30E+12	6.10E+12	8.30E+12	1.10E+13	1.30E+13	1.50E+13	1.70E+13
内蒙古	9.00E+10	1.40E+12	3.00E+12	3.20E+12	4.10E+12	9.60E+12	1.20E+13	1.80E+13	2.40E+13	3.00E+13
辽宁	4.60E+11	4.30E+12	1.10E+13	2.30E+13	3.20E+13	5.50E+13	5.70E+13	7.00E+13	8.30E+13	9.60E+13
吉林	3.40E+11	2.70E+12	5.40E+12	6.10E+12	8.20E+12	1.10E+13	1.60E+13	1.90E+13	2.20E+13	2.50E+13
黑龙江	8.20E+11	7.10E+12	8.00E+12	8.70E+12	1.30E+13	2.00E+13	2.50E+13	3.10E+13	3.70E+13	4.30E+13
上海	6.70E+12	1.60E+13	2.70E+13	4.20E+13	4.70E+13	1.10E+14	1.30E+14	1.90E+14	2.50E+14	3.10E+14
江苏	9.90E+11	1.20E+13	1.90E+13	2.70E+13	4.20E+13	6.20E+13	8.20E+13	1.20E+14	1.58E+14	1.96E+14
浙江	1.20E+12	1.10E+13	2.20E+13	4.00E+13	5.30E+13	6.70E+13	8.10E+13	1.20E+14	1.59E+14	1.98E+14
安徽	1.90E+10	1.40E+12	2.10E+13	7.60E+12	1.20E+13	1.90E+13	2.80E+13	3.30E+13	3.80E+13	4.30E+13
福建	1.10E+12	8.00E+11	1.20E+13	1.30E+13	1.80E+13	2.50E+13	2.90E+13	3.70E+13	4.50E+13	5.30E+13
江西	2.10E+10	6.50E+11	9.80E+11	1.50E+12	2.90E+12	6.20E+12	8.80E+12	1.50E+13	2.12E+13	2.74E+13
山东	1.90E+12	1.50E+13	2.00E+13	3.40E+13	6.30E+13	9.40E+13	1.20E+14	1.50E+14	1.80E+14	2.10E+14
河南	3.60E+11	2.30E+12	4.40E+12	4.80E+12	7.10E+12	1.10E+13	1.40E+13	1.90E+13	2.40E+13	2.90E+13

续表

年份 省份	2003	2008	2009	2010	2011	2012	2013	2014	2015	2016
湖北	4.60E+10	4.00E+11	7.60E+11	1.20E+12	6.50E+12	1.10E+13	1.30E+13	1.70E+13	2.10E+13	2.50E+13
湖南	4.60E+10	4.80E+12	1.60E+13	1.90E+13	2.40E+13	3.30E+13	3.30E+13	4.20E+13	5.10E+13	6.00E+13
广东	8.30E+12	6.20E+13	7.20E+13	7.90E+13	1.30E+14	2.00E+14	2.50E+14	3.80E+14	5.10E+14	6.40E+14
广西	1.00E+11	9.80E+11	2.30E+12	3.60E+12	5.00E+12	6.80E+12	7.80E+12	1.10E+13	1.42E+13	1.74E+13
海南	7.30E+10	3.10E+11	8.50E+11	2.30E+13	1.20E+13	2.60E+13	2.50E+13	2.90E+13	3.30E+13	3.70E+13
重庆	1.10E+12	2.00E+12	2.30E+12	4.50E+12	8.10E+12	1.30E+13	1.40E+13	2.00E+13	2.60E+13	3.20E+13
四川	1.80E+11	2.80E+12	4.10E+12	8.60E+12	1.40E+13	1.80E+13	2.00E+13	2.70E+13	3.40E+13	4.10E+13
贵州	1.20E+10	1.30E+11	1.70E+11	1.40E+11	3.60E+11	6.90E+11	2.40E+12	2.60E+12	2.80E+12	3.00E+12
云南	1.10E+11	4.10E+12	7.20E+12	1.10E+13	1.30E+13	2.30E+13	2.80E+13	3.90E+13	5.00E+13	6.10E+13
陕西	2.30E+10	1.40E+12	3.10E+12	4.80E+12	8.30E+12	1.40E+13	1.50E+13	1.90E+13	2.30E+13	2.70E+13
甘肃	1.30E+11	4.20E+12	4.60E+12	4.90E+12	9.80E+12	2.10E+13	2.30E+13	2.40E+13	2.50E+13	2.60E+13
青海	6.40E+09	3.50E+10	5.70E+10	6.10E+10	9.60E+10	2.50E+11	6.70E+11	7.70E+11	8.70E+11	9.70E+11
宁夏	9.40E+09	2.60E+11	3.00E+11	3.20E+11	4.40E+11	9.40E+11	1.40E+12	3.80E+12	6.20E+12	8.60E+12
新疆	1.10E+11	2.70E+12	3.90E+12	4.70E+12	7.60E+12	1.10E+13	1.30E+13	1.80E+13	2.30E+13	2.80E+13

表3-2 各省份通过对发达国家 OFDI 获得的国外研发资本存量

单位：美元

年份 / 省份	2003	2008	2009	2010	2011	2012	2013	2014	2015	2016
北京	7.20E+06	3.40E+07	5.70E+07	7.50E+07	9.10E+07	1.20E+08	2.10E+08	4.90E+08	7.70E+08	1.10E+09
天津	1.10E+05	1.40E+06	2.90E+06	4.90E+06	6.90E+06	1.10E+07	1.90E+07	5.20E+07	8.50E+07	1.20E+08
河北	3.40E+05	2.00E+06	3.70E+06	5.90E+06	8.20E+06	1.10E+07	1.60E+07	2.10E+07	2.60E+07	3.10E+07
山西	2.60E+04	2.40E+05	7.90E+05	9.60E+05	1.20E+06	1.70E+06	2.50E+06	2.90E+06	3.30E+06	3.70E+06
内蒙古	1.50E+04	1.90E+05	4.20E+05	5.00E+05	5.90E+05	1.40E+06	1.90E+06	2.80E+06	3.70E+06	4.60E+06
辽宁	7.70E+05	5.90E+06	1.60E+07	3.70E+07	4.70E+07	7.90E+07	9.00E+07	1.10E+08	1.30E+08	1.50E+08
吉林	1.20E+05	7.40E+05	1.50E+06	2.00E+06	2.40E+06	3.30E+06	5.00E+06	5.90E+06	6.80E+06	7.70E+06
黑龙江	1.70E+05	1.10E+06	1.40E+06	1.70E+06	2.20E+06	3.40E+06	4.60E+06	5.80E+06	7.00E+06	8.20E+06
上海	1.50E+07	2.90E+07	5.20E+07	9.00E+07	9.20E+07	2.10E+08	2.80E+08	4.20E+08	5.60E+08	7.00E+08
江苏	4.10E+06	4.10E+07	6.60E+07	1.10E+08	1.50E+08	2.20E+08	3.20E+08	4.70E+08	6.20E+08	7.70E+08
浙江	8.70E+06	6.20E+07	1.30E+08	2.70E+08	3.20E+08	4.00E+08	5.30E+08	7.80E+08	1.00E+09	1.30E+09
安徽	9.80E+03	6.00E+05	9.10E+05	3.70E+06	5.40E+06	8.30E+06	1.30E+07	1.60E+07	1.90E+07	2.20E+07
福建	8.00E+05	4.70E+06	7.30E+06	9.20E+06	1.10E+07	1.60E+07	2.00E+07	2.50E+07	3.00E+07	3.50E+07
江西	5.70E+03	1.40E+05	2.20E+06	3.90E+05	6.80E+05	1.40E+06	2.20E+06	3.90E+06	5.60E+06	7.30E+06
山东	6.20E+06	3.90E+07	5.50E+07	1.10E+08	1.80E+08	2.70E+08	3.60E+08	4.60E+08	5.60E+08	6.60E+08
河南	1.90E+05	9.90E+05	1.90E+06	2.40E+06	3.20E+06	5.10E+06	7.00E+06	9.30E+06	1.20E+07	1.40E+07

续表

省份\年份	2003	2008	2009	2010	2011	2012	2013	2014	2015	2016
湖北	2.10E+04	1.50E+05	2.90E+05	5.30E+05	2.60E+06	4.30E+06	5.50E+06	7.60E+06	9.70E+06	1.20E+07
湖南	3.10E+04	2.60E+06	8.80E+06	1.20E+07	1.40E+07	1.90E+07	2.10E+07	2.70E+07	3.30E+07	3.90E+07
广东	2.00E+07	1.20E+08	1.40E+08	1.80E+08	2.70E+08	4.00E+08	5.50E+08	8.30E+08	1.10E+09	1.40E+09
广西	1.80E+04	1.40E+05	3.40E+05	6.10E+05	7.80E+05	1.00E+06	1.30E+06	1.90E+06	2.50E+06	3.10E+06
海南	8.40E+03	2.90E+04	8.20E+04	2.50E+05	1.20E+06	2.60E+06	2.70E+06	3.10E+06	3.50E+06	3.90E+06
重庆	4.00E+05	5.60E+05	6.80E+05	1.50E+06	2.50E+06	4.10E+06	4.70E+06	6.70E+06	8.70E+06	1.10E+07
四川	8.40E+04	1.00E+06	1.60E+06	3.70E+06	5.60E+06	6.90E+06	8.30E+06	1.20E+07	1.60E+07	1.90E+07
贵州	7.30E+02	6.40E+03	8.40E+03	7.90E+03	1.90E+04	3.50E+04	1.30E+05	1.50E+05	1.60E+05	1.70E+05
云南	1.70E+04	5.10E+05	9.40E+05	1.60E+06	1.80E+06	3.10E+06	4.10E+06	5.70E+06	7.30E+06	8.90E+06
陕西	6.40E+03	3.10E+05	7.40E+05	1.30E+06	2.00E+06	3.40E+06	3.80E+06	4.90E+06	6.00E+06	7.10E+06
甘肃	3.10E+04	8.10E+05	9.20E+05	1.10E+06	2.00E+06	4.30E+06	5.10E+06	5.50E+06	5.90E+06	6.30E+06
青海	1.80E+02	7.70E+02	1.30E+03	1.60E+03	2.30E+03	5.80E+03	1.70E+04	2.00E+04	2.30E+04	2.60E+04
宁夏	9.90E+02	2.30E+04	2.70E+04	3.20E+04	4.00E+04	8.50E+04	1.40E+05	3.80E+05	6.10E+05	8.40E+05
新疆	5.80E+03	1.10E+05	1.60E+05	2.30E+05	3.30E+05	4.90E+05	6.00E+05	8.40E+05	1.10E+06	1.30E+06

表 3 - 3 各省份通过对发展中国家 OFDI 获得的国外研发资本存量

单位：美元

年份 省份	2003	2008	2009	2010	2011	2012	2013	2014	2015	2016
北京	1.50E+06	7.90E+06	1.40E+07	1.50E+07	2.00E+07	2.40E+07	3.80E+07	9.30E+07	1.50E+08	2.00E+08
天津	3.00E+04	4.30E+05	9.40E+05	1.20E+06	1.90E+06	2.80E+06	4.50E+06	1.30E+07	2.20E+07	3.00E+07
河北	1.20E+05	7.20E+05	1.50E+06	1.80E+06	2.80E+06	3.30E+06	4.50E+06	6.50E+06	8.50E+06	1.10E+07
山西	1.20E+04	1.20E+05	4.40E+05	4.10E+05	5.80E+05	7.20E+05	9.70E+05	1.20E+06	1.40E+06	1.70E+06
内蒙古	2.60E+04	3.60E+05	8.70E+05	8.10E+05	1.00E+06	2.20E+06	2.80E+06	4.40E+06	6.00E+06	7.60E+06
辽宁	1.80E+05	1.40E+06	4.30E+06	7.80E+06	1.10E+07	1.70E+07	1.70E+07	2.30E+07	2.90E+07	3.50E+07
吉林	9.60E+04	6.50E+05	1.50E+06	1.50E+06	2.00E+06	2.50E+06	3.40E+06	4.30E+06	5.20E+06	6.10E+06
黑龙江	8.10E+05	6.00E+06	7.70E+06	7.40E+06	1.10E+07	1.50E+07	1.90E+07	2.50E+07	3.10E+07	3.70E+07
上海	2.80E+06	5.50E+06	1.10E+07	1.50E+07	1.70E+07	3.50E+07	4.20E+07	6.70E+07	9.20E+07	1.20E+08
江苏	9.30E+05	9.90E+06	1.70E+07	2.20E+07	3.40E+07	4.50E+07	6.00E+07	9.30E+07	1.30E+08	1.60E+08
浙江	1.90E+06	1.50E+07	3.40E+07	5.30E+07	7.00E+07	8.10E+07	9.70E+07	1.50E+08	2.00E+08	2.60E+08
安徽	2.30E+03	1.50E+05	2.50E+05	8.00E+05	1.30E+06	1.80E+06	2.70E+06	3.30E+06	3.90E+06	4.50E+06
福建	2.90E+05	1.80E+06	3.10E+06	3.10E+06	4.10E+06	5.20E+06	6.00E+06	8.20E+06	1.00E+07	1.30E+07
江西	2.80E+03	7.30E+04	1.20E+05	1.70E+06	3.30E+05	6.30E+05	8.90E+05	1.70E+06	2.50E+06	3.30E+06
山东	2.50E+06	1.70E+07	2.50E+07	3.80E+07	7.10E+07	9.60E+07	1.20E+08	1.60E+08	2.00E+08	2.40E+08
河南	6.30E+04	3.60E+05	7.50E+05	7.30E+05	1.10E+06	1.60E+06	2.00E+06	2.80E+06	3.60E+06	4.40E+06

续表

年份\省份	2003	2008	2009	2010	2011	2012	2013	2014	2015	2016
湖北	7.40E+03	5.50E+04	1.20E+05	1.70E+05	8.90E+05	1.40E+06	1.60E+06	2.30E+06	3.00E+06	3.70E+06
湖南	1.50E+04	1.40E+06	5.00E+06	5.30E+06	6.90E+06	8.40E+06	8.60E+06	1.20E+07	1.50E+07	1.90E+07
广东	4.80E+06	3.00E+07	4.00E+07	3.90E+07	6.50E+07	8.80E+07	1.10E+08	1.80E+08	2.50E+08	3.20E+08
广西	1.20E+04	9.60E+04	2.60E+05	3.50E+05	4.90E+05	6.10E+05	7.00E+05	1.10E+06	1.50E+06	1.90E+06
海南	2.10E+03	7.60E+03	2.30E+04	5.50E+04	2.90E+05	5.70E+05	5.50E+05	6.70E+05	7.80E+05	9.00E+05
重庆	9.20E+04	1.40E+05	1.80E+05	3.20E+05	5.70E+05	8.60E+05	9.10E+05	1.40E+06	1.90E+06	2.40E+06
四川	3.10E+04	4.10E+05	6.80E+05	1.30E+06	2.10E+06	2.30E+06	2.60E+06	3.80E+06	5.00E+06	6.20E+06
贵州	1.70E+02	1.60E+03	2.30E+03	1.70E+03	4.40E+03	7.50E+03	2.60E+04	3.00E+04	3.40E+04	3.80E+04
云南	1.20E+04	3.80E+05	7.60E+05	9.90E+05	1.20E+06	2.00E+06	2.40E+06	3.50E+06	4.60E+06	5.70E+06
陕西	2.00E+03	1.00E+05	2.70E+05	3.60E+05	6.30E+05	9.70E+05	1.00E+06	1.40E+06	1.80E+06	2.20E+06
甘肃	3.80E+03	1.10E+05	1.40E+05	1.30E+05	2.50E+05	4.90E+05	5.50E+05	6.10E+05	6.80E+05	7.40E+05
青海	1.20E+02	5.40E+02	1.00E+03	9.40E+02	1.50E+03	3.50E+03	9.40E+03	1.20E+04	1.40E+04	1.60E+04
宁夏	1.70E+02	4.10E+03	5.30E+03	5.00E+03	6.80E+03	1.30E+04	2.00E+04	5.70E+04	9.30E+04	1.30E+05
新疆	3.10E+04	6.30E+05	1.00E+06	1.10E+06	1.80E+06	2.40E+06	2.70E+06	4.00E+06	5.30E+06	6.60E+06

通过对发展中国家 OFDI 获得的国外研发资本存量排名前 10 的省份分别为广东、山东、浙江、北京、江苏、上海、黑龙江、辽宁、天津、湖南。通过对发展中国家 OFDI 获得的国外研发资本存量排名后 10 的省份分别为江西、重庆、陕西、山西、广西、海南、甘肃、宁夏、贵州、青海。可以看到，中西部地区通过对发展中国家 OFDI 获得的国外研发资本存量增长快速。

各省份对发展中国家 OFDI 不但显著小于各省份对发达国家 OFDI，而且各省份通过对发展中国家 OFDI 获得的国外研发资本存量也显著小于各省份通过对发达国家 OFDI 获得的国外研发资本存量。那么，中国对发展中国家 OFDI 产生的是正向技术输出还是逆向技术输出？各省份通过对发展中国家 OFDI 获得的国外研发资本存量能不能促进我国各省份技术进步和产业结构升级？这些问题将在第八章和第十章进行具体分析。

4. 中国各省份通过对"一带一路"沿线国家 OFDI 获得的国外研发资本存量

当前中国推进的"一带一路"倡议意义重大，中国对"一带一路"沿线国家 OFDI 快速增长，推动制造业大发展，借助"走出去"的制造业本身具有逆向溢出效应，提升就业质量、经典的异质性企业贸易理论可以解释清楚等特征，对外直接投资将助推我国和东道国产业升级及发展方式转型升级，在学术界得到基本共识。随着"一带一路"建设的持续推进，中国企业"走出去"和对外直接投资将快速增长，因此探索"一带一路"背景下提升中国制造业对外直接投资效率和产业结构升级具有重要的意义。

表 3-4 为各省份通过对"一带一路"沿线国家 OFDI 获得的国外研发资本存量，2003 年我国通过对"一带一路"沿线国家 OFDI 获得的国外研发资本存量为 4979715.01 美元，2016 年升至 1832814618 美元，年均增长 57.54%。

我国通过对"一带一路"沿线国家 OFDI 获得的国外研发资本存量虽然显著小于我国通过对发达国家 OFDI 获得的国外研发资本存量、我国通过对发展中国家 OFDI 获得的国外研发资本存量、我国通过对 34 国 OFDI 获得的国外研发资本存量[①]，但我国通过对"一带一路"沿线国家 OFDI 获得的国外研发资本存量增长速度显著快于通过对发达国家 OFDI 获得的国外研发资本存量、通过对发展中国家 OFDI 获得的国外研发资本存量、通过对 34 国 OFDI 获得的国外研发资本存量。

---

① 34 国即前文提到的 16 个发达国家和 18 个发展中国家。

表3-4 各省份通过对"一带一路"沿线国家OFDI获得的国外研发资本存量

单位：美元

年份 省份	2003	2008	2009	2010	2011	2012	2013	2014	2015	2016
北京	5.20E+05	8.30E+06	1.50E+07	1.80E+07	2.50E+07	3.20E+07	5.60E+07	1.30E+08	2.00E+08	2.80E+08
天津	2.40E+04	1.10E+06	2.30E+06	3.60E+06	5.70E+06	8.80E+06	1.60E+07	4.30E+07	7.00E+07	9.70E+07
河北	9.00E+04	1.70E+06	3.60E+06	5.10E+06	8.10E+06	1.00E+07	1.50E+07	2.10E+07	2.70E+07	3.30E+07
山西	1.90E+04	6.00E+05	2.10E+06	2.30E+06	3.40E+06	4.40E+06	6.70E+06	7.90E+06	9.10E+06	1.00E+07
内蒙古	1.60E+04	6.80E+05	1.60E+06	1.70E+06	2.30E+06	5.10E+06	7.30E+06	1.10E+07	1.50E+07	1.80E+07
辽宁	8.00E+04	2.00E+06	6.00E+06	1.30E+07	1.80E+07	2.90E+07	3.40E+07	4.30E+07	5.20E+07	6.10E+07
吉林	6.00E+04	1.30E+06	2.80E+06	3.30E+06	4.60E+06	6.10E+06	9.30E+06	1.10E+07	1.30E+07	1.40E+07
黑龙江	1.40E+05	3.30E+06	4.30E+06	4.70E+06	7.20E+06	1.10E+07	1.50E+07	1.90E+07	2.30E+07	2.70E+07
上海	1.20E+06	7.30E+06	1.40E+07	2.20E+07	2.60E+07	5.80E+07	7.80E+07	1.20E+08	1.60E+08	2.00E+08
江苏	1.70E+05	5.70E+06	1.00E+07	1.40E+07	2.40E+07	3.30E+07	4.90E+07	7.30E+07	9.70E+07	1.20E+08
浙江	2.10E+05	5.10E+06	1.20E+07	2.20E+07	3.00E+07	3.60E+07	4.80E+07	7.10E+07	9.40E+07	1.20E+08
安徽	3.30E+03	6.80E+05	1.10E+06	4.10E+06	6.80E+06	9.90E+06	1.70E+07	2.00E+07	2.30E+07	2.60E+07
福建	1.90E+05	3.80E+06	6.40E+06	7.30E+06	1.00E+07	1.40E+07	1.70E+07	2.30E+07	2.90E+07	3.50E+07
江西	3.70E+03	3.00E+05	5.20E+05	8.20E+05	1.60E+06	3.30E+06	5.20E+06	9.40E+06	1.40E+07	1.80E+07
山东	3.30E+05	6.90E+06	1.10E+07	1.80E+07	3.60E+07	5.00E+07	7.00E+07	9.20E+07	1.10E+08	1.40E+08
河南	6.20E+04	1.10E+06	2.30E+06	2.60E+06	4.00E+06	6.00E+06	8.50E+06	1.20E+07	1.60E+07	1.90E+07

续表

年份 省份	2003	2008	2009	2010	2011	2012	2013	2014	2015	2016
湖北	8.00E+03	1.90E+05	4.00E+05	6.60E+05	3.70E+06	5.70E+06	7.50E+06	1.10E+07	1.50E+07	1.80E+07
湖南	8.00E+03	2.20E+06	8.20E+06	1.00E+07	1.40E+07	1.70E+07	2.00E+07	2.60E+07	3.20E+07	3.80E+07
广东	1.50E+06	2.90E+07	3.80E+07	4.30E+07	7.40E+07	1.10E+08	1.50E+08	2.30E+08	3.10E+08	3.90E+08
广西	1.80E+04	4.60E+05	1.20E+06	1.90E+06	2.80E+06	3.60E+06	4.60E+06	6.90E+06	9.20E+06	1.20E+07
海南	1.30E+04	1.50E+05	4.50E+05	1.20E+06	6.80E+06	1.40E+07	1.50E+07	1.70E+07	1.90E+07	2.10E+07
重庆	2.00E+05	9.20E+05	1.20E+06	2.40E+06	4.60E+06	7.10E+06	8.40E+06	1.20E+07	1.60E+07	1.90E+07
四川	3.20E+04	1.30E+06	2.10E+06	4.60E+06	8.00E+06	9.40E+06	1.20E+07	1.60E+07	2.00E+07	2.40E+07
贵州	2.10E+03	6.20E+04	8.90E+04	7.50E+05	2.00E+05	3.70E+05	1.40E+06	1.60E+06	1.80E+06	2.00E+06
云南	1.90E+04	1.90E+06	3.80E+06	5.70E+06	7.60E+06	1.20E+07	1.70E+07	2.40E+07	3.10E+07	3.80E+07
陕西	4.00E+03	6.40E+05	1.70E+06	2.60E+06	4.70E+06	7.50E+06	8.70E+06	1.10E+07	1.30E+07	1.60E+07
甘肃	2.20E+04	2.00E+06	2.40E+06	2.60E+06	5.50E+06	1.10E+07	1.40E+07	1.50E+07	1.60E+07	1.70E+07
青海	1.10E+03	1.60E+04	3.00E+04	3.30E+04	5.40E+04	1.30E+05	3.90E+05	4.70E+05	5.50E+05	6.20E+05
宁夏	1.60E+03	1.20E+05	1.60E+05	1.70E+05	2.50E+05	5.00E+05	8.50E+05	2.30E+06	3.70E+06	5.20E+06
新疆	2.00E+04	1.30E+06	2.10E+06	2.50E+06	4.30E+06	6.10E+06	7.60E+06	1.10E+07	1.40E+07	1.80E+07

第二节　中国对不同类型国家 OFDI
效率的影响因素研究

一、模型设定及扩展

本书使用随机前沿引力模型等方法研究中国对全球 34 国 OFDI、中国对转型及发展中国家 OFDI、中国对发达国家 OFDI 效率及影响因素。首先，针对全球 34 国 OFDI，计量模型设计如下（Battese and Coelli，1995）：

$$\ln OFDI_{ijt} = \beta_0 + \beta_1 \ln GDP_{jt} + \beta_2 \ln CHGDP_{it} + \beta_3 IMEX_{jt} + \beta_4 JIERANG_{ij} + \beta_5 ZRZY_{jt} + \\ \beta_6 JJJL_{ijt} + v_{ijt} - u_{ijt} \tag{3-3}$$

其中，$OFDI_{ijt}$ 为中国在 t 时期对 j 国的制造业 OFDI，$CHGDP_{it}$ 为 t 时期中国的人均国内生产总值，GDP_{jt} 为 t 时期 j 国的人均国内生产总值，$IMEX_{jt}$ 为使用各国进出口贸易总额除以国内生产总值计算得到的该国进出口贸易占比，$JIERANG_{ij}$ 为全球各国与中国是否接壤的虚拟变量，$ZRZY_{jt}$ 为 t 时期 j 国的天然气租金占比，$JJJL_{ijt}$ 为中国与各国之间的经济距离。

针对中国对转型及发展中国家 OFDI，计量模型设计如下：

$$\ln OFDId_{ijt} = \beta_0 + \beta_1 \ln GDPd_{jt} + \beta_2 \ln CHGDP_{it} + \beta_3 IMEXd_{jt} + \beta_4 JIERANGd_{ij} + \\ \beta_5 ZRZYd_{jt} + \beta_6 JJJLd_{ijt} + v_{ijt} - u_{ijt} \tag{3-4}$$

其中，$OFDId_{ijt}$ 为中国在 t 时期对转型及发展中国家 j 国的制造业 OFDI，$GDPd_{jt}$ 为 t 时期转型及发展中国家 j 国的人均国内生产总值，$IMEXd_{jt}$ 为使用转型及发展中国家各国进出口贸易总额除以国内生产总值计算得到的该国进出口贸易占比，$JIERANGd_{ij}$ 为转型及发展中国家各国与中国是否接壤的虚拟变量，$ZRZYd_{jt}$ 为 t 时期转型及发展中国家 j 国的天然气租金占比，$JJJLd_{ijt}$ 为中国与转型及发展中国家各国之间的经济距离。

针对中国对发达国家 OFDI，计量模型设计如下：

$$\ln OFDID_{ijt} = \beta_0 + \beta_1 \ln GDPD_{jt} + \beta_2 \ln CHGDP_{it} + \beta_3 IMEXD_{jt} + \beta_4 ZRZYD_{jt} + \\ \beta_5 JJJLD_{ijt} + v_{ijt} - u_{ijt} \tag{3-5}$$

其中，$OFDID_{ijt}$ 为中国在 t 时期对发达国家 j 国的制造业 OFDI，$GDPD_{jt}$ 为 t 时期发达国家 j 国的人均国内生产总值，$IMEXD_{jt}$ 为使用发达国家各国进出口贸易总额除以国内生产总值计算得到的该国进出口贸易占比，$ZRZYD_{jt}$ 为 t 时期发达国家 j 国的天然气租金占比，$JJJLD_{ijt}$ 为中国与发达国家各国之间的经济距离。

其次，针对全球34国，构建如下技术无效方程：

$$u_{i,t} = \delta_0 + \delta_1 ZFXL_{jt} + \delta_2 FL_{jt} + \delta_3 YDDL_{jt} + \delta_4 LDL_{jt} + w_{ijt} \qquad (3-6)$$

针对转型及发展中国家，构建如下技术无效方程：

$$u_{i,t} = \delta_0 + \delta_1 ZFXLd_{jt} + \delta_2 FLd_{jt} + \delta_3 YDDLd_{jt} + \delta_4 LDLd_{jt} + w_{ijt} \qquad (3-7)$$

针对发达国家，构建如下技术无效方程：

$$u_{i,t} = \delta_0 + \delta_1 ZFXLD_{jt} + \delta_2 FLD_{jt} + \delta_3 YDDLD_{jt} + \delta_4 LDLD_{jt} + w_{ijt} \qquad (3-8)$$

t 时期中国对 j 国直接投资的技术效率表达式为：

$$TE_{ijt} = \exp(-u_{i,t}) = \exp(-Z_{j,t}\delta - w_{ijt}) \qquad (3-9)$$

t 时期全球34国、转型及发展中国家、发达国家 j 国的政府的整体功能水平变量分别为 $ZFXL_{jt}$、$ZFXLd_{jt}$、$ZFXLD_{jt}$，主要通过计算世界银行全球治理指数中的群众发言权与责任、政治系统的有序性及连续性、政府机构的工作效率三者的算术平均值而得到。t 时期全球34国、转型及发展中国家、发达国家 j 国的法律约束力变量分别为 FL_{jt}、FLd_{jt}、FLD_{jt}，主要使用世界银行全球治理指数中除政府的整体功能水平之外的其他变量的算术平均值。t 时期全球34国、转型及发展中国家、发达国家 j 国的劳动力人口占比变量分别为 LDL_{jt}、$LDLd_{jt}$、$LDLD_j$，t 时期全球34国、转型及发展中国家、发达国家 j 国的通信固定资产投资变量分别为 $YDDL_{jt}$、$YDDLd_{jt}$、$YDDLD_{jt}$。

二、变量选取

1. 样本选择

选取的发达国家包括捷克、匈牙利、美国、日本、澳大利亚、德国、加拿大、英国、法国、意大利、瑞典、爱尔兰、比利时、波兰、荷兰、西班牙16国，选取的转型及发展中国家包括新加坡、韩国、巴基斯坦、蒙古国、马来西亚、泰国、伊朗、印度、印度尼西亚、南非、巴西、哥伦比亚、阿根廷、土耳其、墨西哥、赞比亚、俄罗斯、哈萨克斯坦18国。

2. 数据说明

经济距离的计算方法来源于姚战琪（2017），OFDI 来自 Wind 数据库，其他数据来源于国际货币基金组织数据库。

三、实证结果及分析

分别针对总体模型、转型及发展中国家、发达国家，使用随机前沿方法对2003~2014年中国 OFDI 效率影响因素进行实证研究，回归结果见表3-5。可以看到，得到的针对总体模型、转型及发展中国家、发达国家的检验结果差异明显。

表 3 - 5 模型估计结果

	待估参数	模型 1 总体模型	模型 2 转型及发展中国家	模型 3 发达国家
各国人均 GDP 的对数	β_1	0.416 *** (- 0.044)	0.085 (- 0.07)	2.015 *** (- 0.215)
中国人均 GDP 的对数	β_2	2.219 *** (- 0.145)	1.894 *** (- 0.139)	2.688 *** (- 0.169)
各国进出口贸易占比	β_3	- 8.00E - 05 (- 6.62E - 04)	0.003 *** (- 0.0009)	- 0.023 ** (- 0.001)
与中国是否接壤	β_4	0.445 *** (- 0.219)	0.377 *** (- 0.18)	—
天然气租金占比	β_5	0.003 (- 0.024)	- 0.013 (- 0.024)	0.373 *** (- 0.145)
经济距离	β_6	- 1.15E - 05 ** (- 2.17E - 05)	- 6.89E - 05 *** (- 1.77E - 05)	7.03E - 05 * (- 4.42E - 05)
常数项	β_0	- 0.333 *** (- 1.082)	4.842 *** (- 1.166)	- 1.915 * (- 2.857)
整体功能水平	δ_1	2.210 *** (- 0.761)	- 3.426 (- 2.051)	13.680 ** (- 1.617)
法律约束力	δ_2	- 0.759 * (- 0.494)	4.09 (- 2.415)	- 10.057 ** (- 1.108)
通信固定资产投资	δ_3	0.015 *** (- 0.005)	- 0.047 ** (- 0.026)	- 0.001 (- 0.015)
劳动力人口占比	δ_4	- 15.004 *** (- 4.362)	- 12.103 (- 8.873)	- 0.94 (- 1.032)
常数项	δ_0	6.021 *** (- 1.541)	5.762 ** (- 2.902)	- 21.888 *** (- 2.192)
δ^2		0.725 *** (- 3.507)	5.217 *** (- 2.929)	1.151 *** (- 0.203)
γ		0.972 *** (- 0.017)	0.949 *** (- 0.029)	0.563 *** (- 0.058)
似然比检验值		- 555.813	- 300.65	- 153.986
LR 检验值		74.185	65.944	51.942
样本量		408	216	156

注：括号中数字为标准误，***、**、*分别表示 1%、5%、10% 的显著水平。

在表 3 – 5 中，针对总体模型，随机前沿引力模型中的似然比检验值和 LR 检验值至少在 10% 的水平上显著，γ 估计值也在 1% 的水平上显著，因此本书建立的模型通过检验。

根据表 3 – 5 的模型估计结果，总体模型的估计结果为：

$$\ln OFDI_{ijt} = 6.021 + 0.4169\ln GDP_{jt} + 2.2198\ln CHGDP_{it} - 0.00007IMEX_{jt} + 0.4458JIERANG_{ij} + 0.0036ZRZY_{jt} - 0.00001\ln JJJL_{ijt} + v_{ijt} - u_{ijt}$$

东道国人均国内生产总值的系数估计值为 0.4169，表明东道国人均国内生产总值对吸引中国 OFDI 有显著的效果；我国人均国内生产总值的系数估计值为 2.2198，表明我国人均国内生产总值也对中国 OFDI 有显著的效果；经济距离的系数估计值为 – 0.00001，表明经济距离的增加对我国 OFDI 没有显著的效果；各国进出口贸易占比的系数估计值为 – 0.00007，但未通过显著性检验；各国与中国是否接壤的系数估计值为 0.4458，表明各国与中国是否接壤对吸引中国 OFDI 有显著的效果；各国的天然气租金占比的系数估计值为 0.0036，但值得注意的是，各国的天然气租金占比对我国 OFDI 的影响不显著，表明各国的天然气租金占比不是影响我国 OFDI 的主要因素。

针对转型及发展中国家的随机前沿面估计结果如下：

$$\ln OFDId_{ijt} = 4.8421 + 0.0859nGDPd_{jt} + 1.8941\ln CHGDP_{it} + 0.0031IMEXd_{jt} + 0.3779JIERANGd_{ij} - 0.0136ZRZYd_{jt} - 0.00007\ln JJJLd_{ijt} + v_{ijt} - u_{ijt}$$

转型及发展中国家的人均国内生产总值的系数估计值为正但不显著，表明转型及发展中国家的人均国内生产总值对吸引中国 OFDI 的效果不显著；我国人均国内生产总值的系数估计值为 1.8941，表明我国人均国内生产总值对我国对转型及发展中国家 OFDI 有显著的效果；中国与转型及发展中国家经济距离的系数估计值为 – 0.00007，并通过了显著性检验，表明中国与转型及发展中国家的经济距离对中国 OFDI 没有显著效果；转型及发展中国家进出口贸易占比的系数估计值为 0.0031，也通过了显著性检验，表明转型及发展中国家进出口贸易占比对我国对该国 OFDI 有显著的效果；转型及发展中国家与中国是否接壤的系数估计值为 0.3779，表明转型及发展中国家与中国是否接壤对我国 OFDI 有显著的效果；天然气租金占比变量的系数估计值为 – 0.0136，但未通过显著性检验。

针对发达国家的随机前沿面估计结果如下：

$$\ln OFDID_{ijt} = -1.9157 + 2.0156nGDPD_{jt} + 2.6889\ln CHGDP_{it} - 0.0235IMEXD_{jt} + 0.3738ZRZYD_{jt} + 0.00007\ln JJJLD_{ijt} + v_{ijt} - u_{ijt}$$

发达国家的人均国内生产总值的系数估计值显著为正，表明发达国家的人均国内生产总值对吸引中国 OFDI 有显著的效果；我国人均国内生产总值的系数估计值为 2.6889，表明我国人均国内生产总值对我国对发达国家 OFDI 有显著的效果；中国与发达国家的经济距离的系数估计值为 0.00007，并通过了显著性检验，表明与发达国家的经济距离对中国 OFDI 有显著的效果；发达国家经济进出口贸易占比的系数估计值为 -0.0235，也通过了显著性检验，表明发达国家经济进出口贸易占比不利于中国 OFDI 增长；天然气租金占比的系数估计值为 0.3738，并通过了显著性检验，表明发达国家的天然气租金占比也是影响我国 OFDI 的主要因素。

可以看到，东道国人均国内生产总值对中国对发达国家 OFDI、中国对发展中国家 OFDI 均有显著的促进作用。同时，发达国家人均国内生产总值对吸引中国 OFDI 的效果显著大于发展中国家和所有国家的人均国内生产总值，发达国家的人均国内生产总值能显著促进中国对发达国家 OFDI 的增长。发达国家国内产业结构高度化有利于中国 OFDI，国内市场趋于饱和，以获取先进技术为目标的技术寻求型 OFDI 是中国对发达国家直接投资的主要动机。

同时，中国人均国内生产总值能显著推动中国 OFDI 的增长，并且中国人均国内生产总值对中国对发达国家 OFDI 的影响显著大于中国对发展中国家 OFDI，因此中国人均国内生产总值能显著推动中国对发达国家 OFDI 增长。

发展中国家进出口贸易占比对我国对该国 OFDI 有显著的效果，而发达国家经济进出口贸易占比不利于中国 OFDI 增长，再次证实了发达国家对贸易保护主义施加的压力和发达国家的投资经营者的客观条件日益完善是决定中国对发达国家 OFDI 的主要动因。

根据表 3 - 5 中对系数 δ 的估计，总体模型技术非效率效应估计结果如下：

$$u_{ijt} = 6.0211 + 2.2101ZFXL_{jt} - 0.7590FL_{jt} + 0.0156YDDL_{jt} - 15.0044LDL_{jt} + w_{ijt}$$

东道国政府的整体功能水平的系数估计值为 2.2101，说明东道国政府的整体功能水平对中国 OFDI 的影响显著为负；东道国的法律约束力的系数估计值为 -0.7590，表明东道国的法律约束力对中国 OFDI 的影响显著为正；东道国通信固定资产投资的系数估计值为 0.0156，说明东道国通信固定资产投资对中国 OFDI 的影响显著为负；东道国劳动力人口占比的系数估计值为 -15.0044，表明东道国劳动力人口占比对中国 OFDI 的影响显著为正，因此劳动力人口占比是促进我国 OFDI 的主要因素。同时可以看到，东道国政府的整体功能水平的系数估计值、东道国的法律约束力的系数估计值均通过了显著性检验，因此，良好的法律约束力有利于提高中国对外直接投资效率。

转型及发展中国家的技术非效率效应估计结果如下：

$$u_{ijt} = 5.7620 - 3.4262ZFXLd_{jt} + 4.0906FLd_{jt} - 0.0470YDDLd_{jt} - 12.1036LDLd_{jt} + w_{ijt}$$

针对转型及发展中国家模型，东道国政府的整体功能水平的系数估计值未通过显著性检验；东道国的法律约束力的系数估计值也未通过显著性检验；转型及发展中东道国的通信固定资产投资的系数估计值为 - 0.0470，说明转型及发展中东道国的通信固定资产投资对中国 OFDI 的影响显著为正；转型及发展中东道国的劳动力人口占比的系数估计值为 - 12.1036，表明转型及发展中东道国劳动力人口占比对中国 OFDI 的影响为正。

发达国家的技术非效率效应估计结果如下：

$$u_{ijt} = -21.8880 + 13.6804 ZFXLD_{jt} - 10.0574 FLD_{jt} - 0.0018 YDDLD_{jt} - 0.9403 LDLD_{jt} + w_{ijt}$$

针对发达国家模型，政府的整体功能水平的系数估计值显著为正，法律约束力的系数估计值显著为负，劳动力人口占比的系数估计值为负，但未通过显著性检验。通信固定资产投资变量的系数估计值也为负，未通过显著性检验。

发达国家政府的整体功能水平对中国 OFDI 的影响显著为负，而发展中国家政府的整体功能水平对中国 OFDI 的影响未通过显著性检验。

作为东道国的发达国家的法律约束力对中国 OFDI 的影响为正，因此，虽然发达国家较低的政府整体功能水平不能提升中国 OFDI 效率，但发达国家的法律约束力能够显著促进中国 OFDI 效率的提升。然而发展中国家政府的整体功能水平对中国 OFDI 效果极其微弱，主要是因为发达国家有规范的法律约束力，企业违规风险大大高于发展中国家，因此发达国家的法律约束力能够显著地促进中国 OFDI 效率的提高。

发展中国家、发达国家的劳动力人口占比均对中国 OFDI 的影响为正，但未通过显著性检验。

表 3 - 6 使用总体模型研究各因素影响的标准化，从中国人均 GDP、东道国人均 GDP、东道国天然气租金占比等变量对中国 OFDI 影响的标准化结果来看，核心变量中国人均 GDP 每增加一个标准差，将推动中国 OFDI 提升 1.16%；东道国人均 GDP 每增加一个标准差，将推动中国 OFDI 增加 0.33%；东道国天然气租金占比每增加一个标准差，将推动中国 OFDI 增加 0.007%。同时，基于各变量对中国 OFDI 影响的标准化结果可以看到，中国人均 GDP 对 OFDI 的影响最大，其次为东道国人均 GDP，而东道国天然气租金占比对我国 OFDI 的影响最小。

四、稳健性检验

本书使用因变量滞后 1 期的方法进行稳健性检验，结果如表 3 - 7 所示。从针对总体模型的稳健性检验结果可以看到，多数变量的系数估计值、标准误并未发生显著变化，因此实证结果具有稳健性。从稳健性检验结果可以看到，国内经济增长对中国 OFDI 的效果仍显著大于东道国经济增长，与中国接壤的国家仍具有更大的投资潜力，东道国天然气租金占比对中国 OFDI 的影响为正，经济距离仍对中国 OFDI 的影响为负，东道国政府的整体功能水平对中国 OFDI 的影响为正，各国进出口贸易占比对中国 OFDI 的影响为负，东道国的法律约束力对中国 OFDI 的影响为负，说明本书的基本估计结果是稳健的。

表 3 – 6　东道国人均 GDP、中国人均 GDP 和东道国天然气租金占比

对中国 OFDI 影响的标准化结果

	b	Std. Err.	z	P > | z |	%	% StdX	SDofX
GDP	0.131	0.102	1.290	0.199	− 0.069	0.331	9.426
CHGDP	1.077	0.045	23.910	0.000	0.989	1.165	8.118
ZRZY	0.003	0.002	1.310	0.192	− 0.001	0.007	1.222

表 3 – 7　稳健性检验

	模型 4	模型 5	模型 6
	总体模型	发达国家	转型及发展中国家
对 34 国 OFDI 滞后 1 期	− 0.070 ** (− 0.030)		
对发达国家 OFDI 滞后 1 期		− 0.103 * (− 0.061)	
对转型及发展中国家 OFDI 滞后 1 期			0.523 *** (− 0.062)
各国人均 GDP 的对数	0.298 * (− 0.170)	1.394 * (− 0.812)	0.060 (− 0.114)
中国人均 GDP 的对数	2.443 *** (− 0.190)	3.219 *** (− 0.405)	0.975 *** (− 0.221)
各国进出口贸易占比	− 0.003 (− 0.005)	− 0.028 *** (− 0.009)	0.002 * (− 0.001)
与中国是否接壤	0.201 (− 0.666)		0.489 *** (− 0.130)
天然气租金占比	0.008 (− 0.043)	0.653 *** (− 0.229)	− 0.056 (− 0.046)
经济距离	− 0.0002 *** (− 0.0001)	0.0001 * (− 7.00E − 05)	− 3.54E − 05 *** (− 1.60E − 05)

	模型 4	模型 5	模型 6
	总体模型	发达国家	转型及发展中国家
常数项	0.480	− 18.214 **	1.202
	（ −1.943 ）	（ − 8.788 ）	（ −1.673 ）
Sargan 检验	20.20	11.25	12.72
	（ −0.090 ）	（ −0.508 ）	（ −0.470 ）
AR （1）	0.045 （ −2.01 ）	0.055 （ −1.92 ）	0.024 （ −2.26 ）
AR （2）	0.087 （ −1.71 ）	0.879 （0.15）	0.076 （ −1.77 ）

注：括号中数字为标准误，*** 、** 、* 分别表示1%、5%、10%的显著水平。

从针对发达国家的稳健性检验结果可以看到，发达国家的人均国内生产总值、中国人均国内生产总值、中国与发达国家的经济距离、天然气租金占比均对中国 OFDI 的影响为正，但发达国家经济进出口贸易对中国 OFDI 的影响为负，这说明本书的基本估计结果也是稳健的。

从针对发展中国家的稳健性检验结果可以看到，转型及发展中国家的人均国内生产总值、中国人均国内生产总值、转型及发展中国家经济进出口贸易、转型及发展中国家与中国是否接壤等变量对中国 OFDI 的影响为正，但与转型及发展中国家经济距离、天然气租金占比对中国 OFDI 的影响为负，这说明本书的基本估计结果也是稳健的。

小　结

本章构建了随机前沿引力模型来研究中国对发达国家 OFDI 效率、中国对转型及发展中国家 OFDI 效率及影响因素，得出以下结论：第一，东道国人均国内生产总值对中国对发达国家 OFDI、中国对发展中国家 OFDI 和中国 OFDI 均有显著的促进作用。第二，发展中国家经济进出口贸易占比对中国对该国 OFDI 有显著的效果，而发达国家经济进出口贸易占比不利于中国 OFDI 增长。第三，虽然发达国家较低的政府整体功能水平不能促进中国 OFDI 效率的提升，但发达国家的法律约束力能够显著促进中国 OFDI 效率的提高。

第四章 中国对外直接投资与中国制造业攀升全球价值链的理论与实证分析

改革开放后中国外商投资不断增长，同时自 2005 年以来，中国 OFDI 连续增长，当前中国 OFDI 流量仅次于美国，并且从 2015 年开始中国成为资本净输出国。当前国内外学者均认为，OFDI 具有显著的逆向技术溢出效应。但是，中国对发达国家 OFDI 和对发展中国家 OFDI 是否能促进中国全球价值链的升级，本章试图回答这些问题。

第一节 OFDI 对全球价值链地位影响的文献综述

改革开放后中国出口快速增长。在中国与其他国家建立自由贸易区的同时，中国与其他国家的出口贸易占我国当年总出口的比重也快速增长。根据本书测算的中国与澳大利亚、比利时、加拿大、捷克、法国、德国、匈牙利、爱尔兰、意大利、日本、荷兰、波兰、西班牙、瑞典、英国、美国、阿根廷、巴西、哥伦比亚、印度、印度尼西亚、韩国、墨西哥、俄罗斯、南非、土耳其 26 国的出口贸易占我国当年总出口的比重，2016 年与 26 国的出口贸易占我国总出口的比重达55%。本书计算了中国与 26 国的贸易结合度指数，对中国与各国的贸易结合度进行了排序，中国与各国的贸易结合度大于 1 的国家和地区分别为印度尼西亚、韩国、日本、澳大利亚、南非、俄罗斯、美国、印度、哥伦比亚。在中国出口快速增长的同时，不能忽视出口到各国的我国制造业所处的价值链分工地位，我国必须重视在全球价值链中占据有利分工地位，必须重视中间产品贸易成为越来越重要的贸易对象，必须重视透过中间品贸易研究全球价值链分工地位。

本章的贡献体现在以下三个方面：第一，与其他研究成果不同，本章从发达国家和发展中国家层面研究中国 OFDI 对中国全球价值链地位指数、中国全球价值链参与指数和基于中间品出口增加值的全球价值链分工地位的影响。第二，本章从国家层面研究中国 OFDI 对中国制造业全球价值链地位的影响，研究中国对发达国家 OFDI 和对发展中国家 OFDI 对价值链升级的影响。第三，本章也研究了中国通过 OFDI 获得的国外研发资本存量和其他变量对中国融入全球价值链的影响。

第二节　理论基础及假设

Lall（1983）用理论解释了发展中国家获得对外直接投资的逆向技术溢出效应的实现途径和提升方法，即发展中国家通过对外直接投资可以获得发达国家的先进技术，从而发展中国家通过 OFDI 带来的人力资源流动的溢出效应、模仿示范效应、关联产业跟进的发展效应三个途径，促进发展中国家企业向全球价值链高端延伸。因此，提出以下假设：

假设 1：对发达国家 OFDI 将促进我国全球价值链地位指数不断上升。

国内诸多学者研究了中国全球价值链的影响因素，认为我国仍处于全球价值链的中低端，中国通过对外直接投资获得的逆向技术溢出能显著提升中国全球价值链和促进产业链升级。OFDI 对价值链的影响机制主要表现为：首先，发展中国家通过人力资源流动的溢出效应、模仿示范效应、关联产业跟进的发展效应三个途径获得对外直接投资的逆向技术溢出，从而促进其向全球价值链的高端延伸。其次，发达国家 OFDI 的动机与发展中国家不同，但近年来的研究发现，发达国家对外直接投资也获得了逆向技术溢山效应，并显著提升了其技术水平。Braconier 等（2001）的研究结果也发现，瑞典获得的技术溢出与该国对外直接投资及外商投资显著正相关。因此，提出以下假设：

假设 2：对发展中国家 OFDI 和对发达国家 OFDI 都将推动我国在全球价值链分工中的参与度。

发展中国家仍处于全球价值链的低端，获取技术是发展中国家对外直接投资的重要动因之一。发展中国家关注的是如何有效利用外资的流入获取正向的技术输出，因此中国对外直接投资不但促进发展中国家经济增长，也使得发展中国家获得更多的正向技术输出。虽然中国对发展中国家 OFDI 能推动中国在全球价值链分工中的参与度，但不利于中国在全球价值链分工中的地位升级。因此，提出以下假设：

假设 3：对发展中国家 OFDI 不利于我国在全球价值链分工中的地位升级。

第三节　理论模型及描述性统计

一、模型建立

首先，本章选取 Koopman（2000）提出的全球价值链 GVC 地位指数作为一国产业在国际分工中地位的变量，构建如下中国出口到发达国家的制造业所处的价值链分工地位模型：

$$GVC\_position1_{it} = \beta_0 + \beta_1 OFDI1_{it} + \beta_2 Controls + v_{ijt} + u_{ijt} + \varepsilon_{it} \tag{4-1}$$

$$GVC\_participation1_{it} = \beta_0 + \beta_1 OFDI1_{it} + \beta_2 Controls + v_{ijt} + u_{ijt} + \varepsilon_{it} \tag{4-2}$$

$$INTVA1_{it} = \beta_0 + \beta_1 OFDI1_{it} + \beta_2 Controls + v_{ijt} + u_{ijt} + \varepsilon_{it} \tag{4-3}$$

其次，构建如下中国出口到发展中国家的制造业所处的价值链分工地位模型：

$$GVC\_position2_{it} = \beta_0 + \beta_1 OFDI2_{it} + \beta_2 Controls + v_{ijt} + u_{ijt} + \varepsilon_{it} \tag{4-4}$$

$$GVC\_participation2_{it} = \beta_0 + \beta_1 OFDI2_{it} + \beta_2 Controls + v_{ijt} + u_{ijt} + \varepsilon_{it} \tag{4-5}$$

$$INTVA2_{it} = \beta_0 + \beta_1 OFDI2_{it} + \beta_2 Controls + v_{ijt} + u_{ijt} + \varepsilon_{it} \tag{4-6}$$

在以上公式中，i、t 分别代表贸易伙伴国和年份，本研究被解释变量包括 $GVC\_position_{it}$ 为根据各国前向关联度、后向关联度计算的 GVC 地位指数，$GVC\_participation_{it}$ 为 GVC 参与度，$INTVA$ 为根据来源于直接进口国的中间品出口的国内增加值和来源于第三国的中间品出口的国内生产总值计算的基于中间品出口增加值的全球价值链分工地位，$OFDI$ 为中国对发达国家或发展中国家的 OFDI；控制变量包括发达国家和发展中国家的劳动生产率（LP）、中国劳动生产率（CLP）、发达国家和发展中国家政府治理指数（GMI）、发达国家和发展中国家资本劳动比（KL）、发达国家和发展中国家外商直接投资占 GDP 比重（$FDIP$）（见表 4-1）。

GVC 地位指数和参与指数衡量的是本书选取的针对中国与 16 个发达国家和 10 个发展中国家的制造业国际贸易往来和中国制造业部门整体在全球价值链上的地位。

由于资料可获得性，本章选择的 16 个发达国家包括澳大利亚、比利时、加拿大、捷克、法国、德国、匈牙利、爱尔兰、意大利、日本、波兰、荷兰、西班牙、瑞典、英国、美国，10 个发展中国家包括阿根廷、巴西、哥伦比亚、印度、印度尼西亚、韩国、墨西哥、俄罗斯、南非、土耳其。

表4-1 数据来源及变量选取

变量	含义	指标选取
$GVC\_position1$	中国全球价值链地位	t 年针对发达国家 i 国的中国 GVC 地位指数
$GVC\_position2$	中国全球价值链地位	t 年针对发展中国家 i 国的中国 GVC 地位指数
$GVC\_participation1$	中国全球价值链参与度	t 年针对发达国家 i 国的中国 GVC 参与度
$GVC\_participation2$	中国全球价值链参与度	t 年针对发展中国家 i 国的中国 GVC 参与度
$INTVA1$	基于中间品出口增加值的全球价值链分工地位	t 年针对发达国家的来源于第三国的中间品出口的国内生产总值与来源于直接进口国的中间品出口的国内增加值之和
$INTVA2$	基于中间品出口增加值的全球价值链分工地位	t 年针对发展中国家的来源于第三国的中间品出口的国内生产总值与来源于直接进口国的中间品出口的国内增加值之和
$OFDI1$	中国对发达国家 OFDI	t 年中国对发达国家 i 国 OFDI
$OFDI2$	中国对发展中国家 OFDI	t 年中国对发展中国家 i 国 OFDI
$LP1$	发达国家劳动生产率	t 年发达国家 i 国的人均 GDP
$LP2$	发展中国家劳动生产率	t 年发展中国家 i 国的人均 GDP
CLP	中国劳动生产率	t 年中国人均 GDP
$GMI1$	发达国家政府治理指数	t 年发达国家 i 国制度环境
$GMI2$	发展中国家政府治理指数	t 年发展中国家 i 国制度环境
$KL1$	发达国家资本劳动比	t 年发达国家 i 国的资本/劳动
$KL2$	发展中国家资本劳动比	t 年发展中国家 i 国的资本/劳动
$FDIP1$	发达国家 FDI 占比	t 年发达国家 i 国的外商直接投资净流入/GDP
$FDIP2$	发展中国家 FDI 占比	t 年发展中国家 i 国的外商直接投资净流入/GDP

二、中国对发达国家 OFDI 与中国对发展中国家 OFDI

本章使用中国对发达国家 OFDI 存量和中国对发展中国家 OFDI 存量作为解释变量，$OFDIR_{it}$ 为在 t 时期中国通过对 i 国的直接投资溢出的东道国 R&D 资本存量，即 $OFDIRD_{it} = (OFDI_{it}/k_{it})RDY_{it}$，其中 $i = 1$，2，$\cdots$，16 为本书选取的发达国家样本，或 $i = 1$，2，$\cdots$，10 为本书选取的发展中国家样本，$OFDI_{it}$ 为 t 时期我国对发达国家或发展中国家 i 国的 OFDI 存量，k_{it} 为 t 时期 i 国的固定资本形成总额，RDY_{it} 为 t 时期 i 国研发资本存量，计算方法与国内研发资本存量相同。

三、中国对发达国家和对发展中国家的 GVC 参与指数、GVC 地位指数、基于中间品出口增加值的全球价值链分工地位

全球价值链参与指数包括前向参与度和后向参与度，本章使用以下方法计算全球价值链参与指数：

$$GVC - participation = \frac{IV_{nr}}{E_{nr}} + \frac{FV_{nr}}{E_{nr}} \qquad (4-7)$$

其中，IV_{nr}/E_{nr} 为前向关联度，FV_{nr}/E_{nr} 为后向关联度，IV_{nr} 为 r 国 n 产业出口中所蕴含的国内增加值部分，FV_{nr} 为 r 国制造业中 n 产业出口所蕴含的国外增加值部分。

使用以下方法计算全球价值链地位指数：

$$GVC - position = \ln\left(1 + \frac{IV_{nr}}{E_{nr}}\right) - \ln\left(1 + \frac{FV_{nr}}{E_{nr}}\right) \qquad (4-8)$$

本章将基于中间品出口增加值的全球价值链分工地位定义为来源于第三国的中国中间品出口和来源于直接进口国的中国中间品出口之和。

可以看到，中国对发展中国家的后向关联度远远大于中国对发达国家的后向关联度，中国对发展中国家的 GVC 参与指数要大于中国对发达国家的 GVC 参与指数，但中国对发展中国家的 GVC 地位指数要小于中国对发达国家的 GVC 地位指数。同时，中国对发展中国家的 GVC 参与指数增长迅速，尤其是中国对韩国的 GVC 参与指数最高，而中国对哥伦比亚的 GVC 参与指数最低。

也可以看到，中国对发展中国家的 GVC 参与指数大于中国对发达国家的 GVC 参与指数，但中国对发达国家的 GVC 地位指数大于中国对发展中国家的 GVC 地位指数，中国对发展中国家 GVC 地位指数均为负，而中国对部分发达国家的 GVC 地位指数为正，同时中国对所有发展中国家的 GVC 地位指数均为负。如图 4-1 至图 4-4 所示。

四、其他控制变量

发达国家和发展中国家的劳动生产率用各国 GDP 与劳动力之比表示，中国劳动生产率用中国 GDP 与劳动力之比表示，各国制度环境用发达国家和发展中国家政府治理指数表示，发达国家和发展中国家资本劳动比用各国资本存量与劳动力之比来表示，发达国家和发展中国家外商直接投资占 GDP 比重用各国 FDI 占比表示。

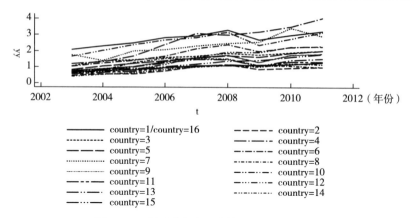

图 4 - 1　中国对发达国家的 GVC 参与指数

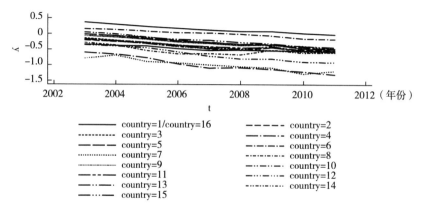

图 4 - 2　中国对发达国家的 GVC 地位指数

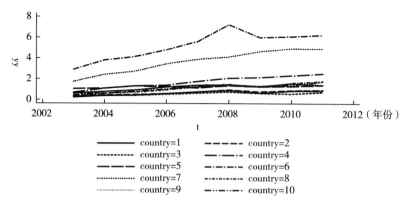

图 4 - 3　中国对发展中国家的 GVC 参与指数

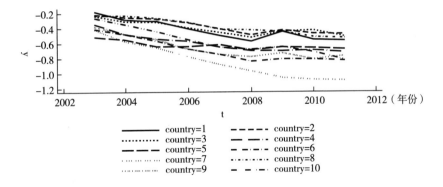

图 4 - 4　中国对发展中国家的 GVC 地位指数

五、数据来源与描述性统计

各变量的含义和描述性统计结果如表 4 - 2 所示。OFDI 来自 Wind 数据库，计算中国全球价值链地位所涉及的数据来源于 OECD - WTO 最新发布的 TiVA 数据库，该数据基于最新的世界投入产出表。其他数据来自世界银行数据库。

表 4 - 2　变量描述性统计

	stats	GVC_position	GVC_participation	INTVA	OFDI	LP	CLP	GMI	KL	FDIP
发达国家	mean	- 0. 41	1. 57	9. 21	71672. 10	73018. 36	2983. 26	1. 35	127180. 50	6. 95
	max	0. 36	4. 03	12. 59	1104125. 00	121446. 40	5633. 80	1. 97	273381. 90	87. 44
	min	- 1. 30	0. 41	6. 37	4. 00	12668. 17	1288. 64	0. 35	10881. 04	- 16. 07
	sd	0. 32	0. 77	1. 43	158793. 80	26042. 16	1415. 42	0. 45	60471. 12	11. 91
	se(mean)	0. 03	0. 06	0. 12	13232. 82	2170. 18	117. 95	0. 04	5039. 26	0. 99
	skewness	- 0. 44	0. 86	0. 22	4. 09	- 0. 66	0. 50	- 0. 78	0. 23	3. 49
	kurtosis	3. 40	3. 07	2. 47	22. 14	2. 57	2. 02	2. 43	2. 41	19. 37
发展中国家	mean	- 0. 56	1. 70	8. 92	56238. 20	16301. 51	2983. 26	- 0. 24	21910. 23	2. 22
	max	- 0. 18	7. 23	10. 89	415298. 00	47166. 51	5633. 80	1. 02	120277. 20	6. 98
	min	- 1. 09	0. 22	6. 14	82. 00	1360. 40	1288. 64	- 0. 95	1303. 97	- 0. 25
	sd	0. 20	1. 57	1. 09	90021. 10	11187. 98	1418. 40	0. 53	24915. 83	1. 20
	se(mean)	0. 02	0. 17	0. 11	9489. 06	1179. 32	149. 51	0. 06	2626. 36	0. 13
	skewness	- 0. 40	1. 77	- 0. 29	2. 45	0. 80	0. 50	0. 83	2. 21	0. 73
	kurtosis	2. 86	5. 30	2. 51	8. 83	3. 18	2. 02	3. 00	7. 81	4. 46

从表4-2可以看到，针对发达国家的中国 GVC 地位指数均值大于针对发展中国家的中国 GVC 地位指数，但针对发达国家的中国 GVC 参与指数均值小于针对发展中国家的中国 GVC 参与指数，针对发达国家的来源于第三国的中间品出口的国内生产总值与来源于直接进口国的中间品出口的国内增加值之和大于针对发展中国家的来源于第三国的中间品出口的国内生产总值与来源于直接进口国的中间品出口的国内增加值之和。同时，中国对发达国家 OFDI 均值显著大于中国对发展中国家 OFDI，发达国家劳动生产率、发达国家政府治理指数、发达国家资本劳动比、发达国家外商投资净流入占比分别为发展中国家的 4.48 倍、5.63 倍、5.80 倍、3.13 倍。

表4-3　发达国家各变量相关性检验

	GVC_ position	GVC_ participation	INTVA	OFDI	LP	CLP	GMI	KL	FDIP
GVC_ position	1	-0.273*	0.533*	0.083	0.400*	-0.404*	0.365*	0.349*	-0.173*
GVC_ participation	-0.273*	1	0.452*	0.205*	-0.164*	0.441*	-0.206*	0.251*	-0.200*
INTVA	0.533*	0.452*	1	0.454*	0.378*	0.298*	0.208*	0.607*	-0.301*
OFDI	0.083	0.205*	0.454*	1	0.307*	0.439*	0.276*	0.393*	-0.141
LP	0.400*	-0.164*	0.378*	0.307*	1	0.299*	0.621*	0.810*	0.157
CLP	-0.404*	0.441*	0.298*	0.439	0.299*	1	0.051	0.487*	0.004
GMI	0.365*	-0.206*	0.208*	0.2760*	0.621*	0.051	1	0.396*	0.126
KL	0.349*	0.251*	0.607*	0.393*	0.810*	0.487*	0.396*	1	0.020
FDIP	-0.173*	-0.200*	-0.301*	-0.141	0.157	0.004	0.126	0.020	1

注：***、**、*分别表示1%、5%、10%的显著水平。

从表4-3可以看到，中国对发达国家 OFDI 与中国全球价值链地位指数、中国全球价值链参与度、基于中间品出口增加值的全球价值链分工地位、发达国家劳动生产率、中国劳动生产率、发达国家政府治理指数、发达国家资本劳动比正相关，与发达国家外商投资净流入占比显著负相关。

从表4-4可以看到，中国对发展中国家 OFDI 与中国全球价值链参与度、基于中间品出口增加值的全球价值链分工地位、发展中国家劳动生产率、中国劳动生产率、发展中国家政府治理指数、发展中国家资本劳动比正相关，但与中国全球价值链地位指数、发展中国家外商投资净流入占比负相关。

表 4 - 4　发展中国家各变量相关性检验

	GVC_ position	GVC_ participation	INTVA	OFDI	LP	CLP	GMI	KL	FDIP
GVC_ position	1	- 0. 709 *	- 0. 616 *	- 0. 269 *	- 0. 401 *	- 0. 561 *	- 0. 319 *	- 0. 533 *	0. 130
GVC_ participation	- 0. 709 *	1	0. 646 *	0. 169	0. 661 *	0. 269 *	0. 560 *	0. 890 *	- 0. 232 *
INTVA	- 0. 616 *	0. 646 *	1	0. 416 *	0. 484 *	0. 608 *	0. 414 *	0. 555 *	0. 002
OFDI	- 0. 269 *	0. 169	0. 416 *	1	0. 281 *	0. 492 *	0. 112	0. 236 *	- 0. 007
LP	- 0. 401 *	0. 661 *	0. 484 *	0. 281 *	1	0. 331 *	0. 604 *	0. 880 *	- 0. 112
CLP	- 0. 561 *	0. 269 *	0. 608 *	0. 492 *	0. 331 *	1	0. 073	0. 310 *	0. 131
GMI	- 0. 319 *	0. 560 *	0. 414 *	0. 112	0. 604 *	0. 073	1	0. 672 *	- 0. 388 *
KL	- 0. 533 *	0. 890 *	0. 555 *	0. 236 *	0. 880 *	0. 310 *	0. 672 *	1	- 0. 226 *
FDIP	0. 130	- 0. 232 *	0. 002	- 0. 00	- 0. 112	0. 131	- 0. 388 *	- 0. 226 *	1

注：＊＊＊、＊＊、＊分别表示1%、5%、10%的显著水平。

第四节　对不同类型国家 OFDI 对中国全球价值链地位指数的影响

表 4 - 5 给出了利用式（4 - 1）分析得到的结果，即使用 16 个发达国家数据来研究中国对发达国家 OFDI 对中国全球价值链地位指数的影响。分别用中国全球价值链地位、基于中间品出口增加值的全球价值链分工地位为全球价值链分工地位的代理变量，用 t 年针对发达国家 i 国的中国全球价值链参与度为全球价值链参与度的代理变量，也引入了中国对发展中国家 OFDI、发达国家的劳动生产率、中国的劳动生产率、发达国家的政府治理指数、发达国家的资本劳动比、发达国家的外商投资等变量，并且使用中国对发展中国家 OFDI、发达国家的劳动生产率、中国的劳动生产率、发达国家的政府治理指数等内生变量的滞后 2～3 期值，选择时间变量、发达国家铁路长度、发达国家各国资本劳动比等外生变量的差分值作为工具变量。

表 4 - 5 为两步估计的结果，可以看到，在两步估计结果中，中国对发达国家 OFDI 对中国全球价值链地位指数的影响为正，并通过了 1% 的显著性检验；中国对发达国家 OFDI 对中国全球价值链参与指数的影响为正，也通过了 1% 的显著性检验；中国对发达国家 OFDI 对基于中间品出口增加值的全球价值链分工

地位的影响为正，也通过了1%的显著性检验。这一结果说明，对发达国家OFDI将促进我国全球价值链地位指数的不断上升，对发达国家OFDI也显著促进了我国全球价值链参与指数的不断上升，假设1得到验证。这一结果说明，中国对外直接投资有助于作为东道国的发达国家获得投资国更多的中间进口品，而不是最终产品的简单加工，因此通过来源于直接进口国的中间品出口显著提高了中国在全球价值链中的地位。

表4-5 中国对发达国家OFDI对中国全球价值链地位指数的影响

	(1)		(2)		(3)	
	系数	z检验值	系数	z检验值	系数	z检验值
L1. $GVC\_position1$	0.777***	(-7.18)				
L1. $GVC\_participation1$			0.877***	(-7.05)		
L1. $\ln INTVA1$					0.829***	(-15.49)
$\ln OFDI1$	0.045***	(-2.82)	0.146***	(-2.61)	0.207***	(-3.59)
$\ln LP1$	0.131***	(-3.04)	-0.204	-0.61	-0.380***	(-2.42)
$\ln CLP$	-0.146*	(-1.86)	-0.277*	(-1.72)	-0.590***	(-3.58)
$GMI1$	-0.090***	(-3.33)	-0.243***	(-1.96)	-0.231*	(-1.81)
$KL1$	1.94E-07	-0.5	3.05E-07	-0.21	2.79E-06***	(-3.24)
$FDIP1$	1.07E-03***	(-2.08)	9.55E-03***	(-2.19)	8.25E-03***	(-2.21)
$\_cons$	-1.224***	(-2.09)	2.176	-0.57	6.655***	(-3.94)
AR (1)	0.007		0.004		0.001	
AR (2)	0.75		0.758		0.175	
Hansen/Sargan	0.448		0.992		0.147	
N	96		64		96	

注：括号内数字为标准误，***、**、*分别表示1%、5%、10%的显著水平。

在本书较为关注的其他变量中，发达国家的资本劳动比在表4-5（3）中的回归系数为正，并通过了1%的显著性检验，说明发达国家的资本劳动比有助于促进基于中间品出口增加值的全球价值链分工地位的提升，但对我国的全球价值链参与指数和全球价值链地位指数的促进作用不显著。

同时，发达国家的外商直接投资流入占GDP的比重在表4-5（1）~（3）中的估计系数均显著为正，并通过了1%的显著性检验，说明发达国家的外商直接投资净流入占比显著促进了中国全球价值链参与指数、全球价值链地位指数、基于中间品出口增加值的全球价值链分工地位。

另外，发达国家遵守法规的程度在表4-5（1）~（3）中的估计系数均显著为负，并通过了1%的显著性检验，因此，中国全球价值链参与指数、全球价值链地位指数、基于中间品出口增加值的全球价值链分工地位随发达国家遵守法规的程度的提升而降低，中国全球价值链参与指数、全球价值链地位指数、基于中间品出口增加值的全球价值链分工地位随发达国家遵守法规的程度的降低而提升。

中国劳动生产率在表4-5（1）~（3）中的估计系数均显著为负，并通过了1%的显著性检验，因此中国全球价值链参与指数、全球价值链地位指数、基于中间品出口增加值的全球价值链分工地位随中国劳动生产率的提升而降低。

发达国家劳动生产率在表4-5（1）中的估计系数通过了1%的显著性检验，并显著为正，因此发达国家的劳动生产率显著促进了中国全球价值链地位指数的提升。

表4-6为中国对发展中国家OFDI对中国全球价值链地位指数的影响的估计结果，可以看到，虽然中国对发展中国家OFDI对中国全球价值链参与指数的影响为正，通过了1%的显著性检验，并且中国对发展中国家OFDI对基于中间品出口增加值的全球价值链分工地位的影响为正，也通过了1%的显著性检验，但中国对发展中国家OFDI对中国全球价值链地位指数的影响为负，假设3得到了验证。这表明当前中国对发展中国家OFDI不能显著促进中国GVC地位指数的提升。主要是因为发展中国家企业在全球价值链中的地位较低，虽然中国对发展中国家OFDI能显著提升中国GVC参与指数，但我国大量进口发展中国家的中间品来生产最终品并出口，而少量生产包含间接国内增加值的中间品贸易，从而导致当前中国对发展中国家OFDI对中国GVC地位指数的促进作用极弱。

也可以看到，发展中国家的外商直接投资净流入占比对中国全球价值链参与指数、全球价值链地位指数、基于中间品出口增加值的全球价值链分工地位的影响不显著。

发展中国家的资本劳动比有助于促进中国的全球价值链参与指数、基于中间品出口增加值的全球价值链分工地位的提升，但不利于中国全球价值链地位指数的提升。这说明发展中国家的资本劳动比有助于促进基于中间品出口增加值的全球价值链分工地位和中国全球价值链参与指数的提升，但对中国全球价值链地位指数的促进作用不显著。

同时也发现，发展中国家遵守法规的程度对中国全球价值链参与指数、基于中间品出口增加值的全球价值链分工地位的影响显著为负。因此，中国全球价值链参与指数、基于中间品出口增加值的全球价值链分工地位随发展中国家遵守法规的程度的提升而降低，中国全球价值链参与指数、基于中间品出口增加值的全球价值链分工地位随发展中国家遵守法规的程度的降低而提升。

表 4 – 6 中国对发展中国家 OFDI 对中国全球价值链地位指数的影响

	(4)		(5)		(6)	
	系数	z 检验值	系数	z 检验值	系数	z 检验值
L1. $GVC\_position2$	0.506 *	（ – 1.86）				
L1. $GVC\_participation2$			0.650 ***	（ – 5.32）		
L1. $lnINTVA2$					0.747 ***	（ – 4.9）
$lnOFDI2$	– 0.029 ***	（ – 2.63）	0.158 ***	（ – 2.21）	0.128 *	（ – 1.67）
$lnLP2$	0.142 ***	（ – 2.18）	– 0.706 ***	（ – 2.46）	– 0.472 ***	（ – 2.72）
$lnCLP$	0.011	– 0.22	– 0.610 ***	（ – 2.40）	– 0.004	– 0.04
$GMI2$	0.060	– 1.36	– 1.264 ***	（ – 3.06）	– 0.311 **	（ – 1.82）
$KL2$	– 4.09E – 06 **	（ – 1.93）	4.71E – 05 ***	（ – 3.54）	1.12E – 05 ***	（ – 3.07）
$FDIP2$	0.038	– 1.09	– 0.073	– 0.84	– 0.088	– 1.02
_ cons	– 1.190 ***	（ – 3.18）	8.107 ***	（ – 2.44）	4.446 ***	（ – 2.98）
AR （1）	0.149		0.181		0.024	
AR （2）	0.479		0.460		0.848	
Hansen/Sargan	0.205		0.539		0.953	
N	60		40		60	

注：括号内数字为标准误，*** 、** 、* 分别表示 1%、5%、10% 的显著水平。

发展中国家劳动生产率在表 4 – 6（4）中的估计系数通过了 1% 的显著性检验，并显著为正，因此发展中国家的劳动生产率显著促进了中国全球价值链地位指数的提升。但发展中国家劳动生产率在表 4 – 6（5）和（6）中的估计系数显著为负，并通过了 1% 的显著性检验，这表明虽然发展中国家劳动生产率的提升对中国全球价值链参与指数、基于中间品出口增加值的全球价值链分工地位的影响显著为负，但发展中国家劳动生产率的增长有助于提升中国全球价值链地位。

我们也发现，中国劳动生产率在表 4 – 6（4）和（6）中的估计系数不显著，没有通过 1% 的显著性检验，同时在表 4 – 6（5）中的估计系数显著为负，因此中国全球价值链参与指数随中国劳动生产率的增大而减小。

第五节 稳健性检验

使用以下方法进行稳健性检验，首先，由于式（4-3）中各变量系数均显著，因此对式（4-1）至式（4-2）每次去掉一个不显著的变量，直到最终估计结果中各变量系数均显著，具体见表4-7前两列。其次，本书以中国通过OFDI获得的国外研发资本存量（中国通过对发达国家OFDI获得的国外研发资本存量为 *OFDIRD*1，中国通过对发展中国家 OFDI 获得的国外研发资本存量为 *OFDIRD*2），来衡量中国对外直接投资的逆向技术溢出效应，仍然使用第一步最终使用的其他变量。

可以看到，剔除不显著的自变量后的结果表明，中国对发达国家 OFDI 显著促进了我国全球价值链地位指数不断提升，中国对发达国家 OFDI 促进了中国全球价值链参与度的不断提升，中国对发达国家 OFDI 促进了基于中间品出口增加值的全球价值链分工地位的提升。使用中国通过 OFDI 获得的国外研发资本存量代替中国对外直接投资变量后，中国对发达国家 OFDI 获得的国外研发资本存量也显著促进了我国全球价值链地位指数的不断提升，中国对发达国家 OFDI 获得的国外研发资本存量也促进了我国全球价值链参与度的不断提升，中国对发达国家 OFDI 获得的国外研发资本存量也促进了基于中间品出口增加值的全球价值链分工地位的提升。

同时，使用中国通过 OFDI 获得的国外研发资本存量代替中国对外直接投资变量后，发达国家劳动生产率显著促进了我国全球价值链地位指数的不断提升。

表4-7 中国对发达国家 OFDI 对我国全球价值链地位指数和
参与指数影响的稳健性检验

	（7）	（8）	（9）	（10）	（11）
L1. $GVC\_position1$	0.816 *** (22.53)		0.830 *** (35.52)		
L1. $GVC\_participation1$		0.938 *** (19.69)		0.865 *** (14.4)	
L1. ln$INTVA1$					0.842 *** (13.53)

	(7)	(8)	(9)	(10)	(11)
lnOFDI1	0.032 ***	0.092 ***			
	(3.71)	(4.48)			
lnOFDIRD1			0.022 ***	0.109 ***	0.189 ***
			(3.62)	(5.5)	(3.25)
lnLP1	0.156 ***	− 0.211 ***	0.129 ***	− 0.308 ***	− 0.389 **
	(6.68)	(− 3.13)	(5.84)	(− 3.7)	(− 1.88)
lnCLP	− 0.108 ***		− 0.072 ***		− 0.475 ***
	(− 3.34)		(− 3.11)		(− 3.81)
GMI1	− 0.075 ***	− 0.166 ***	− 0.061 ***	− 0.2227 **	− 0.289 ***
	(− 3.2)	(− 2.24)	(− 3.12)	(− 4)	(− 2.01)
KL1					2.00E − 06 ***
					(2.12)
FDIP1		0.007 ***		0.008 **	0.012 ***
		(4.00)		(3.37)	(2.67)
_ cons	− 1.531 ***	0.870 ***	− 1.246 ***	2.278 ***	6.975 ***
	(− 8.34)	(1.21)	(− 6.42)	(2.84)	(3.31)
AR（1）	0.010	0.006	0.009	0.006	0.003
AR（2）	0.368	0.229	0.269	0.316	0.135
Hansen/Sargan	0.505	0.708	0.458	0.750	0.176
N	96	64	94	63	94

注：括号中数字为 T 检验值，＊＊＊、＊＊、＊分别表示 1%、5%、10% 的显著水平。

对式（4-4）至式（4-6）每次去掉一个不显著的变量，直到最终估计结果中各变量系数均显著，见表 4-8 后三列，也用中国通过对发展中国家 OFDI 获得的国外研发资本存量来衡量中国对外直接投资的逆向技术溢出效应。可以看到，中国通过对发展中国家 OFDI 获得的国外研发资本存量对中国全球价值链地位指数的影响不显著，中国通过对发展中国家 OFDI 获得的国外研发资本存量对中国全球价值链参与指数的影响为正，中国通过对发展中国家 OFDI 获得的国外研发资本存量对基于中间品出口增加值的全球价值链分工地位的影响为正。

表4-8　中国对发展中国家 **OFDI** 对我国全球价值链地位
指数和参与指数影响的稳健性检验

	(12)	(13)	(14)	(15)	(16)	(17)
L1. *GVC_ position*2	0.955 ***			0.969 ***		
	(-6.09)			(-5.82)		
L1. *GVC_ Participation*2		0.787 ***			0.790 ***	
		(-8.76)			(-8.69)	
L1. ln*INTVA*2			0.572 ***			0.558 ***
			(-9.12)			(-7.6)
ln*OFDI*2	-0.015	0.045 ***	0.138 **			
	(-1.29)	(-2.04)	(-3.32)			
ln*OFDIRD*2				-0.013	0.041 ***	0.111 ***
				(-1.05)	(-1.86)	(-3.13)
ln*LP*2	0.063 ***	-0.316 ***	-0.758 ***	0.059 ***	-0.312 ***	-0.582 **
	(-2.26)	(-2.78)	(-2.27)	(-2.1)	(-2.69)	(-1.88)
ln*CLP*	0.060 ***	-0.256 ***		0.063 ***	-0.263 ***	
	(-1.97)	(-3.76)		(-1.97)	(-3.45)	
*GM*2		-0.593 ***	-0.408 ***		-0.552 ***	-0.650 ***
		(-2.46)	(-1.86)		(-2.36)	(-3.34)
*KL*2	-1.00E -06 ***	2.60E -05 ***	2.10E -05 ***	-1.00E -06 *	2.50E -05 ***	2.00E -05 ***
	(-1.62)	(-3.01)	(-2.43)	(-1.43)	(-2.89)	(-2.44)
_ cons	-0.824 ***	3.945 ***	8.097 ***	-0.895 ***	4.186 ***	7.591 ***
	(-5)	(-4.11)	(-2.88)	(-5.11)	(-4.22)	(-2.97)
AR (1)	0.034	0.199	0.017	0.036	0.197	0.021
AR (2)	0.921	0.475	0.526	0.951	0.522	0.452
Hansen/Sargan	0.444	0.606	0.533	0.455	0.61	0.75
N	60	40	60	60	40	55

注：括号中数字为 T 检验值，***、**、*分别表示1%、5%、10%的显著水平。

小　结

中国对外直接投资和中国对外直接投资的逆向技术溢出效应是否促进了中国
提升全球价值链参与指数和地位指数？中国对发达国家直接投资和对发展中国家

直接投资对我国全球价值链嵌入程度和全球价值链地位的影响有何不同？本章以 2003～2011 年中国对 16 个发达国家和对 10 个发展中国家 OFDI 数据为样本，对中国 OFDI 的逆向技术溢出进行了研究，结果发现：第一，中国对发达国家 OFDI 显著促进了我国全球价值链地位指数的不断提升，中国对发达国家 OFDI 也显著促进了我国全球价值链参与指数的提升。第二，中国对发展中国家 OFDI 促进了我国全球价值链参与指数的不断上升，但中国对发展中国家 OFDI 不能显著促进中国 GVC 地位指数的提升。第三，中国对发展中国家的 GVC 参与指数大于中国对发达国家的 GVC 参与指数，但中国对发达国家的 GVC 地位指数大于中国对发展中国家的 GVC 地位指数。

第五章　中国对外直接投资对各国攀升全球价值链的影响

中国对外直接投资不但促进了中国攀升全球价值链，而且促进了东道国提升全球价值链地位指数和参与指数。中国对发达国家 OFDI 不但促进了中国全球价值链地位指数的不断提升，而且中国对发展中国家 OFDI 也促进了发展中国家全球价值链地位指数的不断提升。但是，由于发展中国家处于全球价值链的低端，发达国家处于全球价值链的高端，因此中国对外直接投资对发展中国家全球价值链地位指数和参与指数的促进作用较强，对发达国家全球价值链地位指数和参与指数的促进作用较弱。

第一节　文献综述

中国对外直接投资的快速增长将显著促进各国攀升全球价值链。当前国内学术界的主要研究方向是中国对外直接投资的逆向技术溢出效应、贸易效应、产业结构升级等，而全球价值链分工体系的形成使国家的比较优势转移到了实现全球价值链条上来。杨丽丽和刘利（2016）认为，中国制造业对外直接投资对提升中国制造业全球价值链地位指数具有促进作用，同时劳动密集型行业 OFDI 对中国制造业全球价值链地位指数的促进作用小于资本密集型行业 OF-DI，但没有研究中国对外直接投资对东道国全球价值链分工地位的影响。当前 GVC 网络已经覆盖到全球的每一个角落，中国对外直接投资已经深深融入全球价值链之中。中国对外直接投资对发达国家融入 GVC 有何影响？中国对外直接投资对发展中国家融入 GVC 有何影响？发达国家和发展中国家制造业在 GVC 中的地位有何不同？正确回答这些问题对提升中国制造业对外直接投资效率具有非常重要的意义。

当前学术界主要研究中国 OFDI 及中国 OFDI 技术溢出效应对中国攀升全球价值链的影响，与其他研究成果不同，本章的研究主要包括以下三个方面：第一，从发达国家和发展中国家的视角研究中国 OFDI 对发达国家和发展中国家全球价值链地位指数、全球价值链参与指数和基于中间品出口增加值的全球价值链分工地位的影响。第二，研究中国 OFDI 溢出的中国研发资本存量和其他变量对发达国家和发展中国家融入全球价值链的影响。第三，研究发达国家人均 R&D 支出占比和发展中国家人均 R&D 支出占比对发达国家和发展中国家全球价值链地位指数、全球价值链参与指数和基于中间品出口增加值的全球价值链分工地位的影响。

第二节　理论基础及假设

当前对全球价值链的研究日益升温，中国对发达国家 OFDI 与发达国家全球价值链地位指数紧密关联。尹伟华（2016）认为，日本制造业出口中的国内增加值占比高于中国，因此日本获益能力较强。同时，中国和日本参与全球价值链的程度不断加深。日本制造业全球价值链地位指数较高，即日本制造业处于全球价值链的高端位置。当前全球价值链高端仍被发达国家垄断，发展中国家仍被锁定在全球价值链中低端。因此，本书提出以下假设：

假设 1：中国对发达国家 OFDI 将促进发达国家全球价值链地位指数的不断提升。

当前发展中国家仍处于全球价值链的中低端，但中国对外直接投资与发展中国家攀升全球价值链紧密关联。熊琦（2016）认为，东盟国家在全球价值链中仍处于低端位置，在各国和地区中，欧盟全球价值链地位指数最高，其次是日本、澳大利亚、美国，中国台湾、东盟、韩国的全球价值链地位最低。同时欧盟的全球价值链参与指数最高，中国全球价值链参与指数仅次于欧盟，而东盟全球价值链参与指数最低。本书认为，当前发展中国家已经融入全球价值链中，但在全球价值链中仍被锁定在中低端。因此，提出以下假设：

假设 2：中国对发展中国家 OFDI 将促进发展中国家全球价值链地位指数的不断上升。

中国对外直接投资将不断促进发达国家全球价值链参与度的提升，也将促进发展中国家全球价值链参与度的显著提升。国内学术界主要研究中国 OFDI 对我国全球价值链分工地位的影响，均认为中国对外直接投资将显著提升中国全球价值链分工地位，但没有研究中国对外直接投资对东道国分工地位的影响。本书研究发现，当前大多数国家的全球价值链参与指数与全球价值链地位指数不断提高，尤其是各国全球价值链参与指数提升较快。因此，提出以下假设：

假设3：中国对发展中国家 OFDI 和对发达国家 OFDI 将推动发达国家和发展中国家在全球价值链分工中参与度的不断提升。

中国对发展中国家 OFDI 不但将促进发展中国家全球价值链参与度和发展中国家全球价值链地位指数的显著提升，而且发展中国家的基础设施建设将推动发展中国家全球价值链参与度的不断提升。统计资料显示，发展中国家的道路、电力基础设施落后，电力短缺，严重阻碍了发展中国家的经济增长，急需中国企业"走出去"。因此，提出以下假设：

假设4：发展中国家的铁路长度将推动发展中国家在全球价值链分工中的参与度不断提升。

第三节　理论模型

一、模型建立

首先，构建如下发达国家出口到中国的制造业所处的价值链分工地位模型：

$$GVC_{D\_position_{it}} = \beta_0 + \beta_1 OFDI_{Dit} + \beta_2 Controls_D + v_{ijt} + u_{ijt} + \varepsilon_{it} \tag{5-1}$$

$$GVC_{D\_participation_{it}} = \beta_0 + \beta_1 OFDI1_{Dit} + \beta_2 Controls_D + v_{ijt} + u_{ijt} + \varepsilon_{it}$$
$$\tag{5-2}$$

$$INTVA_{Dit} = \beta_0 + \beta_1 OFDI_{Dit} + \beta_2 Controls_D + v_{ijt} + u_{ijt} + \varepsilon_{it} \tag{5-3}$$

其中，$GVC_D\_position$ 为发达国家的 GVC 地位指数，$GVC_D\_participation$ 为发达国家的 GVC 参与指数，$OFDI_D$ 为中国对发达国家的 OFDI，$INTVA_D$ 为根据来源于第三国的向中国出口的中间品增加值占发达国家国内生产总值的比重计算的基于中间品出口增加值的全球价值链分工地位，控制变量包括中国对发达国家的出口额（EXP_D）、发达国家的劳动生产率（LP_D）、发达国家的铁路长度（$RAIL_D$）、发达国家的人均 R&D 支出占比（RDP_D）。

其次，构建如下发展中国家出口到中国的制造业所处的价值链分工地位模型：

$$GVC_{G\_position_{it}} = \beta_0 + \beta_1 OFDI_{Git} + \beta_2 Controls_G + v_{ijt} + u_{ijt} + \varepsilon_{it} \tag{5-4}$$

$$GVC_{G\_participation_{it}} = \beta_0 + \beta_1 OFDI_{Git} + \beta_2 Controls_G + v_{ijt} + u_{ijt} + \varepsilon_{it} \quad (5-5)$$

其中，$GVC_{G\_position}$ 为发展中国家的 GVC 地位指数，$GVC_{G\_participation}$ 为发展中国家的 GVC 参与指数，$OFDI_G$ 为中国对发展中国家的 OFDI，控制变量包括中国对发展中国家的出口额（EXP_G）、发展中国家的人均 R&D 支出占比（RDP_G）、发展中国家的铁路长度（$RAIL_G$）、发展中国家的劳动生产率（LP_G）。针对发展中国家，不建立各因素对来源于第三国的向中国出口的中间品增加值占发展中国家国内生产总值的比重的影响模型，考虑到中国出口受限产品经第三国出口日益增多，通过转口贸易和第三国转口能很好地规避配额、出口限制和高额反倾销税等问题。同时，为了开拓更大的市场，扩大发达国家工业制成品的出口和提升出口竞争力，以及清除贸易方面存在的障碍，美国等发达国家政府日益重视"第三国出口"对该国出口的积极推动作用，因此研究各因素对来源于第三国的向中国出口的中间品增加值占发达国家国内生产总值的比重的影响，不研究各因素对来源于第三国的向中国出口的中间品增加值占发展中国家国内生产总值的比重的影响。

本章选择的发达国家包括澳大利亚、比利时、加拿大、捷克、法国、德国、匈牙利、爱尔兰、意大利、日本、波兰、荷兰、西班牙、瑞典、英国、美国 16 国，发展中国家包括阿根廷、巴西、哥伦比亚、印度、印度尼西亚、韩国、墨西哥、俄罗斯、南非、土耳其 10 国。数据来源及变量选取如表 5–1 所示。

表 5–1　数据来源及变量选取

变量	含义	指标选取
$GVC_{D\_position}$	发达国家的全球价值链地位指数	t 年针对中国的发达国家 i 国 GVC 地位指数
$GVC_{G\_position}$	发展中国家的全球价值链地位指数	t 年针对中国的发展中国家 i 国 GVC 地位指数
$GVC_{D\_participation}$	发达国家的全球价值链参与度	t 年针对中国的发达国家 i 国 GVC 参与度
$GVC_{G\_participation}$	发展中国家的全球价值链参与度	t 年针对中国的发展中国家 i 国 GVC 参与度
$INTVA_D$	发达国家来源于第三国的向中国出口的中间品增加值占比	t 年针对发达国家制造业的来源于第三国的向中国出口的中间品增加值占国内生产总值的比重
$OFDI_D$	中国对发达国家的 OFDI	t 年中国对发达国家 i 国的 OFDI
$OFDI_G$	中国对发展中国家的 OFDI	t 年中国对发展中国家 i 国的 OFDI
EXP_D	中国对发达国家的出口额	t 年中国对发达国家 i 国的出口额
EXP_G	中国对发展中国家的出口额	t 年中国对发展中国家 i 国的出口额
LP_D	发达国家各国的劳动生产率	t 年发达国家的劳动生产率

续表

变量	含义	指标选取
LP_G	发展中国家各国劳动生产率	t 年发展中国家劳动生产率
$RAIL_D$	发达国家铁路长度	t 年发达国家铁路长度
$RAIL_G$	发展中国家铁路长度	t 年发展中国家铁路长度
RDP_D	发达国家人均 R&D 支出占比	t 年发达国家人均 R&D 支出占比
RDP_G	发展中国家人均 R&D 支出占比	t 年发展中国家人均 R&D 支出占比
$OFDIRD_D$	发达国家通过中国 OFDI 获得的我国研发资本存量	t 年发达国家通过中国 OFDI 获得的我国研发资本存量
$OFDIRD_G$	发展中国家通过中国 OFDI 获得的我国研发资本存量	t 年发展中国家通过中国 OFDI 获得的我国研发资本存量

二、中国对发达国家 OFDI 与中国对发展中国家 OFDI

本章使用中国对发达国家 OFDI 存量和中国对发展中国家 OFDI 存量作为解释变量，$OFDIR_{it}$ 为在 t 时期中国对 i 国的直接投资溢出的中国 R&D 资本存量，即 $OFDIRD_{it} = (OFDI_{it}/K_t) RD_t$，其中 $i = 1, 2, \cdots, 16$ 或 $i = 1, 2, \cdots, 10$ 为本书选取的发达国家和发展中国家样本，$OFDI_{it}$ 为 t 时期我国对发达国家或发展中国家 i 国的 OFDI 存量，K_t 为 t 时期中国的固定资本形成总额，RD_t 为 t 时期中国研发资本存量。

三、发达国家和发展中国家对中国的 GVC 参与指数、发达国家和发展中国家对中国的 GVC 地位指数以及发达国家制造业来自第三国向中国出口的中间品增加值

Koopman 等（2010）提出了计算全球价值链参与指数、全球价值链地位指数的具体方法，即全球价值链参与指数被定义为一国间接出口的附加值与国外附加值之和占总出口的比重，全球价值链地位指数被定义为一国间接出口的附加值与国外附加值的差距。

本书使用一国某一产业总出口中所包含的间接国内增加值（前向关联度）与所包含的国外增加值（后向关联度）相加的方法计算发达国家和发展中国家的全球价值链参与度。全球价值链地位指数等于将各国前向关联度与 1 相加的和取对数，然后减去将各国后向关联度与 1 相加的和取对数，基于中间品出口增加值的全球价值链分工地位等于发达国家来源于第三国的向中国出口的中间品增加

值占比。

从图5-1至图5-4可以看到，发达国家的全球价值链地位指数和发展中国家的全球价值链地位指数均显著上升，同时发达国家和发展中国家的全球价值链参与指数也不断上升。

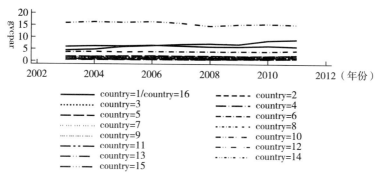

图5-1　发达国家的 GVC 参与指数

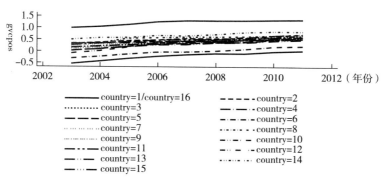

图5-2　发达国家的 GVC 地位指数

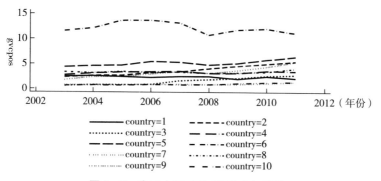

图5-3　发展中国家的 GVC 参与指数

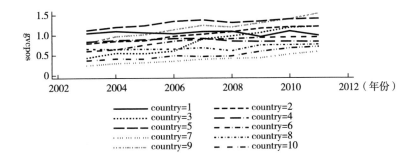

图5-4 发展中国家的 GVC 地位指数

四、其他控制变量

中国对发达国家出口额用 t 年中国对发达国家 i 国的出口额表示，中国对发展中国家出口额用 t 年中国对发展中国家 i 国的出口额表示，发达国家各国的劳动生产率用 t 年发达国家的劳动生产率表示，发展中国家各国的劳动生产率用 t 年发展中国家的劳动生产率表示，发达国家的铁路长度用 t 年发达国家的铁路长度表示，发展中国家的铁路长度用 t 年发展中国家的铁路长度表示，发达国家的人均 R&D 支出占比用 t 年发达国家的人均 R&D 支出占比表示，发展中国家的人均 R&D 支出占比用 t 年发展中国家的人均 R&D 支出占比表示。

五、数据来源与描述性统计

各变量的含义和描述性统计结果如表5-2所示。OFDI 来自 Wind 数据库，计算发达国家和发展中国家全球价值链地位指数和全球价值链参与指数所涉及的数据来源于 OECD-WTO 最新发布的 TiVA 数据库，该数据基于最新的世界投入产出表。其他数据来自世界银行数据库（World Bank）。前向关联度和后向关联度来源于 OECD-WTO 最新发布的 TiVA 数据库及世界银行和国际货币基金组织的数据。

从表5-2可以看到，发达国家的 *GVC_ position* 的最大值为1.3503，最小值为 -0.5404，均值为0.411；发达国家的 *GVC_ participation* 的最大值为16.44，最小值为0.37，均值为3.0548；发达国家的 *OFDI* 的最大值为1.10E+06，最小值为4.00E+00，均值为7.17E+04；发达国家的 *EXP* 的最大值为3.24E+07，最小值为1.28E+05，均值为3.36E+06，发达国家的 *LP* 的最大值为1.21E+05，最小值为1.27E+04，均值为7.30E+04；发达国家的 *RAIL* 的最大值为2.29E+05，最小值为1.92E+03，均值为2.97E+04；发达国家的 *RDP* 的最大值为

3.6144，最小值为0.5388，均值为1.8717；发达国家的 *INTVA* 的最大值为
7.75E+10，最小值为3.57E+08，均值为8.61E+09。以上变量在样本间都
存在较大的差异。

表5-2 变量描述性统计

	stats	*GVC_ position*	*GVC_ participation*	*OFDI*	*EXP*	*LP*	*RAIL*	*RDP*	*INTVA*
发达国家	mean	0.411	3.0548	7.17E+04	3.36E+06	7.30E+04	2.97E+04	1.8717	8.61E+09
	p50	0.4148	1.69	1.39E+04	1.42E+06	7.88E+04	1.58E+04	1.7958	3.10E+09
	sum	59.1876	439.89	1.03E+07	4.84E+08	1.05E+07	4.28E+06	262.0353	1.24E+12
	max	1.3503	16.44	1.10E+06	3.24E+07	1.21E+05	2.29E+05	3.6144	7.75E+10
	min	-0.5404	0.37	4.00E+00	1.28E+05	1.27E+04	1.92E+03	0.5388	3.57E+08
	sd	0.3284	3.7485	1.59E+05	5.53E+06	2.60E+04	5.14E+04	0.7964	1.37E+10
	se（mean）	0.0274	0.3124	1.32E+04	4.61E+05	2.17E+03	4.28E+03	0.0673	1.14E+09
	skewness	0.2921	2.4438	4.0916	3.1189	-0.6553	3.2662	0.4859	2.672489
	kurtosis	4.5013	8.3753	22.1394	13.2924	2.569	12.629	2.4091	10.40622
发展中国家	mean	0.867	3.6674	5.62E+04	1.55E+06	1.63E+04	2.77E+04	0.9368	
	p50	0.8815	3.085	1.71E+04	9.02E+05	1.52E+04	2.48E+04	0.7972	
	sum	78.03	330.07	5.06E+06	1.40E+08	1.47E+06	2.49E+06	76.8177	
	max	1.5383	13.67	4.15E+05	8.29E+06	4.72E+04	8.55E+04	3.7436	
	min	0.2429	0.59	8.20E+01	3.98E+04	1.36E+03	1.66E+03	0.0833	
	sd	0.3079	3.2017	9.00E+04	1.70E+06	1.12E+04	2.62E+04	0.8023	
	se（mean）	0.0325	0.3375	9.49E+03	1.79E+05	1.18E+03	2.76E+03	0.0886	
	skewness	-0.0408	1.8419	2.4479	1.9385	0.8016	1.0316	1.9738	
	kurtosis	2.1889	5.7727	8.8262	6.7798	3.1778	2.9426	6.3687	

可以看到，发展中国家的 *GVC_ position* 的最大值为1.5383，最小值为
0.2429，均值为0.867；发展中国家的 *GVC_ participation* 的最大值为13.67，最
小值为0.59，均值为3.6674；发展中国家的 *OFDI* 的最大值为4.15E+05，最小
值8.20E+01，均值为5.62E+04；发展中国家的 *EXP* 的最大值为8.29E+06，
最小值为3.98E+04，均值为1.55E+06；发展中国家的 *LP* 的最大值为4.72E+
04，最小值为1.36E+03，均值为1.63E+04；发展中国家的 *RAIL* 的最大值为
8.55E+04，最小值为1.66E+03，均值为2.77E+04；发展中国家的 *RDP* 的最
大值为3.7436，最小值为0.0833，均值为0.9368。以上变量在样本间也存在较

大的差异。

我们还可以看到，虽然中国对发展中国家 OFDI 均值显著小于中国对发达国家 OFDI 均值，但发展中国家全球价值链参与指数均值、发展中国家全球价值链地位指数均值均大于发达国家，这表明虽然中国对发展中国家 OFDI 均值显著小于中国对发达国家 OFDI 均值，但中国对发展中国家 OFDI 对发展中国家的全球价值链地位指数和全球价值链参与指数的促进作用显著大于中国对发达国家 OFDI 对发达国家的全球价值链地位指数和全球价值链参与指数的促进作用。同时可以看到，中国对发达国家出口额均值大于中国对发展中国家出口额均值，发达国家劳动生产率均值大于发展中国家劳动生产率均值，发达国家铁路长度均值大于发展中国家铁路长度均值，发达国家人均 R&D 支出占比均值大于发展中国家人均 R&D 支出占比均值。

表 5 - 3 和表 5 - 4 分别给出了全球发达国家和发展中国家各变量的 Spearman 相关性检验。对发达国家各变量的相关性分析可以看到，发达国家的全球价值链地位指数、发达国家的全球价值链参与指数、发达国家来源于第三国的向中国出口的中间品增加值占比与中国对发达国家 OFDI 显著正相关，这表明中国对发达国家 OFDI 显著促进了发达国家全球价值链地位指数、发达国家的全球价值链参与指数的提升。

表 5 - 3　发达国家各变量相关性检验

	GVC_{D-} position	GVC_{D-} participation	$INTVA_D$	$OFDI_D$	EXP_D	LP_D	$RAIL_D$	RDP_D
GVC_{D-} position	1.00	- 0.01	- 0.24 *	0.26 *	- 0.38 *	0.13	- 0.53 *	- 0.04
GVC_{D-} participation	- 0.01	1.00	0.77 *	0.30 *	0.54 *	0.20 *	0.23 *	0.64 *
$INTVA_D$	- 0.24 *	0.77 *	1.00	0.31 *	0.75 *	0.23 *	0.42 *	0.60 *
$OFDI_D$	0.26 *	0.30 *	0.31 *	1.00	0.46 *	0.30 *	0.35 *	0.26 *
EXP_D	- 0.38 *	0.54 *	0.75 *	0.46 *	1.00	0.27 *	0.83 *	0.46 *
LP_D	0.13	0.20 *	0.23 *	0.30 *	0.27 *	1.00	0.14	0.51 *
$RAIL_D$	- 0.53 *	0.23 *	0.42 *	0.35 *	0.83 *	0.14	1.00	0.29 *
RDP_D	- 0.04	0.64 *	0.60 *	0.26 *	0.46 *	0.51 *	0.29 *	1.00

注：＊表示 10% 的显著水平。

也可以看到，发达国家全球价值链参与指数、来源于第三国的向中国出口的中间品增加值占该国国内生产总值的比重与发达国家全球价值链地位指数显著负相关，这表明虽然发达国家的某一产业总出口中所包含的间接国内增加值（前向关联度）与所包含的国外增加值（后向关联度）同步增长，但发达国家制造业总出口中所包含的间接国内增加值（前向关联度）有逐渐降低趋势，从而导致发达国家的全球价值链参与指数与全球价值链地位指数显著负相关。

表 5-4　发展中国家各变量相关性检验

	$GVC_{G-}\,position$	GVC_{G-} participation	$OFDI_G$	EXP_G	LP_G	$RAIL_G$	RDP_G
$GVC_{G-}\,position$	1.00	0.31*	0.32*	0.06	-0.21*	-0.15	0.08
$GVC_{G-}\,participation$	0.31*	1.00	0.30*	0.73*	0.50*	-0.20	0.91*
$OFDI_G$	0.32*	0.30*	1.00	0.37*	0.28*	0.19	0.27*
EXP_G	0.06	0.73*	0.37*	1.00	0.56*	0.05	0.81*
LP_G	-0.21*	0.50*	0.28*	0.56*	1.00	-0.29*	0.68*
$RAIL_G$	-0.15	-0.20	0.19	0.05	-0.29*	1.00	-0.09
RDP_G	0.08	0.91*	0.27*	0.81*	0.68*	-0.09	1.00

注：*表示10%的显著水平。

发达国家的全球价值链地位指数、中国 OFDI、中国对发达国家的出口额、发达国家的劳动生产率、发达国家的人均 R&D 支出占比、发达国家的铁路长度与发达国家的全球价值链参与指数显著正相关，并通过了显著性检验。因此，发达国家的全球价值链地位指数、中国 OFDI、中国对发达国家的出口额、发达国家的劳动生产率、发达国家的人均 R&D 支出占比、发达国家的铁路长度显著促进了发达国家全球价值链参与指数的提升。

可以看到，发达国家的全球价值链地位指数、发达国家的全球价值链参与指数、中国对发达国家的出口额、发达国家的劳动生产率、发达国家的铁路长度、发达国家的人均 R&D 支出占比与中国 OFDI 显著正相关。

从对发展中国家各变量的相关性分析结果中可以看到，发展中国家的全球价值链地位指数、发展中国家的全球价值链参与指数与中国对发展中国家 OFDI 显著正相关，这表明中国对发展中国家 OFDI 显著促进发展中国家全球价值链地位指数、发展中国家全球价值链参与指数的提升，尤其是中国对发展中国家OFDI对发展中国家全球价值链地位指数的促进作用显著大于中国对发达国家 OFDI 对发达国家全球价值链地位指数的促进作用。

可以看到，与发达国家不同，发展中国家的全球价值链参与指数与全球价值链地位指数显著正相关，这表明不但发展中国家的某一产业总出口中所包含的间接国内增加值（前向关联度）与所包含的国外增加值（后向关联度）同步增长，而且发展中国家制造业的总出口中所包含的间接国内增加值（前向关联度）有逐渐增长趋势，从而导致发展中国家的全球价值链参与指数与全球价值链地位指数显著正相关。发展中国家的劳动生产率与发展中国家全球价值链地位指数显著负相关，因此，发展中国家的劳动生产率并不是促进发展中国家提升全球价值链地位指数的主要因素。中国对发展中国家的出口额与发展中国家全球价值链地位指数的相关系数不显著，但中国对发达国家的出口额与发达国家全球价值链地位指数显著负相关。

发展中国家的全球价值链地位指数、中国 OFDI、中国对发展中国家的出口额、发展中国家的劳动生产率、发展中国家的人均 R&D 支出占比与发展中国家的全球价值链参与指数显著正相关，但发展中国家的铁路长度与发展中国家的全球价值链参与指数负相关，且未通过显著性检验。因此，发展中国家的全球价值链地位指数、中国 OFDI、中国对发展中国家的出口额、发展中国家的劳动生产率、发展中国家的人均 R&D 支出占比显著促进了发展中国家全球价值链参与指数的提升。

最后可以看到，发展中国家的全球价值链地位指数、发展中国家的全球价值链参与指数、中国对发展中国家的出口额、发展中国家的劳动生产率、发展中国家的铁路长度、发展中国家的人均 R&D 支出占比与中国 OFDI 显著正相关。

第四节　实证研究

表 5-5 给出了根据式（5-1）至式（5-3）分析得到的结果，即使用 16 个发达国家数据研究中国对发达国家 OFDI 对发达国家全球价值链地位指数、全球价值链参与指数、发达国家来源于第三国的向中国出口的中间品增加值占比的影响，表 5-6 为根据式（5-4）和式（5-5）分析得到的结果。表 5-5 分别用发达国家全球价值链地位指数、发达国家全球价值链参与指数、发达国家来源于第三国的向中国出口的中间品增加值占比为全球价值链分工地位的代理变量，分别使用发达国家全球价值链地位指数、发达国家全球价值链参与指数、发达国家来源于第三国的向中国出口的中间品增加值占比的 3 阶滞后为式（5-1）、式（5-2）和式（5-3）的 GMM 工具变量，同时使用中国对发展中国家的出口额、发达国家的劳动生产率的 1 阶滞后为内生解释变量，而选择时间变量、发达国家的铁路长度、发达国家的人均 GDP 等外生变量为工具变量。

表 5-5 为针对发达国家的两步估计的结果，可以看到，在两步估计结果中，

中国对发达国家 OFDI 对发达国家全球价值链参与指数的影响为正，并通过了
1%的显著性检验。中国对发达国家 OFDI 对发达国家全球价值链地位指数的影响
也为正，也通过了 1% 的显著性检验。中国对发达国家 OFDI 对发达国家来源于
第三国的向中国出口的中间品增加值占比的影响也为正，也通过了 1% 的显著性
检验，因此假设 1 和假设 3 得到了验证。这一结果说明，中国对发达国家 OFDI
促进了发达国家全球价值链地位指数的不断上升，中国对发达国家 OFDI 也显著
促进了发达国家全球价值链参与指数的不断上升。这一结果表明中国企业在发达
国家进行直接投资，使用东道国提供的原材料和中间品从事生产并出口，而很少
从中国进口中间品来从事生产，因此中国对发达国家 OFDI 对发达国家 GVC 地位
指数的促进作用显著。

表 5－5　中国对发达国家 OFDI 存量对发达国家 GVC 地位指数、
GVC 参与指数和发达国家来源于第三国的向中国出口的
中间品增加值占比影响的 GMM 估计结果

	(1)		(2)		(3)	
	系数	z 检验值	系数	z 检验值	系数	z 检验值
L. $GVC_{D\_}participation$	0.985 ***	15.47				
L. $GVC_{D\_}position$			0.737 ***	14.39		
L. $INTVA_D$					0.773 ***	13.83
$lnOFDI_D$	0.140 ***	6.38	0.049 ***	4.82	0.051 ***	2.41
$lnEXP_D$	0.147 ***	1.96	− 0.040 ***	− 2.74	0.518 ***	3.43
$lnLP_D$	− 0.803 ***	− 3.60	− 0.102 ***	− 5.54	− 0.209 ***	− 2.11
$lnRAIL_D$	− 0.250 ***	− 4.53	− 0.059 ***	− 4.4	− 0.213 ***	− 2.85
$lnRDP_D$	− 0.628 ***	− 2.11	0.069 ***	3.6	− 0.119 *	− 1.63
_ cons	6.520 ***	2.96	1.754 ***	4.58	− 3.527 ***	− 2.03
AR (1)	0.049		0.015		0.01	
AR (2)	0.202		0.199		0.397	
Hansen/Sargan	0.999		0.633		0.991	
N	109		63		78	

注：***、**、*分别表示 1%、5%、10% 的显著水平。

可以看到，发达国家的劳动生产率对发达国家的全球价值链参与指数、全球
价值链地位指数和发达国家来源于第三国的向中国出口的中间品增加值占比的影
响显著为负，并通过了 1% 的显著性检验，这表明发达国家的劳动生产率对发达

国家攀升全球价值链的促进作用极弱。

我们也看到，发达国家的铁路长度对发达国家的全球价值链参与指数、全球价值链地位指数和发达国家来源于第三国的向中国出口的中间品增加值占比的影响也显著为负，并通过了1%的显著性检验，这表明发达国家的基础设施建设对发达国家攀升全球价值链的促进作用也很弱。

同时，中国对发达国家的出口对发达国家的全球价值链参与指数和发达国家来源于第三国的向中国出口的中间品增加值占比的影响显著为正，并通过了1%的显著性检验，但中国对发达国家的出口对发达国家全球价值链地位指数的影响显著为负，这表明虽然中国对发达国家的出口显著促进了发达国家的全球价值链参与指数和发达国家来源于第三国的向中国出口的中间品增加值的增长，但中国对发达国家的出口额对发达国家攀升全球价值链的促进作用极弱。

发达国家人均 R&D 支出占比对发达国家的全球价值链参与指数和发达国家来源于第三国的向中国出口的中间品增加值占比的影响显著为负，并通过了1%的显著性检验，但发达国家人均 R&D 支出占比对发达国家全球价值链地位指数的影响显著为正，这表明尽管发达国家人均 R&D 支出占比不能促进发达国家的全球价值链参与指数和发达国家来源于第三国的向中国出口的中间品增加值占比，但发达国家人均 R&D 支出占比对发达国家攀升全球价值链的促进作用极其显著。

表 5 - 6 为针对发展中国家的两步估计结果。表 5 - 6 分别用发展中国家全球价值链地位指数、发展中国家全球价值链参与指数为全球价值链分工地位的代理变量，分别使用发展中国家全球价值链地位指数、发展中国家全球价值链参与指数的 3 阶滞后为式（5 - 4）和式（5 - 5）的 GMM 工具变量，同时使用中国对发展中国家的出口额、发展中国家的劳动生产率、发展中国家的人均 R&D 支出占比的 1 ~ 4 阶滞后为内生解释变量，选择时间、发展中国家的铁路长度、发展中国家的人均 GDP 等外生变量为工具变量。

从表 5 - 6 可以看到，在两步估计结果中，中国对发展中国家 OFDI 对发展中国家全球价值链参与指数的影响为正，并通过了1%的显著性检验。中国对发展中国家 OFDI 对发展中国家全球价值链地位指数的影响为正，也通过了1%的显著性检验。并且可以看到，中国对发展中国家 OFDI 对发展中国家全球价值链地位指数的促进作用显著大于中国对发达国家 OFDI 对发达国家全球价值链地位指数的促进作用，同时中国对发展中国家 OFDI 对发展中国家全球价值链参与指数的促进作用也显著大于中国对发达国家 OFDI 对发达国家全球价值链参与指数的促进作用。因此，中国对发展中国家 OFDI 显著促进了发展中国家攀升全球价值链，假设 2 和假设 3 都得到了验证。这一结果说明，中国在发展中国家进行直接投资，即使用东道国提供的原材料和中间品从事生产并出口，而很少从中国进口中间品来从事生产，因此中国对发展中国家 OFDI 对发展中国家 GVC 地位指数的促进作用很显著。

表5−6　中国对发展中国家 OFDI 存量对发展中国家 GVC 地位指数和
GVC 参与指数影响的 GMM 估计结果

	(4)		(5)	
	系数	z 检验值	系数	z 检验值
L. $GVC_{G\_}participation$	0.628 ***	6.52		
L. $GVC_{G\_}position$			0.658 ***	5.78
$\ln OFDI_G$	0.209 **	1.81	0.102 ***	3.00
$\ln EXP_G$	− 1.210 ***	− 3.29	− 0.063 ***	− 2.36
$\ln LP_G$	2.438 ***	1.97	− 0.052 ***	− 1.98
$\ln RAIL_G$	1.059 **	1.85	− 0.085 ***	− 3.46
$\ln RDP_G$	0.189	0.49	− 0.065 ***	− 1.96
_ cons	− 8.78 *	− 1.04	1.206 ***	2.38
AR（1）	0.064		0.133	
AR（2）	0.481		0.182	
Hansen/Sargan	0.999		0.601	
N	46		73	

注：*** 、** 、* 分别表示1%、5%、10%的显著水平。

也可以看到，发展中国家的铁路长度推动了发展中国家在全球价值链分工中参与度的不断提升，但不利于发展中国家全球价值链地位指数的增长，假设4得到了验证。这表明发展中国家的铁路长度将显著推动发展中国家在全球价值链分工中参与度的不断上升，说明发展中国家的铁路长度增长越快，发展中国家在全球价值链分工体系中参与度的提升就越快。

同时可以看到，发展中国家的人均 R&D 支出占比对发展中国家的全球价值链参与指数的促进作用不显著，同时发展中国家的人均 R&D 支出占比对发展中国家全球价值链地位指数的影响显著为负，因此，发展中国家的人均 R&D 支出占比增长不利于发展中国家全球价值链地位指数的不断增长。

发展中国家的劳动生产率对发展中国家全球价值链地位指数的影响显著为负，也通过了1%的显著性检验。因此，发展中国家的劳动生产率对发展中国家攀升全球价值链地位指数的促进作用极弱，发展中国家的劳动生产率仍不能促进该国全球价值链地位指数的提升。同时，发展中国家的劳动生产率对发展中国家全球价值链参与指数的影响显著为正，也通过了1%的显著性检验。因此，发展中国家的劳动生产率能显著促进发展中国家全球价值链参与指数的提升。

中国对发展中国家的出口对发展中国家的全球价值链参与指数和发展中国家全球价值链地位指数的影响显著为负，并通过了1%的显著性检验，因此中国对发展中国家的出口额对发展中国家攀升全球价值链的促进作用极弱。

第五节　稳健性检验

本书使用 t 时期中国对 i 国的直接投资溢出的中国 R&D 资本存量来衡量中国对外直接投资的技术溢出效应，由于其他所有变量几乎都能通过至少10%以上的显著性检验，因此我们仍然使用这些变量。估计结果显示，所有变量的估计值、 z 检验值乃至拟合优度并不因关键控制变量设置的不同而出现显著的改变，说明估计结果具有一定的稳健性。从稳健性检验结果来看，主要解释变量的估计结果、误差项相关系数以及相关检验结果与基准回归结果相比未发生较大改变。

表5-7的稳健性检验结果表明，使用各发达国家通过中国 OFDI 获得的我国研发资本存量代替中国对外直接投资变量后，不但显著促进了发达国家全球价值链地位指数的不断上升，也促进了发达国家全球价值链参与度的不断上升，各发达国家通过中国 OFDI 获得的我国研发资本存量也促进了来源于第三国的向中国出口的中间品增加值占比的不断提升。

表5-7　发达国家通过中国 OFDI 获得的我国研发资本存量
对该国 GVC 地位指数、GVC 参与指数和发达国家来源于第三国的
向中国出口的中间品增加值占比影响的 GMM 估计结果

	(6)		(7)		(8)	
	系数	z 检验值	系数	z 检验值	系数	z 检验值
L. $GVC_{D-}participation$	0.983 ***	17.75				S
L. $GVC_{D-}position$			0.738 ***	15.63		
L. $INTVA_D$					0.772 ***	14.02
ln$OFDIRD_D$	0.122 ***	6.30	0.040 ***	5.51	0.047 ***	2.48
lnEXP_D	0.150 ***	2.04	-0.041 ***	-2.68	0.512 ***	3.44

续表

	(6)		(7)		(8)	
	系数	z 检验值	系数	z 检验值	系数	z 检验值
$\ln LP_D$	− 0.759 ***	− 3.53	− 0.090 ***	− 6.38	− 0.198 ***	− 2.01
$\ln RAIL_D$	− 0.233 ***	− 4.44	− 0.051 ***	− 4.99	− 0.204 **	− 2.76
$\ln RDP_D$	− 0.651 ***	− 2.19	0.071 ***	3.75	− 0.1180 *	− 1.59
_ cons	6.547 ***	3.06	1.816 ***	4.69	− 3.289 ***	− 1.82
AR (1)	0.052		0.014		0.009	
AR (2)	0.200		0.180		0.438	
Hansen/Sargan	0.999		0.711		0.991	
N	109		63		78	

注：*** 、** 、*分别表示1% 、5% 、10%的显著水平。

表5－8的稳健性检验结果表明，使用各发展中国家通过中国 OFDI 获得的我国研发资本存量代替中国对外直接投资变量后，各发展中国家通过中国 OFDI 获得的我国研发资本存量也显著促进了发展中国家全球价值链地位指数和全球价值链参与指数的不断上升。

表5－8　发展中国家通过中国 OFDI 获得的我国研发资本存量对
该国 GVC 地位指数、GVC 参与指数影响的 GMM 估计结果

	(9)		(10)	
	系数	z 检验值	系数	z 检验值
L. $GVC_{G\_participation}$	0.645 ***	6.34		
L. $GVC_{G\_position}$			0.478 ***	2.03
$\ln OFDIRD_G$	0.188 *	1.72	0.097 ***	2.73
$\ln EXP_G$	− 1.224 ***	− 3.33	− 0.058 ***	− 2.57
$\ln LP_G$	2.414 ***	1.93	− 0.059 ***	− 2.27
$\ln RAIL_G$	1.086 ***	1.89	− 0.096 ***	− 2.49
$\ln RDP_G$	0.231	0.61	− 0.080 *	− 1.56
_ cons	− 7.654	− 0.86	1.793	2.83
AR (1)	0.075		0.163	
AR (2)	0.469		0.205	
Hansen/Sargan	0.999		0.601	
N	46		73	

注：*** 、** 、*分别表示1% 、5% 、10%的显著水平。

小　结

以 2003~2011 年中国对 16 个发达国家和 10 个发展中国家 OFDI 数据为样本，对中国 OFDI 的技术溢出对发达国家和发展中国家的全球价值链地位指数和全球价值链参与指数的影响进行研究发现：第一，中国对发达国家 OFDI 将促进发达国家全球价值链地位指数和全球价值链参与指数的不断上升。第二，中国对发展中国家 OFDI 促进发展中国家全球价值链参与指数和 GVC 地位指数的不断上升。第三，中国 OFDI 对发展中国家 GVC 参与指数的促进作用大于中国 OFDI 对发达国家 GVC 参与指数的促进作用，同时中国 OFDI 对发展中国家的 GVC 地位指数的影响程度大于中国 OFDI 对发达国家的 GVC 地位指数的影响程度。第四，中国对发达国家 OFDI 对发达国家来源于第三国的向中国出口的中间品增加值占比的影响也为正。

从全球价值链地位指数的变化趋势来看，发达国家处于全球价值链的高端，从而中国对外直接投资对发达国家全球价值链地位指数和全球价值链参与指数的促进作用较弱，发展中国家处于全球价值链的低端，因此中国对外直接投资对发展中国家全球价值链地位指数和全球价值链参与指数的促进作用较强。因此，中国应该加大对发达国家资本技术密集型产业直接投资的力度，中国对发达国家直接投资将显著促进发达国家全球价值链地位指数的不断提升。所以，中国对外直接投资应避免盲目投资，应优化产业结构，改善贸易投资环境。

第六章 中国与其他国家和地区建立自由贸易区的直接投资效应分析

当前，中国对 FTA 伙伴、东盟成员国、新加坡、APEC 成员的直接投资快速增长，同时签订 FTA 会导致大量外资流入，会带来显著的不利的集聚效应，因此签订 FTA 对成员国吸引 OFDI 的影响是不确定的。虽然中国签署 CEPA 协议、中国 – 新加坡自贸协定、FTA 有利于各国吸引中国 OFDI 的快速增长，但是并不能有效地提升国家间的亲密度，从而对各国吸引中国 OFDI 的影响也是不确定的。可以看到，中国 OFDI 不但能显著促进各国进出口贸易额的增长，而且中国 OFDI 也能显著促进我国中间品出口的国内附加值的增长，同时中国对各国的 OFDI 存量对基于中间品出口增加值的中国全球价值链分工地位的影响显著为正。

第一节 文献综述

当前中国与新加坡已签订中国 – 新加坡自贸协定，与东盟成员国建立了自由贸易区，并且中国已成为 APEC 成员。在与其他国家建立自由贸易区的同时，中国与 50 个国家（地区）的出口贸易占我国当年总出口额的比重快速增长。根据笔者测算的 2016 年中国对阿根廷、澳大利亚、比利时等 50 个国家（地区）的出口贸易占我国总出口额的比重达 81.32%。从表 6 – 1 可以看到，中国对美国出口贸易占我国总出口额的比重最高，2016 年中国对美国出口贸易占我国总出口额的比重达 17.5%。

表6-1　中国对50个国家（地区）的出口贸易占我国当年总出口额的比重

国家（地区） ＼ 年份	2003	2004	2005	2006	2007	2008	2009	2010	2011	2012	2013	2014	2015	2016
阿根廷	0.097	0.137	0.168	0.196	0.279	0.342	0.280	0.382	0.424	0.362	0.372	0.304	0.363	0.327
澳大利亚	1.358	1.422	1.402	1.332	1.409	1.510	1.659	1.699	1.690	1.735	1.595	1.551	1.658	1.695
比利时	0.853	0.943	0.981	0.969	0.993	1.009	0.874	0.893	0.946	0.753	0.661	0.682	0.667	0.670
巴西	0.465	0.591	0.612	0.721	0.891	1.273	1.134	1.527	1.587	1.536	1.537	1.382	1.128	0.999
文莱	0.007	0.008	0.007	0.010	0.009	0.009	0.011	0.023	0.037	0.058	0.072	0.069	0.058	0.023
柬埔寨	0.064	0.073	0.068	0.068	0.069	0.074	0.073	0.084	0.115	0.124	0.145	0.130	0.155	0.179
加拿大	1.222	1.314	1.477	1.517	1.519	1.480	1.420	1.386	1.259	1.293	1.241	1.189	1.210	1.241
智利	0.278	0.272	0.273	0.304	0.346	0.418	0.396	0.501	0.539	0.579	0.557	0.516	0.547	0.582
哥伦比亚	0.086	0.101	0.118	0.146	0.177	0.202	0.193	0.238	0.291	0.286	0.290	0.319	0.312	0.307
哥斯达黎加	0.021	0.025	0.029	0.040	0.044	0.042	0.043	0.043	0.044	0.041	0.039	0.044	0.055	0.068
捷克	0.278	0.217	0.211	0.231	0.324	0.374	0.404	0.444	0.382	0.291	0.290	0.317	0.338	0.366
法国	1.582	1.597	1.475	1.360	1.592	1.583	1.724	1.726	1.495	1.237	1.135	1.137	1.100	1.121
格鲁吉亚	0.004	0.004	0.005	0.008	0.014	0.019	0.015	0.017	0.038	0.034	0.037	0.036	0.032	0.034
德国	3.803	3.823	4.123	3.941	3.815	4.019	4.011	4.246	3.810	3.182	2.861	2.881	2.845	2.964
中国香港	16.544	16.235	15.778	15.188	14.443	12.953	13.355	13.624	13.359	14.874	16.345	14.389	13.608	13.079
匈牙利	0.496	0.427	0.316	0.321	0.393	0.414	0.429	0.407	0.339	0.264	0.242	0.228	0.214	0.246
冰岛	0.010	0.007	0.009	0.008	0.007	0.006	0.004	0.004	0.004	0.004	0.006	0.006	0.005	0.006
印度	0.725	0.954	1.132	1.425	1.881	2.139	2.383	2.553	2.519	2.192	2.058	2.148	2.395	2.654
印度尼西亚	0.972	1.007	1.059	0.924	0.988	1.167	1.183	1.371	1.457	1.576	1.569	1.547	1.413	1.460
伊朗	0.502	0.411	0.418	0.439	0.570	0.546	0.636	0.692	0.736	0.533	0.601	0.964	0.732	0.746
爱尔兰	0.302	0.344	0.404	0.383	0.348	0.294	0.159	0.124	0.108	0.096	0.105	0.111	0.116	0.126
意大利	1.443	1.485	1.482	1.561	1.658	1.807	1.626	1.943	1.680	1.180	1.094	1.139	1.145	1.198
日本	12.886	11.832	10.646	8.957	7.993	7.887	7.866	7.555	7.392	6.972	6.383	5.920	5.580	5.876
哈萨克斯坦	0.339	0.356	0.494	0.464	0.583	0.667	0.622	0.582	0.477	0.506	0.533	0.504	0.347	0.377
韩国	4.358	4.477	4.450	4.352	4.397	5.022	4.313	4.292	4.133	4.031	3.873	3.975	4.166	4.260
老挝	0.021	0.016	0.013	0.016	0.014	0.018	0.030	0.030	0.024	0.043	0.073	0.073	0.050	0.045
马来西亚	1.332	1.301	1.344	1.323	1.385	1.452	1.577	1.486	1.390	1.679	1.951	1.837	1.809	1.712
马尔代夫	0.001	0.001	0.002	0.002	0.002	0.002	0.003	0.004	0.005	0.004	0.004	0.004	0.007	0.015
墨西哥	0.708	0.800	0.702	0.862	0.917	0.941	0.988	1.115	1.195	1.265	1.230	1.278	1.390	1.471
蒙古国	0.034	0.038	0.040	0.042	0.053	0.062	0.085	0.090	0.136	0.122	0.104	0.088	0.065	0.045
缅甸	0.197	0.151	0.119	0.118	0.132	0.134	0.182	0.217	0.240	0.261	0.312	0.371	0.397	0.372

续表

年份 国家 （地区）	2003	2004	2005	2006	2007	2008	2009	2010	2011	2012	2013	2014	2015	2016
荷兰	2.929	2.981	3.280	3.016	3.243	3.118	2.947	3.102	2.966	2.708	2.562	2.572	2.446	2.611
新西兰	0.174	0.173	0.172	0.158	0.169	0.170	0.168	0.173	0.186	0.178	0.176	0.188	0.202	0.217
巴基斯坦	0.402	0.397	0.435	0.414	0.453	0.406	0.443	0.433	0.421	0.426	0.468	0.525	0.677	0.783
秘鲁	0.077	0.067	0.077	0.099	0.131	0.188	0.169	0.222	0.232	0.245	0.263	0.242	0.261	0.272
菲律宾	0.000	0.000	0.000	0.000	0.000	0.616	0.690	0.720	0.710	0.769	0.843	0.930	1.097	1.356
波兰	0.351	0.297	0.329	0.391	0.513	0.614	0.608	0.589	0.545	0.569	0.534	0.565	0.590	0.686
俄罗斯	1.309	1.465	1.675	1.547	2.231	2.241	1.407	1.848	1.939	2.026	2.107	2.127	1.431	1.697
新加坡	1.923	2.042	2.108	2.266	2.321	2.194	2.416	2.019	1.773	1.874	1.948	1.938	2.139	2.022
南非	0.440	0.475	0.485	0.564	0.582	0.584	0.592	0.674	0.666	0.705	0.715	0.622	0.652	0.584
西班牙	0.844	0.881	1.070	1.123	1.295	1.409	1.131	1.134	0.983	0.838	0.804	0.852	0.899	0.969
瑞典	0.315	0.299	0.327	0.320	0.356	0.347	0.334	0.356	0.327	0.295	0.289	0.284	0.292	0.287
瑞士	0.182	0.242	0.247	0.245	0.281	0.265	0.214	0.189	0.184	0.161	0.149	0.122	0.130	0.144
泰国	0.830	0.934	0.991	0.954	0.938	1.060	1.069	1.232	1.281	1.434	1.391	1.359	1.575	1.690
土耳其	0.448	0.454	0.539	0.714	0.821	0.719	0.670	0.745	0.778	0.717	0.754	0.765	0.766	0.758
英国	2.347	2.409	2.405	2.362	2.479	2.449	2.513	2.419	2.199	2.129	2.164	2.264	2.451	2.531
美国	20.054	20.109	20.648	19.888	18.223	17.134	17.741	17.679	16.174	16.174	15.649	15.692	16.845	17.504
越南	0.689	0.686	0.715	0.730	0.932	1.027	1.310	1.442	1.450	1.573	2.064	2.525	2.720	2.777
赞比亚	0.008	0.008	0.006	0.010	0.016	0.018	0.012	0.019	0.031	0.032	0.031	0.029	0.023	0.022
中国澳门	0.278	0.259	0.203	0.213	0.207	0.177	0.149	0.134	0.117	0.124	0.135	0.143	0.189	0.143
合计	84.588	84.551	85.070	82.243	82.437	82.598	82.259	84.429	80.815	80.092	80.361	78.882	79.291	81.317

资料来源：中国自由贸易区服务网、Wind 经济数据库。

在我国对 FTA 伙伴、东盟成员国、新加坡、APEC 成员等自由贸易区伙伴出口贸易快速增长的同时，为了反映中国的贸易潜力，笔者计算了中国与 50 个国家（地区）的贸易结合度指数，并对中国与各国的贸易结合度进行了排序，中国与各国的贸易结合度大于 1 的国家和地区分别为：中国香港、缅甸、巴基斯坦、越南、柬埔寨、菲律宾、哈萨克斯坦、马来西亚、中国澳门、蒙古国、印度尼西亚、伊朗、智利、韩国、日本、泰国、澳大利亚、老挝、南非、俄罗斯、美国、秘鲁、印度、文莱、哥伦比亚，瑞士与我国的贸易结合度最低（见表 6-2）。

表 6-2 中国与 50 个国家 (地区) 的贸易结合度

年份 国家 (地区)	2003	2004	2005	2006	2007	2008	2009	2010	2011	2012	2013	2014	2015	2016
阿根廷	0.479	0.555	0.621	0.704	0.897	0.999	0.899	1.035	1.045	1.030	1.044	0.964	1.091	0.910
澳大利亚	1.282	1.321	1.238	1.212	1.296	1.240	1.238	1.343	1.325	1.172	1.112	1.176	1.216	1.365
比利时	0.391	0.434	0.461	0.478	0.482	0.475	0.417	0.456	0.484	0.411	0.360	0.366	0.385	0.359
巴西	0.596	0.755	0.737	0.813	0.899	1.059	0.938	1.081	1.086	1.060	1.018	0.961	0.927	0.938
文莱	0.289	0.345	0.329	0.490	0.436	0.428	0.456	1.103	1.460	1.892	2.127	3.082	2.858	1.103
柬埔寨	1.910	2.158	1.888	1.796	1.849	2.050	1.944	2.316	3.310	3.137	3.208	2.705	2.704	2.779
加拿大	0.384	0.438	0.488	0.514	0.546	0.567	0.537	0.511	0.485	0.489	0.483	0.475	0.478	0.497
智利	1.112	1.026	0.896	0.976	1.072	1.143	1.216	1.349	1.359	1.411	1.393	1.438	1.577	1.744
哥伦比亚	0.424	0.508	0.545	0.638	0.728	0.791	0.700	0.862	0.953	0.859	0.865	0.920	0.954	1.072
哥斯达黎加	0.269	0.348	0.402	0.551	0.608	0.553	0.621	0.606	0.624	0.551	0.526	0.583	0.653	0.758
捷克	0.537	0.362	0.330	0.347	0.452	0.503	0.554	0.627	0.544	0.436	0.445	0.467	0.503	0.532
法国	0.323	0.333	0.318	0.304	0.355	0.360	0.389	0.430	0.377	0.334	0.302	0.302	0.302	0.298
格鲁吉亚	0.216	0.167	0.199	0.252	0.395	0.500	0.454	0.515	1.051	0.825	0.898	0.841	0.756	0.812
德国	0.486	0.500	0.561	0.532	0.515	0.553	0.554	0.618	0.556	0.500	0.441	0.446	0.452	0.457
中国香港	6.705	6.769	6.690	6.565	6.553	6.240	5.685	5.506	5.632	5.858	6.119	5.412	4.738	4.500
匈牙利	0.895	0.725	0.549	0.541	0.613	0.642	0.725	0.748	0.654	0.575	0.518	0.468	0.446	0.504
冰岛	0.225	0.159	0.170	0.134	0.135	0.160	0.129	0.142	0.117	0.134	0.193	0.165	0.138	0.146
印度	0.708	0.770	0.786	0.905	1.050	1.183	1.067	1.048	0.974	0.852	0.890	0.947	1.074	1.162
印度尼西亚	1.658	1.596	1.574	1.440	1.518	1.540	1.592	1.494	1.497	1.527	1.587	1.661	1.650	1.750
伊朗	1.163	0.931	0.974	1.030	1.306	1.202	1.136	1.352	1.573	0.851	1.251	2.414	2.051	1.750
爱尔兰	0.259	0.301	0.353	0.339	0.300	0.274	0.131	0.119	0.117	0.106	0.115	0.105	0.091	0.085
意大利	0.372	0.394	0.411	0.432	0.457	0.527	0.499	0.621	0.565	0.458	0.440	0.467	0.482	0.499
日本	2.701	2.516	2.278	1.991	1.915	1.785	1.949	1.799	1.700	1.551	1.549	1.424	1.478	1.612
哈萨克斯坦	2.370	2.107	2.471	2.062	2.190	2.604	2.468	2.422	2.034	1.824	1.918	2.071	1.600	1.982
韩国	1.934	1.904	1.834	1.721	1.736	1.941	1.731	1.563	1.387	1.367	1.384	1.460	1.637	1.742
老挝	2.632	1.869	1.423	1.587	1.217	1.330	1.718	1.582	1.158	1.557	2.326	2.202	1.410	1.365
马来西亚	1.283	1.231	1.310	1.310	1.399	1.577	1.700	1.512	1.466	1.730	2.052	1.965	2.021	1.936
马尔代夫	—	—	—	0.209	0.200	0.197	0.342	0.431	0.437	0.365	0.393	0.349	0.534	0.933
墨西哥	0.349	0.416	0.368	0.451	0.506	0.548	0.596	0.629	0.687	0.701	0.681	0.688	0.679	0.719
蒙古国	2.891	2.997	3.204	3.378	3.657	3.153	4.999	4.092	3.847	3.339	3.071	2.937	2.570	1.808

续表

年份 国家 （地区）	2003	2004	2005	2006	2007	2008	2009	2010	2011	2012	2013	2014	2015	2016
缅甸	1100.209	1135.913	1317.692	1304.066	1392.426	1226.474	1180.149	1226.274	869.638	8.878	6.229	5.971	5.222	4.295
荷兰	0.896	0.924	1.061	0.998	1.061	1.023	0.955	1.075	1.056	1.003	0.946	0.952	0.923	0.962
新西兰	0.651	0.640	0.640	0.689	0.714	0.765	0.811	0.776	0.840	0.795	0.771	0.803	0.885	0.916
巴基斯坦	2.777	3.105	2.580	2.040	2.534	1.989	2.077	2.324	2.273	2.068	2.302	2.687	3.058	3.589
秘鲁	0.650	0.595	0.629	0.762	0.898	1.050	0.999	1.161	1.160	1.123	1.193	1.159	1.215	1.296
菲律宾	0.000	0.000	0.000	0.000	0.000	1.740	1.905	1.816	1.946	2.005	2.194	2.343	2.278	2.463
波兰	0.415	0.353	0.383	0.414	0.479	0.519	0.563	0.539	0.507	0.563	0.524	0.524	0.555	0.617
俄罗斯	1.180	1.254	1.296	1.084	1.344	1.183	0.871	1.056	1.039	1.006	1.025	1.165	1.060	1.316
新加坡	1.034	1.055	1.072	1.115	1.183	1.050	1.154	0.906	0.799	0.828	0.855	0.869	0.988	0.952
南非	0.949	0.909	0.897	0.974	1.010	1.056	1.123	1.209	1.180	1.267	1.336	1.255	1.361	1.342
西班牙	0.312	0.318	0.396	0.420	0.466	0.548	0.491	0.544	0.496	0.477	0.465	0.477	0.510	0.535
瑞典	0.253	0.245	0.276	0.274	0.298	0.300	0.312	0.330	0.303	0.291	0.290	0.284	0.300	0.289
瑞士	0.115	0.162	0.165	0.173	0.198	0.178	0.123	0.112	0.101	0.094	0.083	0.077	0.079	0.080
泰国	0.916	0.986	0.959	0.958	0.986	1.020	1.074	1.096	1.099	1.166	1.156	1.245	1.430	1.568
土耳其	0.570	0.496	0.560	0.710	0.786	0.673	0.690	0.699	0.673	0.637	0.644	0.691	0.715	0.723
英国	0.411	0.432	0.445	0.439	0.498	0.553	0.578	0.593	0.574	0.560	0.569	0.578	0.608	0.649
美国	1.204	1.252	1.294	1.288	1.290	1.293	1.388	1.378	1.318	1.300	1.289	1.270	1.259	1.309
越南	2.387	2.310	2.356	2.267	2.416	2.388	2.658	2.858	2.805	2.930	3.375	3.807	3.297	3.039
赞比亚	0.394	0.397	0.297	0.453	0.579	0.635	0.460	0.554	0.804	0.716	0.572	0.599	0.525	0.563
中国澳门	5.391	5.049	4.095	4.160	3.655	3.467	3.050	2.681	2.144	1.943	1.965	1.905	2.241	1.867

资料来源：中国自由贸易区服务网、Wind 经济数据库。

　　李轩（2016）使用单边引力模型，不但研究了各因素对中国对东盟直接投资的转移效应的影响，而且也分析了各因素对 OFDI 的创造效应的影响，以及分析了中国对东盟直接投资与中国和东盟成员国贸易之间的关系。该研究结果认为，中国－东盟自由贸易区的成立显著促进了中国对外直接投资的快速增长，同时中国对东盟的直接投资存在显著的转移效应，即中国－东盟自由贸易区的成立显著减少了中国对有引资竞争力的东盟国家的 OFDI。佟家栋等（2010）认为，虽然签订 FTA 有利于成员国吸引外商直接投资，但是一体化规模指标对外商投资的影响显著为负，即大规模的外商投资流入可能存在显著的不利的集聚效应。

本章的理论贡献是：第一，学术界的研究成果主要集中在某个自由贸易区或者由某个区域几个国家形成的区域经济一体化带来的外商投资效应或对外直接投资效应，没有研究多个自由贸易区带来的外商投资效应和对外直接投资效应，本章分析了中国与 FTA 伙伴、东盟成员国、新加坡、APEC 成员等建立自由贸易区的直接投资效应。第二，学术界主要研究一国参与区域经济一体化带来的贸易效应，没有研究中国对外直接投资或者外商投资对基于中间品出口增加值的中国全球价值链分工地位的影响，本章重点分析了中国对外直接投资对基于中间品出口增加值的中国全球价值链分工地位的影响。第三，不但分析了中国对外直接投资效应，也研究了各因素对中国对各国出口的影响，同时也分析了中国对外直接投资和其他因素对基于中间品出口增加值的中国全球价值链分工地位的影响。

第二节　研究设定

设定模型（6-1）分析中国对外直接投资效应：

$$OFDIP_{it} = \beta_0 + \beta_{11} L.\, OFDIP_{it} + \beta_{12} IMEXNC_{it} + \beta_{13} \ln GDP_{it} + \beta_{14} GDPZ_{it} + \beta_{15} STABY_{it} + \beta_{16} dummy_{it} + \beta_{17} INT_{it} + U_{it} \tag{6-1}$$

被解释变量为中国 OFDI 存量占各国 GDP 比重（$OFDIP$），解释变量为各国进出口额减去中国对该国进出口额后再除以该国 GDP（$IMEXNC$）、各国国内生产总值（GDP）、每年各国实际 GDP 的自然对数值与上年实际 GDP 的自然对数值之差（$GDPZ$）、各国的政治稳定程度（$STABY$），$dummy$ 为该国是否为自由贸易区的虚拟变量，包括是否与中国签署 CEPA 协议（CEPA）、是否签订中国 – 新加坡自贸协定（POL）、是否为东盟成员国（CAFTA）、是否为 APEC 成员（APEC）、各国是否签署 FTA（FTA）。INT 为该国的一体化规模，本章使用佟家栋等（2010）的方法计算各国的一体化规模。

建立模型（6-2）分析不包括中国 OFDI 的各国外商直接投资效应，被解释变量为各国外商直接投资减去中国 OFDI 流量后再除以该国 GDP（$FDINCP$）：

$$FDINCP_{it} = \beta_0 + \beta_{21} L.\, FDINCP_{it} + \beta_{22} IMEXNC_{it} + \beta_{23} \ln GDP_{it} + \beta_{24} GDPZ_{it} + \beta_{25} STABY_{it} + \beta_{26} dummy_{it} + \beta_{27} INT_{it} + U_{it} \tag{6-2}$$

建立模型（6-3）分析包括中国 OFDI 的各国外商直接投资效应，被解释变量为各国外商直接投资占 GDP 比重（$FDIP$）：

$$FDIP_{it} = \beta_0 + \beta_{31} L.\, FDIP_{it} + \beta_{32} IMEXNC_{it} + \beta_{33} \ln GDP_{it} + \beta_{34} GDPZ_{it} + \beta_{35} STABY_{it} +$$

$$\beta_{36} dummy_{it} + \beta_{37} INT_{it} + U_{it} \qquad (6-3)$$

模型（6-4）以各国外商直接投资减去中国 OFDI 流量后再除以该国 GDP 为解释变量，研究一国与中国签署 CEPA 协议、签订中国 - 新加坡自贸协定、为东盟成员国、为 APEC 成员、签署 FTA 带来的贸易效应：

$$\ln IMEX_{it} = \beta_0 + \beta_{41} L. \ln IMEX + \beta_{42} FDINCP_{it} + \beta_{43} \ln GDPPER_{it} + \beta_{44} IMEXGDP_{it} + $$
$$\beta_{45} dummy_{it} + U_{it} \qquad (6-4)$$

被解释变量为各国进出口额（$IMEX$），解释变量包括各国人均 GDP（$GDPPER$）、各国贸易开放度（$IMEXGDP$）。

模型（6-5）以各国外商直接投资为解释变量，研究一国与中国签署 CEPA 协议、签订中国 - 新加坡自贸协定、为东盟成员国、为 APEC 成员、签署 FTA 带来的贸易效应：

$$\ln IMEX_{it} = \beta_0 + \beta_{51} L. \ln IMEX + \beta_{52} FDIP_{it} + \beta_{53} \ln GDPPER_{it} + \beta_{54} IMEXGDP_{it} + \beta_{55}$$
$$dummy_{it} + U_{it} \qquad (6-5)$$

解释变量包括各国外商投资占 GDP 比重（$FDIP$）。

模型（6-6）以中国 OFDI 为解释变量，研究中国 OFDI 对各国进出口额的影响：

$$\ln IMEX_{it} = \beta_0 + \beta_{61} L. \ln IMEX + \beta_{62} OFDIP_{it} + \beta_{63} \ln GDPPER_{it} + \beta_{64} IMEXGDP_{it} + $$
$$\beta_{65} \ln JIERANG_{it} + U_{it} \qquad (6-6)$$

其中，$JIERANG$ 为各国与中国之间的直线距离。

建立模型（6-7）来分析中国 OFDI 占比和其他变量对各国进出口额减去中国对该国进出口额后除以该国 GDP 变量的影响：

$$\ln IMEXNC_{it} = \beta_0 + \beta_{71} L. \ln IMEXNC + \beta_{72} OFDIP_{it} + \beta_{73} \ln GDPPER_{it} + \beta_{74} IMEXGD\text{-}$$
$$P_{it} + \beta_{75} \ln JIERANG_{it} + U_{it} \qquad (6-7)$$

建立模型（6-8）分析中国 OFDI 占比和其他因素对中国进出口额（$IMEXCH$）的影响。

$$\ln IMEXCH_{it} = \beta_0 + \beta_{81} L. \ln IMEXCH + \beta_{82} OFDIP_{it} + \beta_{83} \ln GDPPER_{it} + \beta_{84} IMEXGD\text{-}$$
$$P_{it} + \beta_{85} \ln JIERANG_{it} + U_{it} \qquad (6-8)$$

建立模型（6-9）研究中国对外直接投资和其他因素对基于中间品出口增加值的中国全球价值链分工地位的影响：

$$INTEX_{it} = a_0 + a_1 L. INTEX_{it} + a_2 OFDIP_{it} + a_3 \ln GDPPER_{it} + a_4 IMEXGDP_{it} + $$
$$a_5 JIERANG_{it} \qquad (6-9)$$

其中，$INTEX$ 为中国中间品出口的国内附加值。

各变量的含义如表6-3所示。

表 6 - 3 变量含义

变量名称	变量符号	变量含义
中国 OFDI	OFDIP	反映各因素对中国 OFDI 存量占各国 GDP 比重的影响
各国外商直接投资减去中国 OFDI 流量后再除以该国 GDP	FDINCP	反映各因素对各国外商直接投资减去中国 OFDI 流量后再除以该国 GDP 的影响
各国外商直接投资占 GDP 比重	FDIP	反映各因素对各国外商直接投资占 GDP 比重的影响
各国进出口总额减去中国对该国进出口额后再除以该国 GDP	IMEXNC	反映各因素对各国进出口总额减去中国对该国进出口额后再除以该国 GDP 的影响
各国国内生产总值	GDP	反映各国国内生产总值对贸易伙伴国 FDI 的影响
各国每年实际 GDP 的自然对数值与上年实际 GDP 的自然对数值之差	GDPZ	反映各国每年实际 GDP 的自然对数值与上年实际 GDP 的自然对数值之差对贸易伙伴国 FDI 的影响
各国的政治稳定程度	STABY	反映各国的政治稳定程度对贸易伙伴国 FDI 的影响
是否与中国签署 CEPA 协议	CEPA	反映是否与中国签署 CEPA 协议对贸易伙伴国 FDI 的影响
与中国签署 CEPA 协议后的一体化规模	LCEPA2	反映与中国签署 CEPA 协议后的一体化规模对贸易伙伴国 FDI 的影响
是否签订中国 - 新加坡自贸协定	POL	反映是否签订中国 - 新加坡自贸协定对贸易伙伴国 FDI 的影响
签订中国 - 新加坡自贸协定后的一体化规模	LPOL2	反映签订中国 - 新加坡自贸协定后的一体化规模对贸易伙伴国 FDI 的影响
是否为东盟成员国	CAFTA	反映是否为东盟成员国对贸易伙伴国 FDI 的影响
成为东盟成员国后的一体化规模	LCAFTA2	反映成为东盟成员国后的一体化规模对贸易伙伴国 FDI 的影响
是否为 APEC 成员	APEC	反映是否为 APEC 成员对贸易伙伴国 FDI 的影响
成为 APEC 成员后的一体化规模	LAPEC2	反映成为 APEC 成员后的一体化规模对贸易伙伴国 FDI 的影响
各国是否签署 FTA 的虚拟变量	FTA	反映各国是否签署 FTA 的虚拟变量对贸易伙伴国 FDI 的影响
签署 FTA 后的一体化规模	LFTA2	反映签署 FTA 后的一体化规模对贸易伙伴国 FDI 的影响
各国出口总额	IMEX	反映各因素对各国进口额加出口额的影响
各国人均 GDP	GDPPER	反映各国人均 GDP 对贸易伙伴国 FDI 的影响
各国进出口额除以该国 GDP	IMEXGDP	反映各国贸易开放度对贸易伙伴国 FDI 的影响

变量名称	变量符号	变量含义
各国与中国之间的直线距离	*JIERANG*	反映各国与中国之间的直线距离对贸易伙伴国 FDI 的影响
中国对各国进出口额	*IMEXCH*	反映各因素对中国对各国进出口额的影响
中国中间品出口的国内附加值占比	*INTEX*	反映基于中间品出口增加值的中国全球价值链分工地位

注：OFDI 来自 Wind 数据库，仅能得到 2003 年以后的中国对 APEC 成员、东盟成员国、自由贸易区 OF-DI 数据，因此选择 2003~2016 年 50 个国家（地区）数据进行分析，选择的 50 个国家（地区）见表 6-1。

第三节　描述性分析及相关性检验

从表 6-4 可以看到，中国对 APEC 成员中间品出口的国内附加值占比的均值最高，中国对 APEC 成员中间品出口的国内附加值占比的均值达 3.331，远远大于新加坡、东盟成员国、FTA 自由贸易区，因此，中国对 APEC 成员中间品出口的国内附加值对提升中国全球价值链地位具有重要的意义。

表 6-5 为中国 OFDI、各国外商直接投资减去中国 OFDI 流量后再除以该国 GDP、各国外商直接投资占 GDP 比重、各国的进出口总额减去中国对该国进出口额后再除以该国 GDP、各国的国内生产总值、各国的每年实际 GDP 的自然对数值与上年实际 GDP 的自然对数值之差、各国的政治稳定程度、各国的进出口额、各国的人均 GDP、各国的进出口额除以该国 GDP、各国与中国之间的直线距离、中国对各国的进出口额、中国中间品出口的国内附加值占比等各变量的相关性检验结果。

通过对各变量的相关性分析可以看到，各国外商直接投资减去中国 OFDI 流量后再除以该国 GDP、各国外商直接投资占 GDP 比重、各国的进出口总额减去中国对该国进出口额后再除以该国 GDP、各国的政治稳定程度、各国的进出口额、各国的人均 GDP、各国的进出口额除以该国 GDP、中国对各国的进出口额与中国 OFDI 占比显著正相关，但各国的国内生产总值、各国的每年实际 GDP 的自然对数值与上年实际 GDP 的自然对数值之差、各国与中国之间的直线距离与中国 OFDI 占比负相关。

表6-4 描述性统计

		OFDIP	FDINCP	FDIP	IMEXNC	GDP	GDPZ	STABY	IMEX	GDPPER	IMEXGDP	JIERANG	IMEXCH	INTEX
FTA	均值	0.032	0.044	0.052	0.88	3.17E+11	0.067	0.032	2.85E+11	20062.37	1.016	6563.987	4.30E+06	1.236
	p50	0.006	0.033	0.039	0.768	1.93E+11	0.066	0.12	1.00E+11	8199.415	0.917	4479.02	1.60E+06	0.45
	总数	4.455	6	7.694	129.374	4.66E+13	9.797	3.37	4.20E+13	2949168	149.35	964906	6.33E+08	39.56
	最大值	0.348	0.231	0.24	3.566	1.57E+12	0.301	1.49	1.34E+12	88415.63	3.796	19058.44	2.90E+07	7.2
	最小值	0	-0.051	-0.059	-0.106	2.59E+09	-0.279	-2.81	8.67E+07	785.693	0.002	956.28	6.35E+03	0.01
	se (mean)	0.006	0.004	0.004	0.055	3.30E+10	0.008	0.102	2.94E+10	1957.81	0.058	394.882	4.92E+05	0.31
	skewness	3.018	1.689	1.578	2.276	1.6805	-0.222	-0.665	1.4045	1.243	2.192	1.303	2.3491	2.453
	kurtosis	12.228	6.705	6.234	9.39	4.8407	3.907	3.028	4.0228	3.406	8.896	3.717	8.9924	8.914
CEPA	均值	0.538	0.123	0.208	1.986	1.36E+11	0.092	0.926	4.87E+11	44849.45	2.548	1967.155	1.27E+07	1.783
	p50	0.165	0.121	0.211	1.963	1.12E+11	0.069	0.955	3.09E+11	37567.33	2.383	1967.155	5.87E+06	1.665
	总数	13.977	3.193	5.419	51.624	3.53E+12	2.397	20.38	1.27E+13	1166086	66.257	51146.03	3.31E+08	14.26
	最大值	2.433	0.295	0.585	3.078	3.21E+11	0.27	1.38	1.24E+12	94004.39	4.426	1979.41	4.01E+07	2.38
	最小值	0.041	-0.041	-0.019	1.034	1.06E+10	-0.199	0.45	1.58E+10	22453.19	1.106	1954.9	1.83E+05	1.49
	se (mean)	0.137	0.019	0.03	0.171	2.21E+10	0.02	0.059	9.61E+10	4100.138	0.265	2.451	2.81E+06	0.104
	skewness	1.446	0.097	0.449	0.039	0.2383	-0.33	-0.211	0.3404	1.12	0.1	0	0.588	1.205
	kurtosis	3.938	2.064	2.725	1.08	1.412	4.102	1.963	1.4435	2.966	1.158	1	1.8461	3.131

续表

		OFDIP	FDINCP	FDIP	IMEXNC	GDP	GDPZ	STABY	IMEX	GDPPER	IMEXGDP	JIERANG	IMEXCH	INTEX
POL	均值	0.054	0.177	0.188	3.42	2.66E+11	0.056	1.24	9.66E+11	50158.18	3.67	4479.02	6.62E+06	1.318
	p50	0.043	0.197	0.207	3.409	2.89E+11	0.045	1.23	9.79E+11	53166.68	3.66	4479.02	6.93E+06	1.395
	总数	0.486	1.593	1.692	3C.784	2.39E+12	0.501	8.68	8.69E+12	451423.6	33.032	40311.18	5.96E+07	5.27
	最大值	0.113	0.231	0.24	4.143	3.08E+11	0.206	1.34	1.12E+12	56336.07	4.416	4479.02	7.97E+06	1.48
	最小值	0.017	0.055	0.064	2.947	1.92E+11	-0.037	1.14	6.94E+11	38577.56	3.184	4479.02	4.79E+06	1
	se（mean）	0.012	0.019	0.02	0.114	1.55E+10	0.026	0.034	4.64E+10	2284.556	0.115	0	3.91E+05	0.108
	skewness	0.794	-1.187	-1.163	0.718	-0.7968	0.883	0.031	-0.6985	-0.877	0.804	—	-0.3001	-1.03
	kurtosis	2.169	3.265	3.162	3.579	1.959	2.668	1.295	2.519	2.121	3.774	—	1.7154	2.255
CAFTA	均值	0.058	0.048	0.06	1.049	2.39E+11	0.074	-0.167	2.89E+11	12031.7	1.249	3577.691	4.15E+06	1.168
	p50	0.011	0.034	0.038	0.983	2.02E+11	0.079	-0.1	1.91E+11	3032.276	1.123	3324.18	4.36E+06	1.37
	总数	4.024	3.388	4.215	73.438	1.67E+13	5.174	-8.37	2.02E+13	842219.2	87.453	250438.4	2.90E+08	18.69
	最大值	0.348	0.231	0.24	3.566	9.32E+11	0.301	1.34	1.12E+12	56336.07	3.796	5219.15	1.06E+07	2.09
	最小值	0.002	-0.051	-0.013	-0.106	7.13E+09	-0.279	-1.63	8.67E+07	785.693	0.002	2326.84	7.19E+04	0.02
	se（mean）	0.01	0.007	0.007	0.102	3.04E+10	0.012	0.123	3.71E+10	2139.428	0.107	102.052	4.12E+05	0.201
	skewness	1.9	1.722	1.738	1.778	1.4487	-0.335	0.259	1.1664	1.591	1.601	0.446	0.1622	-0.306
	kurtosis	5.938	5.732	5.188	5.209	4.5633	4.297	2.018	3.7032	3.844	5.23	2.215	1.5995	1.49

续表

		OFDIP	FDINCP	FDIP	IMEXNC	GDP	GDPZ	STABY	IMEX	GDPPER	IMEXGDP	JIERANG	IMEXCH	INTEX
APEC	均值	0.057	0.044	0.053	0.946	1.60E+12	0.068	0.177	7.16E+11	22213.86	1.098	7042.459	8.84E+06	3.331
	p50	0.002	0.028	0.028	0.587	2.97E+11	0.068	0.4	4.39E+11	15924.53	0.656	4849.085	4.34E+06	1.64
	总数	14.284	10.895	13.288	233.609	4.02E+14	15.974	38.16	1.80E+14	5597894	276.586	1774700	2.18E+09	539.63
	最大值	2.433	0.295	0.585	4.143	1.86E+13	0.317	1.49	5.26E+12	67708.69	4.426	19058.44	5.58E+07	25.27
	最小值	0	-0.038	-0.038	0.186	6.56E+09	-0.413	-2.12	6.90E+09	477.99	0.216	956.28	2.18E+04	0.01
	se（mean）	0.017	0.004	0.005	0.056	2.22E+11	0.007	0.064	6.12E+10	1161.075	0.066	326.618	7.26E+05	0.415
	skewness	6.299	2.377	3.186	1.995	3.4094	-0.722	-0.531	2.9725	0.475	1.95	0.867	2.0058	2.588
	kurtosis	45.356	8.538	14.849	6.122	13.9903	4.615	1.974	12.4532	1.888	5.724	2.687	6.7801	9.118
Total	均值	0.035	0.052	0.059	0.833	9.92E+11	0.072	0.146	5.37E+11	21513.41	0.93	7466.382	4.41E+06	2.118
	p50	0.001	0.029	0.032	0.613	2.87E+11	0.076	0.4	2.68E+11	11925.63	0.704	7135.875	1.48E+06	0.995
	最大值	2.433	0.874	0.874	4.143	1.86E+13	0.457	1.51	5.26E+12	94004.39	4.426	19261.93	5.58E+07	25.27
	最小值	0	-0.379	-0.372	-0.106	1.05E+09	-0.413	-2.81	3.28E+07	219.782	0.002	956.28	3.35E+02	0.01
	se（mean）	0.007	0.003	0.004	0.024	8.60E+10	0.005	0.038	2.90E+10	778.919	0.028	172.477	2.99E+05	0.2
	skewness	9.581	3.764	3.356	2.309	5.2439	-0.357	-0.764	3.1237	0.848	2.567	0.871	3.4696	3.937
	kurtosis	108.662	28.64	21.619	9.91	33.965	3.755	2.815	15.6657	2.792	11.006	3.2	17.0033	19.813

表6-5 变量相关性检验

	OFDIP	FDINCP	FDIP	IMEXNC	GDP	GDPZ	STABY	IMEX	GDPPER	IMEXGDP	JIERANG	IMEXCH	INTEX
OFDIP	1	0.131*	0.399*	0.361*	-0.071	-0.012	0.117*	0.027	0.048	0.483*	-0.205*	0.325*	-0.024
FDINCP	0.1317	1	0.953*	0.478*	-0.127*	0.107*	0.266*	-0.022	0.191*	0.461*	-0.043	-0.035	-0.159*
FDIP	0.399*	0.953*	1	0.540*	-0.140*	0.103*	0.272*	-0.019	0.192*	0.560*	-0.100*	0.054	-0.160*
IMEXNC	0.361*	0.478*	0.540*	1	-0.232*	-0.005	0.409*	-0.028	0.261*	0.981*	-0.297*	0.047	-0.213*
GDP	-0.071	-0.127*	-0.140*	-0.232*	1	-0.121*	0.094*	0.889*	0.319*	-0.234*	0.098*	0.755*	0.913*
GDPZ	-0.012	0.107*	0.103*	-0.005	-0.121*	1	-0.159*	-0.188*	-0.205*	0.0007	-0.055	-0.152*	-0.147*
STABY	0.117*	0.266*	0.272*	0.409*	0.094*	-0.159*	1	0.217*	0.664*	0.379*	0.017	0.154*	0.045
IMEX	0.027	-0.022	-0.019	-0.028	0.889*	-0.188*	0.217*	1	0.480*	-0.033	0.024	0.784*	0.785*
GDPPER	0.048	0.191*	0.192*	0.261*	0.319*	-0.205*	0.664*	0.480*	1	0.211*	0.0001	0.305*	0.230*
IMEXGDP	0.483*	0.461*	0.560*	0.981*	-0.234*	0.0007	0.379*	-0.033	0.211*	1	-0.339*	0.115*	-0.190*
JIERANG	-0.205*	-0.043	-0.100*	-0.297*	0.098*	-0.055	0.017	0.024	0.0001	-0.339*	1	-0.137*	-0.138*
IMEXCH	0.325*	-0.035	0.054	0.047	0.755*	-0.152*	0.154*	0.784*	0.305*	0.115*	-0.137*	1	0.788*
INTEX	-0.024	-0.159*	-0.160*	-0.213*	0.913*	-0.147*	0.045	0.785*	0.230*	-0.190*	-0.138*	0.788*	1

注：*表示10%的显著水平。

中国 OFDI、各国外商直接投资减去中国 OFDI 流量后再除以该国 GDP、各国的进出口总额减去中国对该国进出口额后再除以该国 GDP、各国的每年实际 GDP 的自然对数值与上年实际 GDP 的自然对数值之差、各国的政治稳定程度、各国的人均 GDP、各国的进出口额除以该国 GDP、中国对各国的进出口总额与各国外商直接投资占 GDP 比重显著正相关，但各国的国内生产总值、各国的进出口总额、各国与中国之间的直线距离与各国外商直接投资占 GDP 比重负相关。

第四节　实证结果

一、中国签署 CEPA 协议、签订中国－新加坡自贸协定、东盟成员国参与、APEC 成员参与、签署 FTA 等因素对中国 OFDI 及各国 FDI 的影响

表 6－6 给出了利用模型（6－1）得到的结果。可以看到，各国进出口额减去中国对该国进出口额后再除以该国 GDP 对中国 OFDI 占比的影响显著为正，这表明不包括中国对各国进出口额的各国贸易额显著促进了中国对各国 OFDI 的增长。

表 6－6　各因素对中国 OFDI 的影响

	(1) OFDIP	(2) OFDIP	(3) OFDIP	(4) OFDIP	(5) OFDIP	(6) OFDIP
L. OFDIP	1.161***	1.212***	1.201***	1.213***	1.144***	1.140***
	(2207.19)	(259.52)	(1465.05)	(1915.16)	(881.45)	(1008.13)
IMEXNC	0.018***	0.004***	0.005***	0.001***	0.036***	0.035***
	(100.23)	(6.64)	(30.14)	(4.84)	(42.1)	(37.84)
lnGDP	−0.009***	−0.0005***	0.0002***	0.0006***	−0.002***	−0.003***
	(−10.32)	(−2.83)	(4.6)	(8.15)	(−10.31)	(−9.78)
GDPZ	−0.031***	−0.017***	−0.025***	−0.020***	−0.037***	−0.036***
	(−53.54)	(−11.31)	(−20.82)	(−23.67)	(−16.39)	(−15.05)
STABY	−0.008***	−0.003***	−0.001***	−0.0005***	−0.009***	−0.010***
	(−17.3)	(−8.25)	(−14.69)	(−5.07)	(−15.28)	(−10.2)
CEPA		1.956***				
		(8.18)				

续表

	(1) OFDIP	(2) OFDIP	(3) OFDIP	(4) OFDIP	(5) OFDIP	(6) OFDIP
LCEPA2		−0.074 *** (−8.00)				
POL			0.317 *** (6.52)			
LPOL2			−0.012 *** (−6.94)			
CAFTA				−0.002 *** (−17.71)		
LCAFTA2				0.0001 *** (11.98)		
APEC					−0.309 *** (−9.95)	
LAPEC2					0.0099 *** (9.83)	
FTA						0.004 *** (16.01)
LFTA2						−0.0004 *** (−8.48)
_ cons	0.041 *** (8.33)	0.013 *** (2.59)	−0.008 *** (−6.49)	−0.017 *** (−8.03)	0.048 *** (7.1)	0.078 *** (8.01)
AR (1)	0.125	0.144	0.137	0.139	0.108	0.111
AR (2)	0.786	0.221	0.778	0.214	0.197	0.235
Hansen/Sargan	0.156	0.607	0.824	0.42	0.672	0.714
N	337	431	337	431	431	431

注：括号中数字为 T 检验值，***、**、* 分别表示1%、5%、10%的显著水平。

另外，签订中国－新加坡自贸协定、东盟成员国参与情形下东道国实际 GDP 可吸引中国更多的 OFDI，但在各国与中国签署 CEPA 协议、APEC 成员参与、签署 FTA 情形下，东道国的实际 GDP 不能促进更多的中国 OFDI，因此在各国与中国签署 CEPA 协议、APEC 成员参与、签署 FTA 情形下，东道国的实际市场规模越小，反而越能吸引更多的中国 OFDI。

也可以看到，东道国各国实际增长率对中国 OFDI 占比的影响显著为负，因此在各国与中国签署 CEPA 协议、APEC 成员参与、签署 FTA、签订中国 – 新加坡自贸协定、东盟成员国参与情形下，各国实际增长率都不是促进中国 OFDI 增长的主要因素。

各国的政治稳定程度对中国 OFDI 的影响也显著为负，并且达到了 1% 的显著性水平。

但我们也可以看到，中国签署 CEPA 协议、签订中国 – 新加坡自贸协定、东盟成员国参与、APEC 成员参与、签署 FTA 对各国吸引中国 OFDI 的影响是不确定的。虽然中国签署 CEPA 协议、签订中国 – 新加坡自贸协定、签署 FTA 有利于各国吸引中国 OFDI 的快速增长，但由此带来的一体化规模产生的集聚效应不利于东道国吸引中国 OFDI。

同时，虽然东盟成员国参与、APEC 成员参与不利于各国吸引中国 OFDI 的快速增长，但东盟成员国参与、APEC 成员参与产生的集聚效应反而有利于东道国吸引中国 OFDI。

表 6 – 7 给出了利用模型（6 – 2）得到的结果。各国进出口总额减去中国对该国进出口额后再除以该国 GDP 对各国扣除中国 OFDI 流量后的 FDI 的影响显著为正，表明不包括中国对各国进出口额的各国贸易额能显著促进扣除中国 OFDI 流量后各国 FDI 的增长。

表 6 – 7　各因素对扣除中国 OFDI 流量后的各国 FDI 的影响

	(7) FDINCP	(8) FDINCP	(9) FDINCP	(10) FDINCP	(11) FDINCP	(12) FDINCP
L. FDINCP	0.368 ***	0.329 ***	0.366 ***	0.342 ***	0.385 ***	0.348 ***
	(109.8)	(72.07)	(112.13)	(41.52)	(32.91)	(73.65)
IMEXNC	0.051 ***	0.067 ***	0.049 ***	0.0563 ***	0.044 ***	0.047 ***
	(12.42)	(13.46)	(10.75)	(17.81)	(5.56)	(10.09)
lnGDP	– 0.002 ***	– 0.002 ***	– 0.002 ***	– 0.006 ***	– 0.001 *	– 0.005 ***
	(– 3.43)	(– 2.18)	(– 3.02)	(– 5.67)	(– 1.67)	(– 5.83)
GDPZ	0.113 ***	0.109 ***	0.111 ***	0.110 ***	0.122 ***	0.112 ***
	(15.37)	(36.31)	(16.85)	(12.52)	(16.58)	(13.42)
STABY	0.003 ***	– 0.0003	0.006 ***	– 0.001	0.004 ***	0.002 ***
	(2.07)	(– 0.18)	(2.91)	(– 0.94)	(2.02)	(1.22)

续表

	(7) *FDINCP*	(8) *FDINCP*	(9) *FDINCP*	(10) *FDINCP*	(11) *FDINCP*	(12) *FDINCP*
CEPA		4. 103 *** (13. 02)				
LCEPA2		− 0. 156 *** (− 12. 66)				
POL			− 0. 045 *** (− 12. 89)			
LPOL2			− 0. 001 (− 1. 36)			
CAFTA				0. 0133 *** (14. 13)		
LCAFTA2				− 0. 001 *** (− 11. 28)		
APEC					− 0. 420 *** (− 2. 4)	
LAPEC2					0. 0132 *** (2. 33)	
FTA						0. 0003 (0. 3)
LFTA2						− 0. 0008 *** (− 11. 41)
_ cons	0. 051 *** (2. 41)	0. 032 (1. 28)	0. 051 *** (2. 08)	0. 152 *** (5. 36)	0. 030 (1. 16)	0. 135 *** (5. 89)
AR (1)	0. 094	0. 085	0. 097	0. 097	0. 087	0. 097
AR (2)	0. 376	0. 132	0. 376	0. 377	0. 379	0. 366
Hansen/Sargan	0. 611	0. 806	0. 812	0. 869	0. 781	0. 832
N	414	455	414	414	414	414

注：括号中数字为 T 检验值，***、**、*分别表示1%、5%、10%的显著水平。

　　东道国各国实际增长率是促进各国扣除中国 OFDI 流量后的 FDI 增长的主要因素，东道国各国实际增长率对各国扣除中国 OFDI 流量后的 FDI 的影响显著为正，因此在各国与中国签署 CEPA 协议、APEC 成员参与、签署 FTA、签订中国－新加坡自贸协定、东盟成员国参与情形下，各国实际增长率都是促进扣除中国 OFDI 流量后各国 FDI 增长的主要因素。

在各国与中国签署 CEPA 协议、APEC 成员参与、签署 FTA、签订中国－新加坡自贸协定、东盟成员国参与情形下，东道国实际 GDP 均不能促进扣除中国 OFDI 流量后的各国 FDI 的增长，因此东道国的实际市场规模越小，反而越能吸引扣除中国 OFDI 流量后各国 FDI 的增长。

在中国签署 CEPA 协议、东盟成员国参与情形下，各国的政治稳定程度对扣除中国 OFDI 流量后的各国 FDI 的影响显著为负，并且达到了 1% 的显著性水平。在签订中国－新加坡自贸协定、APEC 成员参与、签署 FTA 情形下，各国的政治稳定程度对扣除中国 OFDI 流量后各国 FDI 的影响显著为正。

也可以看到，中国签署 CEPA 协议、签订中国－新加坡自贸协定、东盟成员国参与、APEC 成员参与、签署 FTA 对扣除中国 OFDI 流量后各国 FDI 的影响是不确定的。

表 6 - 8 给出了利用模型（6 - 3）得到的结果。各国进出口总额减去中国对该国进出口额后再除以该国 GDP 对各国 FDI 的影响显著为正，表明不包括中国对各国进出口额的各国贸易额可显著促进各国 FDI 的增长。

表 6 - 8　各因素对各国 FDI 的影响

	(13) *FDIP*	(14) *FDIP*	(15) *FDIP*	(16) *FDIP*	(17) *FDIP*	(18) *FDIP*
L. *FDIP*	0.417 *** (73.99)	0.395 *** (71.4)	0.422 *** (87.79)	0.422 *** (54.66)	0.413 *** (59.99)	0.404 *** (58.52)
IMEXNC	0.071 *** (25.98)	0.061 *** (18.64)	0.059 *** (17.34)	0.058 *** (15.24)	0.073 *** (16.69)	0.061 *** (11.26)
ln*GDP*	− 0.002 *** (− 3.09)	− 0.002 *** (− 2.37)	− 0.003 *** (− 5.91)	− 0.004 *** (− 7.95)	− 0.003 *** (− 3.48)	− 0.005 *** (− 4.49)
GDPZ	0.116 *** (27.72)	0.112 *** (26.79)	0.120 *** (23.23)	0.117 *** (21.26)	0.121 *** (18.11)	0.110 *** (15.19)
STABY	− 0.001 (− 1.42)	0.001 (0.85)	0.004 *** (2.23)	− 0.001 * (− 1.7)	− 0.002 * (− 1.6)	0.0005 (0.24)
CEPA		1.342 *** (4.99)				

	（13） FDIP	（14） FDIP	（15） FDIP	（16） FDIP	（17） FDIP	（18） FDIP
LCEPA2		-0.050 *** （-4.9）				
POL			0.003 （0.64）			
LPOL2			-0.0040 *** （-2.96）			
CAFTA				0.022 *** （21.89）		
LCAFTA2				-0.0016 *** （-12.51）		
APEC					-1.788 *** （-14.81）	
LAPEC2					0.0570 *** （14.63）	
FTA						0.006 *** （2.84）
LFTA2						-0.0011 *** （-9.5）
_ cons	0.038 *** （1.72）	0.045 *** （1.68）	0.073 *** （4.61）	0.105 *** （7.96）	0.069 *** （2.3）	0.124 *** （4.12）
AR（1）	0.044	0.045	0.043	0.042	0.043	0.046
AR（2）	0.259	0.238	0.252	0.26	0.257	0.248
Hansen/Sargan	0.548	0.804	0.815	0.863	0.794	0.926
N	496	496	496	496	496	496

注：括号中数字为 T 检验值，*** 、 ** 、 * 分别表示 1% 、5% 、10% 的显著水平。

东道国各国实际增长率对各国 FDI 的影响显著为正，因此在各国与中国签署 CEPA 协议、APEC 成员参与、签署 FTA 、签订中国 - 新加坡自贸协定、东盟成员国参与情形下，各国的实际增长率都是促进各国 FDI 增长的主要因素。

在各国与中国签署 CEPA 协议、APEC 成员参与、签署 FTA、签订中国 – 新加坡自贸协定、东盟成员国参与情形下，东道国实际 GDP 不能促进各国 FDI 的增长，因此东道国本国实际市场规模越小，反而越能吸引各国 FDI 的增长。

　　在东盟成员国参与、APEC 成员参与情形下，各国的政治稳定程度对各国 FDI 的影响显著为负，并且达到了 1% 的显著性水平。在中国签署 CEPA 协议、签订中国 – 新加坡自贸协定、签署 FTA 情形下，各国的政治稳定程度对各国 FDI 的影响显著为正，并且达到了 1% 的显著性水平。

　　也可以看到，中国签署 CEPA 协议、签订中国 – 新加坡自贸协定、东盟成员国参与、APEC 成员参与、签署 FTA 对 FDI 的影响极不确定。

二、各国外商直接投资、中国 OFDI 对各国及中国进出口贸易的影响

　　表 6 – 9 给出了利用模型（6 – 4）得到的结果。

　　各国外商直接投资减去中国 OFDI 流量后再除以该国 GDP 对各国进出口额的影响显著为正，表明各国外商直接投资减去中国 OFDI 流量后再除以该国 GDP 可显著促进各国进出口额的增长。

表 6 – 9　扣除中国 OFDI 流量后的各国 FDI 对该国进出口额的影响

	(19) ln*IMEX*	(20) ln*IMEX*	(21) ln*IMEX*	(22) ln*IMEX*	(23) ln*IMEX*	(24) ln*IMEX*
L. ln*IMEX*	0.152 *** (36.99)	0.523 *** (29.39)	0.217 *** (64.27)	0.953 *** (115.02)	0.655 *** (103.63)	0.690 *** (244.76)
FDINCP	0.770 *** (12.16)	1.907 *** (12.32)	0.249 *** (7.38)	0.328 *** (16.93)	1.052 *** (14.57)	1.532 *** (15.74)
ln*GDPPER*	0.997 *** (48.07)	0.352 *** (9.74)	0.965 *** (105.51)	0.056 *** (7.07)	0.344 *** (36.27)	0.241 *** (19.85)
IMEXGDP	1.093 *** (26.02)	0.282 *** (11.39)	0.272 *** (13.03)	– 0.027 *** (– 3.61)	– 0.538 *** (– 18.15)	– 0.402 *** (– 18.07)
CEPA		– 5.644 *** (– 15.43)				
POL			– 1.060 *** (– 6.36)			

	(19) ln*IMEX*	(20) ln*IMEX*	(21) ln*IMEX*	(22) ln*IMEX*	(23) ln*IMEX*	(24) ln*IMEX*
CAFTA				0.398*** (12.15)		
APEC					−0.877*** (−12.74)	
FTA						−0.034*** (−4.37)
_cons	11.751*** (56.37)	9.103*** (47.59)	11.144*** (122.58)	0.594*** (3.81)	6.621*** (70.17)	6.188*** (58.62)
AR（1）	0.176	0.162	0.183	0.002	0.120	0.108
AR（2）	0.912	0.910	0.723	0.342	0.577	0.841
Hansen/Sargan	0.010	0.067	0.125	0.338	0.500	0.317
N	523	454	523	183	503	503

注：括号中数字为 T 检验值，＊＊＊、＊＊、＊分别表示 1%、5%、10% 的显著水平。

各国人均 GDP 对各国进出口额的影响显著为正，表明若考虑扣除中国 OFDI 流量后的各国 FDI 对各国进出口额的影响，那么各国人均 GDP 变量能显著促进各国进出口额的增长。

在中国签署 CEPA 协议、签订中国－新加坡自贸协定的情形下，各国贸易开放度能显著促进各国进出口额的增长。但在东盟成员国参与、APEC 成员参与、签署 FTA 的情形下，各国贸易开放度对各国进出口额增长的影响显著为负。

中国签署 CEPA 协议、签订中国－新加坡自贸协定、东盟成员国参与、APEC 成员参与、签署 FTA 对各国进出口额的影响是确定的，可以看到，东盟成员国参与有利于各国进出口额的增长，但中国签署 CEPA 协议、签订中国－新加坡自贸协定、APEC 成员参与、签署 FTA 不利于各国进出口额的增长。

表 6－10 给出了利用模型（6－5）得到的结果。

表 6－10　各国 FDI 对各国进出口额的影响

	(25) ln*IMEX*	(26) ln*IMEX*	(27) ln*IMEX*	(28) ln*IMEX*	(29) ln*IMEX*	(30) ln*IMEX*
L. ln*IMEX*	0.418*** (15.11)	0.715*** (55.26)	0.131*** (31.90)	0.141*** (36.18)	0.175*** (24.01)	0.703*** (232.06)

续表

	(25) ln*IMEX*	(26) ln*IMEX*	(27) ln*IMEX*	(28) ln*IMEX*	(29) ln*IMEX*	(30) ln*IMEX*
FDIP	0.154 * (1.76)	0.202 *** (22.54)	0.301 *** (23.63)	0.280 *** (39.78)	− 0.874 *** (− 6.35)	1.201 *** (51.45)
ln*GDPPER*	0.688 *** (15.43)	0.523 *** (38.16)	1.124 *** (138.22)	1.113 *** (183.28)	1.095 *** (42.81)	0.222 *** (35.42)
IMEXGDP	− 1.247 *** (− 13.93)	0.741 *** (28.56)	1.326 *** (60.10)	1.283 *** (80.90)	− 0.553 *** (− 7.60)	− 0.375 *** (− 47.05)
CEPA		− 4.160 *** (− 12.36)				
POL			0.480 *** (11.59)			
CAFTA				0.017 *** (4.79)		
APEC					− 0.933 *** (− 2.75)	
FTA						− 0.040 *** (− 5.36)
_ cons	9.850 *** (27.07)	1.928 *** (6.95)	10.783 *** (97.86)	10.654 *** (96.71)	12.056 *** (82.18)	6.014 *** (57.94)
AR（1）	0.072	0.032	0.180	0.213	0.004	0.118
AR（2）	0.359	0.400	0.875	0.848	0.063	0.549
Hansen/Sargan	0.034	0.183	0.182	0.193	0.123	0.281
N	499	200	549	549	549	506

注：括号中数字为 T 检验值，*** 、** 、* 分别表示 1% 、5% 、10% 的显著水平。

在中国签署 CEPA 协议、签订中国 – 新加坡自贸协定、东盟成员国参与、签署 FTA 的情形下，各国外商直接投资对各国进出口额的影响显著为正，这表明在中国签署 CEPA 协议、签订中国 – 新加坡自贸协定、东盟成员国参与、签署 FTA 的情形下，各国外商直接投资变量能显著促进各国进出口额的增长。但在 APEC 成员参与的情形下，各国外商直接投资对各国进出口额的影响显著为负。

各国人均 GDP 对各国进出口额的影响显著为正，这表明若考虑各国 FDI 对各国进出口额的影响，那么各国人均 GDP 变量能显著促进各国进出口额的增长。

若考虑各国 FDI 对各国进出口额的影响，那么在中国签署 CEPA 协议、签订中国－新加坡自贸协定、东盟成员国参与情形下，各国贸易开放度能显著促进各国进出口额的增长。但在 APEC 成员参与、签署 FTA 情形下，各国贸易开放度对各国进出口额增长的影响显著为负。

在考虑各国 FDI 对各国进出口额的影响情形下，中国签署 CEPA 协议、签订中国－新加坡自贸协定、东盟成员国参与、APEC 成员参与、签署 FTA 对各国进出口额的影响也是确定的，可以看到，签订中国－新加坡自贸协定、东盟成员国参与都有利于促进各国进出口额的增长，但中国签署 CEPA 协议、APEC 成员参与、签署 FTA 不利于各国进出口额的增长。

表 6－11 给出了利用模型（6－6）、模型（6－7）、模型（6－8）得到的结果。

表 6－11　中国 OFDI 存量对各国进出口额、扣除中国对各国进出口额后的各国进出口额、中国对各国进出口额的影响

	(31) ln*IMEX*	(32) ln*IMEX*	(33) ln*IMEX*
L. ln*IMEX*	0. 460 *** (31. 43)		
L. *IMEXNC*		0. 419 *** (67. 96)	
L. ln*IMEXCH*			0. 288 *** (6. 32)
OFDIP	0. 217 *** (14. 54)	0. 129 *** (33. 78)	0. 667 *** (1. 64)
ln*GDPPER*	0. 248 *** (16. 56)	− 0. 040 *** （ − 9. 51）	0. 466 *** (3. 22)
IMEXGDP	0. 516 *** (46. 66)	0. 455 *** (76. 31)	1. 607 *** (2. 75)
ln*JIERANG*	0. 970 *** (4. 86)	0. 144 *** (14. 26)	1. 4308 *** (1. 88)
_ cons	2. 899 *** (1. 57)	− 0. 840 *** （ − 8. 27）	− 1. 451 （ − 0. 23）
AR （1）	0. 000	0. 070	0. 069
AR （2）	0. 073	0. 441	0. 259
Hansen/Sargan	0. 123	0. 495	0. 788
N	197	197	197

注：括号中数字为 T 检验值，***、**、*分别表示 1%、5%、10% 的显著水平。

中国 OFDI 存量占比对各国进出口额的影响显著为正，这表明中国 OFDI 存量可显著地促进各国进出口额、扣除中国对各国进出口额后的各国进出口额、中国对各国进出口额的增长。同时，在中国对各国进出口额为被解释变量的情形下，中国 OFDI 存量的回归系数为 0.67，远大于在各国进出口额、扣除中国对各国进出口额后的该国进出口额为被解释变量情形下的中国 OFDI 存量的回归系数，这表明中国 OFDI 存量对各国进出口额的影响力是巨大的。

在考虑中国 OFDI 存量对各国进出口额的影响、中国 OFDI 存量对中国对各国进出口额的影响情形下，各国人均 GDP 对各国进出口额的影响显著为正，各国人均 GDP 对中国对各国进出口额的影响也显著为正，这表明若考虑中国 OFDI 存量对各国进出口额和中国对各国进出口额的影响时，那么各国人均 GDP 能显著地促进各国进出口额的增长。但在扣除以中国对各国进出口额后的该国进出口额为被解释变量的情形下，各国人均 GDP 对该国进出口额的影响显著为负，因此，中国对各国进出口额在发挥各国人均 GDP 对该国进出口额的促进作用方面具有重要作用。

在考虑中国 OFDI 存量对各国进出口额的影响、中国 OFDI 存量对扣除中国对各国进出口额后的该国进出口的影响、中国 OFDI 存量对我国对各国进出口额的影响情形下，各国贸易开放度均能显著促进各国进出口额的增长。

三、中国 OFDI 存量、各国人均 GDP、各国贸易开放度、各国与中国之间的直线距离对基于中间品出口增加值的中国全球价值链分工地位的影响

下式为使用中国 OFDI 存量、各国人均 GDP、各国贸易开放度、各国与中国之间的直线距离、中国中间品出口的国内附加值数据，研究中国对外直接投资和其他因素对基于中间品出口增加值的中国全球价值链分工地位影响的检验结果，即利用模型（6-9）得到的结果：

$$INTEX_{it} = 9.8505 + 0.8644L. INTEX_{it} + 0.7872OFDIP_{it} + 0.0745\ln GDPPER_{it}$$
$$(38.17) \quad (528.45) \quad (117.8) \quad (7.98)$$
$$- 0.7255IMEXGDP_{it} - 1.0895JIERANG_{it}$$
$$(-241.28) \quad (-33.17)$$
$$AR（1）：0.005（-2.78） \quad AR（2）：0.563（-0.58）$$
$$Hansen/Sargan\ test： \quad 0.343（33.58） \quad N = 274$$

可以看到，中国对各国的 OFDI 存量对基于中间品出口增加值的中国全球价值链分工地位的影响显著为正，并通过了 1% 的显著性检验，这表明当前中国 OFDI 能显著促进中国中间品出口的国内附加值的增长。

同时，各国人均 GDP 对基于中间品出口增加值的中国全球价值链分工地位

的影响显著为正，也通过了1%的显著性检验，因此，各国人均GDP能促进中国中间品出口的国内附加值的增长。

各国的贸易开放度对基于中间品出口增加值的中国全球价值链分工地位影响显著为负，也通过了1%的显著性检验，因此各国贸易开放度不是促进中国全球价值链升级的重要因素。

各国与中国之间的直线距离对基于中间品出口增加值的中国全球价值链分工地位的影响显著为负，并通过了了1%的显著性检验。因此，在中国对外直接投资和开展国际贸易的进程中，各国与中国之间的直线距离是影响中国全球价值链升级的重要因素，各国与中国之间的直线距离越小，基于中间品出口增加值的中国全球价值链分工地位的提升就越快。

第五节　稳健性检验

表6-12为使用中国OFDI流量占比代替中国OFDI存量占比后的稳健性检验结果。在中国对各国进出口额为被解释变量情形下，中国OFDI流量占比的回归系数显著大于在各国进出口、扣除中国对各国进出口额后的各国进出口额为被解释变量情形下的中国OFDI流量占比的回归系数，因此，中国OFDI流量对我国对各国进出口额的影响力也是巨大的。

表6-12　中国OFDI流量对各国进出口额、扣除中国
对各国进出口额后的各国进出口额、中国对各国进出口额的影响

	(34) ln*IMEX*	(35) ln*IMEX*	(36) ln*IMEX*
L. ln*IMEX*	0.449 *** (79.08)		
L. *IMEXNC*		0.411 *** (67.73)	
L. ln*IMEXCH*			0.423 *** (13.44)
OFDIL	3.156 *** (55.97)	0.901 *** (40.97)	4.825 *** (9.87)

续表

	(34) ln*IMEX*	(35) ln*IMEX*	(36) ln*IMEX*
ln*GDPPER*	0. 264 *** (32. 69)	− 0. 051 *** (− 10. 97)	0. 366 *** (6. 59)
IMEXGDP	0. 212 *** (87. 26)	0. 471 *** (119. 01)	0. 220 *** (3. 77)
ln*JIERANG*	0. 966 *** (71. 66)	0. 155 *** (26. 76)	0. 676 *** (10. 12)
_ cons	3. 261 *** (24. 91)	− 0. 836 *** (− 10. 44)	4. 083 *** (6. 07)
AR（1）	0. 010	0. 072	0. 080
AR（2）	0. 297	0. 563	0. 727
Hansen/Sargan	0. 298	0. 350	0. 199
N	200	194	200

注：括号中数字为 T 检验值，***、**、*分别表示1%、5%、10%的显著水平。

在考虑中国 OFDI 流量对各国进出口额、对中国对各国进出口额的影响情形下，各国人均 GDP 对各国进出口总额、对中国对各国进出口额的影响显著为正，同时在扣除中国对各国进出口额的影响情形下，各国人均 GDP 对各国进出口总额的影响显著为负。

在考虑中国 OFDI 流量对各国进出口额、对扣除中国对各国进出口额后的各国进出口额、中国 OFDI 流量对中国对各国进出口额的影响情形下，各国的贸易开放度都能显著地促进各国进出口额的增长。

以下回归结果为使用中国 OFDI 流量占比代替中国 OFDI 存量占比后的各因素对中国中间品出口的国内附加值影响的检验结果：

$$INTEX_{it} = 9.2695 + 0.8685L.\ INTEX_{it} + 2.3332 OFDIL_{it} + 0.0706 \ln GDPPER_{it}$$
$$\qquad (42.54)\quad (645.06)\qquad\ (96.02)\qquad\ (6.06)$$
$$\qquad - 0.6389 IMEXGDP_{it} - 1.0298 JIERANG_{it}$$
$$\qquad (- 110.16)\qquad\quad (- 34.45)$$
$$\qquad AR（1）：0.005\ (- 2.82)\quad AR（2）：0.687\ (- 0.40)$$
$$\qquad Hansen/Sargan\ test：\qquad 0.244\ (36.05)\qquad N = 263$$

中国对各国的 OFDI 流量对基于中间品出口增加值的中国全球价值链分工地位影响显著为正，并通过了 1% 的显著性检验，这表明当前中国 OFDI 流量能显著促进基于中间品出口增加值的中国全球价值链分工地位的显著提升。

小　结

本章使用 2003～2016 年 50 个国家（地区）的截面数据，研究中国对 FTA 伙伴、东盟成员国、中国香港和澳门、新加坡、APEC 成员等多个自由贸易区的直接投资效应，同时研究中国对外直接投资对基于中间品出口增加值的中国全球价值链分工地位的影响。研究发现：①各国进出口额相加后减去中国对该国进出口额后再除以该国 GDP 对中国 OFDI 占比的影响显著为正，因此，不包括中国对各国进出口额的各国贸易额可显著促进中国对各国 OFDI 的增长。②中国 OFDI 存量占比对各国进出口额的影响显著为正，在考虑我国 OFDI 存量对各国进出口额的影响情形下，中国 OFDI 存量的回归系数远大于在各国进出口额、扣除中国对各国进出口额后的各国进出口额为被解释变量的情形下中国 OFDI 存量的回归系数，因此，中国 OFDI 存量对我国对各国进出口额的影响力是巨大的。③与中国签署 CEPA 协议、APEC 成员参与、签署 FTA、签订中国－新加坡自贸协定、东盟成员国参与各种情形下，各国实际增长率都是促进各国扣除中国 OFDI 流量后的 FDI 增长的主要因素。④中国对各国的 OFDI 存量对基于中间品出口增加值的中国全球价值链分工地位的影响显著为正，因此，当前中国 OFDI 存量能显著促进中间品出口的国内附加值的增长。

第七章　中国对外直接投资
对进出口的影响

中国制造业对外直接投资与提升贸易竞争力之间密不可分，中国对发达国家OFDI、对发展中国家 OFDI、对"一带一路"沿线国家 OFDI 对出口技术复杂度都具有显著的促进作用，因此应加大对发展中国家和"一带一路"沿线国家的 OFDI，以提升中国企业对外直接投资逆向技术溢出效应及中国贸易竞争力。

第一节　对外直接投资对进出口影响的文献综述

20 世纪 90 年代以后，很多学者的研究成果验证了 Kogut 和 Chang（1991）提出的 OFDI 逆向技术溢出的猜想。Branstetter（2006）认为，日本企业对美国的 OFDI 显著提升了自身的技术水平。Driffield 和 Love（2003）运用英国制造业的面板数据、Vahter 和 Masso（2005）运用东道国投资样本数据均验证了 OFDI 对投资母国技术进步的促进效应。

从已有文献来看，对 OFDI 对出口技术影响的研究很少，尤其是基本没有通过对"一带一路"沿线国家 OFDI 获得的国外研发资本存量对中国出口技术的影响的研究成果。国内学者主要使用对外直接投资变量分析 OFDI 对出口技术的影响，陈俊聪（2015）、黄繁华（2013）、莫莎和李玲（2015）运用两步 GMM 系统估计方法分析了我国各省份对外直接投资对出口技术结构的影响。

OFDI 逆向技术溢出效应对一国出口技术影响显著，本章的贡献在于：第一，目前基本没有关于对"一带一路"沿线国家 OFDI 获得的研发资本存量对我国出口技术复杂度影响的研究成果，而本章分析了对"一带一路"沿线国家 OFDI获得的国际研发资本存量是否促进了出口技术复杂度的提升。第二，目前学术界有少部分学者研究了中国 OFDI 逆向技术溢出是否促进了中国技术复杂度，但本章将中国 OFDI 逆向技术溢出分为通过对发达国家 OFDI 获得的国外研发资本存量和通过对发展中国家 OFDI 获得的国外研发资本存量，不但研究了通过对外直接投资获得的国外研发资本存量与中国出口技术复杂度的关联度，而且也研究了中国对发达国家 OFDI 逆向技术溢出和对发展中国家 OFDI 逆向技术溢出是否促进了中国出口技术复杂度。第三，本章也考察了各省份 OFDI 在我国 OFDI 总额中的占比、各省份出口技术复杂度在我国出口技术复杂度总额中的占比、各省份人力资本存量在我国人力资本存量总额中的占比、各省份固定资产在我国固定资产中的占比以及各变量之间的互动等因素对中国全要素生产率增长率的贡献。

第二节　模型建立及样本说明

一、模型设定

发达国家计量模型设计如下：

$$\ln ET_{it} = \beta_0 + \beta_1 \ln OFDITD_{it} + \beta_2 \ln FDI_{it} + \beta_3 EXP_{it} + \beta_4 RDP_{it} + \sum_m \beta_m control_{it} +$$
$$\lambda_t + \eta_t + \mu_{it} \tag{7-1}$$

发展中国家计量模型设计如下：

$$\ln ET_{it} = \beta_0 + \beta_1 \ln OFDITG_{it} + \beta_2 \ln FDI_{it} + \beta_3 EXP_{it} + \beta_4 RDP_{it} + \sum_m \beta_m control_{it} +$$
$$\lambda_t + \eta_t + \mu_{it} \tag{7-2}$$

"一带一路"沿线国家计量模型设计如下：

$$\ln ET_{it} = \beta_0 + \beta_1 \ln OFDITY_{it} + \beta_2 \ln FDI_{it} + \beta_3 EXP_{it} + \beta_4 RDP_{it} + \sum_m \beta_m control_{it} +$$
$$\lambda_t + \eta_t + \mu_{it} \tag{7-3}$$

以上回归方程式（7 - 1）、式（7 - 2）、式（7 - 3）引入被解释变量的一阶滞后项后分别为：

$$\ln ET_{it} = \gamma \ln ET_{it-1} + \beta_0 + \beta_1 \ln OFDITD_{it} + \beta_2 \ln FDI_{it} + \beta_3 EXP_{it} + \beta_4 RDP_{it} +$$
$$\sum_m \beta_m control_{it} + \lambda_t + \eta_t + \mu_{it} \tag{7-4}$$

$$\ln ET_{it} = \gamma \ln ET_{it-1} + \beta_0 + \beta_1 \ln OFDITG_{it} + \beta_2 \ln FDI_{it} + \beta_3 EXP_{it} + \beta_4 RDP_{it} +$$

$$\sum_m \beta_m control_{it} + \lambda_t + \eta_t + \mu_{it} \tag{7-5}$$

$$\ln ET_{it} = \gamma \ln ET_{it-1} + \beta_0 + \beta_1 \ln OFDITY_{it} + \beta_2 \ln FDI_{it} + \beta_3 EXP_{it} + \beta_4 RDP_{it} +$$

$$\sum_m \beta_m control_{it} + \lambda_t + \eta_t + \mu_{it} \tag{7-6}$$

被解释变量为基于各省份的出口技术复杂度（ET_{it}），具体构建过程见后文。

RDP 为国内研发资本存量与该省 GDP 之比，使用以下方法计算国内研发资本存量：首先使用各省份 2003 年研发经费支出、折旧率和各省份研发经费支出增长率的平均值计算 2003 年研发资本存量，然后使用永续盘存法计算 2004 年后我国各省份国内研发资本存量。

$OFDITD_{it}$ 为 i 省份 t 时期通过对发达国家 OFDI 获得的国外研发资本存量。$OFDITG_{it}$ 为 i 省份 t 时期通过对发展中国家 OFDI 获得的国外研发资本存量。$OFDITY_{it}$ 为 i 省份 t 时期通过对"一带一路"沿线国家 OFDI 获得的国外研发资本存量，具体构建过程见后文。

利用各省份进出口规模与 GDP 之比来考察 EXP。随着贸易规模的进一步增长，企业技术进步的进程会进一步加快，因此本章进一步纳入该因素考察其对出口技术复杂度的影响。加工贸易是促进发展中国家提升出口技术复杂度的主要因素，在发达国家主导全球价值链框架下，会促进参与国际分工的发展中国家出口技术复杂度的快速提升。

FDI 为外商直接投资额，FDI 对中国出口技术复杂度具有显著影响。

控制变量具体还包括以下指标：①人均公路和铁路里程。通常基础设施建设会显著提升一国出口技术复杂度，王永进等（2010）认为，各国的基础设施建设促进各国提升出口技术复杂度，该成果主要使用跨国数据，但是关于中国基础设施和出口产品技术水平之间的联系的学术研究尚处于起步阶段。②各省份存贷款。一国金融交易规模的扩大和金融产业的高度化可以解决产品技术复杂度越高逆向选择问题就越突出的困境，从而提升该国整体技术复杂度，因此各省份存贷款可促进母国企业技术进步（齐俊妍等，2011）。③各省份人力资本存量。人力资本显著促进我国出口技术复杂度（印梅和陈昭锋，2016），本章借鉴 Barro 和 Lee（1993）的方法计算各省份人力资本存量。④各省份固定资产占 GDP 比重。

东部地区计量模型设计如下：

$$\ln ETE_{it} = \beta_0 + \beta_1 \ln OFDITYE_{it} + \beta_2 \ln FDIE_{it} + \beta_3 EXPE_{it} + \beta_4 RDPE_{it} +$$

$$\sum_m \beta_m controlE_{it} + \lambda_t + \eta_t + \mu_{it} \tag{7-7}$$

其中，ETE 为东部地区出口技术复杂度，$OFDITYE$ 为东部地区通过向"一带一路"沿线国家直接投资获得的国外研发资本存量，$EXPE$ 为东部地区各省份进出口规模与 GDP 之比，$RDPE$ 为东部地区国内研发资本存量与该省份 GDP 之比，$FDIE$ 为东部地区外商直接投资额。

中西部地区计量模型设计如下：

$$\ln ETC_{it} = \beta_0 + \beta_1 \ln OFDITYC_{it} + \beta_2 \ln FDIC_{it} + \beta_3 EXPC_{it} + \beta_4 RDPC_{it} + \sum_m \beta_m controlC_{it} + \lambda_t + \eta_t + \mu_{it} \tag{7-8}$$

其中，ETC 为中西部地区出口技术复杂度，$OFDITYC$ 为中西部地区通过向"一带一路"沿线国家直接投资获得的国外研发资本存量，$EXPC$ 为中西部地区各省份进出口规模与 GDP 之比，$RDPC$ 为中西部地区国内研发资本存量与该省份 GDP 之比，$FDIC$ 为中西部地区外商直接投资额。

本章也使用方差分析方法进一步检验各省份 OFDI 在我国 OFDI 总额中的占比、各省份出口技术复杂度在我国出口技术复杂度总额中的占比、各省份人力资本存量在我国人力资本存量总额中的占比、各省份固定资产占 GDP 比重在我国固定资产占 GDP 比重总额中的占比、各省份出口技术复杂度在我国出口技术复杂度总额中的占比与各省份人力资本存量在我国人力资本存量总额中的占比两变量之间的互动等各变量对中国全要素生产率增长率（TFP）的影响，将变量分组，从而考察中国各省份 OFDI 占比（$OFDID$）、中国各省份出口技术复杂度占比（ETD）、中国各省份人力资本存量占比（HCD）、中国各省份固定资产占 GDP 比重的占比（FAD）以及中国各省份出口技术复杂度的占比与中国各省份人力资本存量的占比两变量之间的互动等各变量对中国全要素生产率增长率（TFP）的贡献，将以上分类变量分为大于 20%、大于 10% 小于 20%、大于 5% 小于 10% 和小于 5% 四组，使用 F 检验方法，检验因变量和自变量是否独立，通过分析分类的自变量对数值型因变量的影响，探讨各变量之间是否相关以及关联的强度。

$$TFP_{it} = \delta_0 + \delta_1 OFDID_{it} + \delta_2 ETD_{it} + \delta_3 HCD_{it} + \delta_4 FAD_{it} + \delta_5 HCD_{it} \times ETD_{it} + w_{ijt} \tag{7-9}$$

其中，TFP_{it} 为使用 DEA 方法计算的各省份不同时期技术进步水平。

发达国家和发展中国家的具体分类见姚战琪（2018）和陈昊（2016）。本章选择的 16 个发达国家样本和 18 个发展中国家样本是我国对外直接投资的主要流向国和外商投资来源国。本章选取的"一带一路"沿线国家见第二章。所有变量的定义和描述性分析见表 7-1。

表 7 - 1 变量含义

变量名称	变量符号	变量含义
各省份出口技术复杂度	ET	计算一国产业的出口技术复杂度后计算一省出口技术复杂度
i 省份 t 时期全要素生产率	TFP	使用 2003～2014 年各省份 Malmquist 指数
i 省份 t 时期对发达国家 OFDI 获得的国外研发资本存量	OFDITD	通过对发达国家 OFDI 获得的国外研发资本存量
i 省份 t 时期对发展中国家 OFDI 获得的国外研发资本存量	OFDITG	通过对发展中国家 OFDI 获得的国外研发资本存量
i 省份 t 时期对"一带一路"沿线国家 OFDI 获得的国外研发资本存量	OFDITY	通过对"一带一路"沿线国家 OFDI 获得的国外研发资本存量
i 省份 t 时期进出口规模与该省 GDP 之比	EXP	各省份进出口规模与 GDP 之比
i 省份 t 时期国内研发资本存量与该省 GDP 之比	RDP	国内研发资本存量与该省 GDP 之比
i 省份 t 时期 OFDI 分类变量	OFDID	OFDI 分类变量
i 省份 t 时期出口技术复杂度分类变量	ETD	出口技术复杂度分类变量
i 省份 t 时期 OFDI 获得的国外研发资本存量	OFDIT	通过 OFDI 获得的国外研发资本存量
i 省份 t 时期外商直接投资	FDI	各省份外商直接投资
i 省份 t 时期人均公路和铁路里程	GTREN	人均公路和铁路里程
i 省份 t 时期存贷款	CUNDAI	各省份存贷款
i 省份 t 时期人力资本存量	HC	各省份人力资本存量
i 省份 t 时期固定资产占 GDP 比重	GUGDP	各省份固定资产占 GDP 比重
i 省份 t 时期固定资产占 GDP 比重分类变量	FAD	固定资产占 GDP 比重分类变量
i 省份 t 时期人力资本存量分类变量	HCD	人力资本存量分类变量

二、出口技术复杂度的计算

借鉴 Hausman 等（2007）的方法计算我国各省份出口技术复杂度：第一步，计算一国产业的出口技术复杂度，其中 Y_j 为 j 省的人均 GDP，x_{mj} 为 j 省 m 产业的出口总额，$\sum_j (1 - \theta) x_{nj}$ 为 j 省级十二大类产品的出口总额，ET_m 为中国出口产业

中 m 产业的出口技术复杂度。

$$ET_m = \sum_j \frac{(1-\theta)x_{mj}\big/\sum_j(1-\theta)x_{nj}}{\sum_j(1-\theta)x_{mj}\big/\sum_j(1-\theta)x_{nj}}Y_j \tag{7-10}$$

第二步，ET_{jt} 为 t 年省 j 的出口技术复杂度，x_{ijt} 为 j 省 i 产业在 t 年的出口额，$\sum_{s=1}^{n}(1-\theta)x_{sjt}$ 为 t 年 j 省 s 产业的出口总额。

$$ET_{jt} = \sum_{i=1}^{n} \frac{(1-\theta)x_{ijt}}{\sum_{s=1}^{n}(1-\theta)x_{sjt}} \times ET_{it} \tag{7-11}$$

三、OFDI 逆向技术溢出效应的选取

i 省 t 时期通过对发达国家 OFDI、发展中国家 OFDI、OFDI、"一带一路"沿线国家 OFDI 获得的国外研发资本存量（分别为 $OFDITD_{it}$、$OFDITG_{it}$、$OFDIT_{it}$、$OFDITY_{it}$）的计算方法与第三章中国各省份通过 OFDI 存量获得的国外研发资本的计算方法相同，分别使用 16 个发达国家、18 个发展中国家、52 个 "一带一路" 沿线国家的国内生产总值、我国对该类型国家的 OFDI 存量、该类型国家的研发资本存量、我国对该类型国家的外商直接投资存量、我国各省份对外直接投资存量等变量计算我国各省份通过对该类型国家的 OFDI 获得的国外研发资本存量。

四、数据来源

本研究样本为 2003～2014 年 29 个省份（不包括西藏和青海）。中国对外直接投资存量、流量和对外直接投资流量数据来源于《中国对外直接投资统计公报》和商务部网站，其他数据来自《中国统计年鉴》和 Wind 数据库。

第三节　变量描述性统计及关联度分析

一、各变量描述性统计

从表 7 - 2 可以看到，各省份出口技术复杂度的最大值为 37194.16，最小值为 8273.73，均值为 18303.48，通过对发达国家 OFDI 获得的国外研发资本存量

的最大值为1.17E+08，最小值为7.20E+02，均值为6.57E+06；通过对发展中国家OFDI获得的国外研发资本存量的最大值为3.03E+07，最小值为1.67E+02，均值为1.73E+06；通过对"一带一路"沿线国家OFDI获得的国外研发资本存量的最大值为3.76E+08，最小值为5.36E+04，均值为1.75E+07；i省份t时期国内研发资本存量与该省份GDP之比的最大值为18.14，最小值为0.01，均值为2.2；人均公路和铁路里程的最大值为71.46，最小值为3.94，均值为22.96；各省份存贷款的最大值为89955.1，最小值为1453.9，均值为18739.28；各省份人力资本存量的最大值为1189.36，最小值为617.74，均值为858.48；FDI的最大值为4159.3，最小值为12.51，均值为564.51；各省份固定资产占GDP比重的最大值为0.78，最小值为0.29，均值为0.48；通过OFDI获得的国外研发资本存量的最大值为8.89E+12，最小值为1.11E+09，均值为4.16E+11。因此，以上指标在样本间存在较大的差异。同时可以看到，各省份进出口规模与GDP之比、TFP在样本间差异不大。

表7-2 变量描述性统计

stats	均值	p50	最大值	最小值	标准差	偏度	峰度
ET	18303.48	17108.02	37194.16	8273.73	6404.13	0.74	3.07
OFDITD	6.57E+06	2.60E+05	1.17E+08	7.20E+02	1.66E+07	3.93	21.74
OFDITG	1.73E+06	1.29E+05	3.03E+07	1.67E+02	4.04E+06	3.9	21.82
OFDITY	1.75E+07	4.46E+06	3.76E+08	5.36E+04	4.02E+07	5.6	43.6
EXP	0.37	0.16	1.64	0.07	0.42	1.74	5
RDP	2.2	1.59	18.14	0.01	2.56	3.11	16.6
GTREN	22.96	19.99	71.46	3.94	13.08	1.32	5.13
CUNDAI	18739.28	12219.95	89955.1	1453.9	17076.17	1.74	5.7
TFP	0.96	0.96	1.14	0.78	0.07	-0.19	2.95
HC	858.48	849.59	1189.36	617.74	111.62	0.81	4.41
FDI	564.51	199.79	4159.3	12.51	836.6	2.39	8.37
GUGDP	0.48	0.46	0.78	0.29	0.11	0.64	3.04
OFDI	4.16E+11	9.51E+10	8.89E+12	1.11E+09	9.90E+11	5.6515	42.6268

二、中国出口技术复杂度与通过对外直接投资获得的国外研发资本存量的关联度分析

本章使用灰色关联度的研究方法，计算中国出口技术复杂度与通过对外直接投资获得的国外研发资本存量的灰色关联度。具体计算中国出口技术复杂度与通过对外直接投资获得的国外研发资本存量的绝对关联度、相对关联度和综合关联度，考察中国各省份对外直接投资对出口技术复杂度的影响程度。基于 2003～2014 年中国出口技术复杂度与通过对外直接投资获得的国外研发资本存量的数据确立了指标体系，具体研究结果如表 7-3 所示。

表 7-3　各省份出口技术复杂度与通过对外直接投资获得的
国外研发资本存量的关联度

省份	绝对关联度	相对关联度	综合关联度	省份	绝对关联度	相对关联度	综合关联度
北京	0.500	0.683	0.591	河南	0.500	0.674	0.587
天津	0.500	0.549	0.525	湖北	0.500	0.573	0.537
河北	0.500	0.603	0.551	湖南	0.500	0.512	0.506
山西	0.500	0.544	0.522	广东	0.500	0.608	0.554
内蒙古	0.500	0.562	0.531	广西	0.500	0.603	0.551
辽宁	0.500	0.577	0.539	海南	0.500	0.718	0.609
吉林	0.500	0.664	0.582	重庆	0.500	0.725	0.613
黑龙江	0.500	0.591	0.546	四川	0.500	0.552	0.526
上海	0.500	0.744	0.622	贵州	0.500	0.660	0.580
江苏	0.500	0.582	0.541	云南	0.500	0.531	0.516
浙江	0.500	0.603	0.552	陕西	0.500	0.521	0.511
安徽	0.500	0.509	0.505	甘肃	0.500	0.545	0.523
福建	0.500	0.619	0.560	宁夏	0.500	0.526	0.513
江西	0.500	0.534	0.517	新疆	0.500	0.554	0.527
山东	0.500	0.609	0.555	均值	0.500	0.596	0.548

系统中我国出口技术复杂度和通过对外直接投资获得的国外研发资本存量各因素的物理意义不同，由于篇幅所限，本书直接计算我国出口技术复杂度和通过对外直接投资获得的国外研发资本存量的关联度，放弃计算关联系数。中国出口技术复杂度与通过对外直接投资获得的国外研发资本存量的关联度紧密关联，从两者的关联度角度对各省份排名，排名前 10 的省份分别为上海、重庆、海南、北京、河南、吉林、贵州、福建、山东、广东。排名后 10 的省份分别为四川、天津、甘肃、山西、江西、云南、宁夏、陕西、湖南、安徽。从表 7-3 可以看到，上海市出口技术复杂度与通过对外直接投资获得的国外研发资本存量关联度最高，这表明上海市 OFDI 逆向技术溢出显著促进了出口技术复杂度的提升。但

安徽省出口技术复杂度与通过对外直接投资获得的国外研发资本存量关联度最低,因此该省对外直接投资获得的逆向技术溢出效应对出口技术复杂度的贡献极其微弱。

进一步计算 2003～2014 年中国出口技术复杂度与通过对外直接投资获得的国外研发资本存量的关联度,两变量关联度在 2003 年后上升,2006 年达到最高值,但从 2007 年开始,中国出口技术复杂度与通过对外直接投资获得的国外研发资本存量的关联度开始缓慢下降,如图 7-1 和表 7-4 所示。

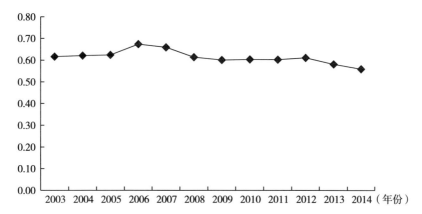

图 7-1　2003～2014 年中国出口技术复杂度与通过对外直接投资获得的
国外研发资本存量的关联度

表 7-4　2003～2014 年中国出口技术复杂度与通过对外
直接投资获得的国外研发资本存量的关联度

年份	绝对关联度	相对关联度	综合关联度
2003	0.500	0.733	0.616
2004	0.500	0.742	0.621
2005	0.500	0.748	0.624
2006	0.500	0.847	0.673
2007	0.500	0.818	0.659
2008	0.500	0.727	0.614
2009	0.500	0.702	0.601
2010	0.500	0.707	0.603
2011	0.500	0.705	0.603
2012	0.500	0.722	0.611
2013	0.500	0.662	0.581
2014	0.500	0.618	0.559

第四节 对不同类型国家 OFDI 的逆向技术溢出对中国出口技术复杂度的影响

在前文数据描述和指标测量的基础上，本节重点考察对发达国家 OFDI 的逆向技术溢出、对发展中国家 OFDI 的逆向技术溢出和对"一带一路"沿线国家 OFDI 的逆向技术溢出对中国出口技术复杂度的影响。首先，进行单位根检验和 Hausman 检验。其次，进行静态面板估计与固定效应估计，并使用 TSLS 估计和 GMM 估计进行检验。再次，进行分区域回归。最后，考察结果的稳健性。

一、单位根检验和 Hausman 检验结果

表 7-5 给出了各变量的单位根检验结果，可以看到，$lnRDP$ 和一阶差分后的 $lnRDP$ 均未通过单位根检验，因此需进行协整检验。

表 7-5 单位根检验

	LLC	IPS	Fisher - ADF	Fisher - PP	单位根
$lnET$	16.664 1.000	9.628 1.000	-2.014 0.978	7.896 0.000	是
$DlnET$	-8.174 0.000	-5.836 0.000	1.933 0.026	124.979 0.000	否
$lnOFDITD$	-17.636 0.000	4.600 1.000	2.580 0.004	16.144 0.000	是
$DlnOFDITD$	-22.071 0.000	-3.726 0.000	4.707 0.000	32.010 0.000	否
$lnOFDITG$	27.280 1.000	15.201 1.000	-2.502 0.993	-4.563 1.000	是
$DlnOFDITG$	-28.831 0.000	-3.090 0.001	7.212 0.000	25.865 0.000	否
$lnOFDITY$	23.968 1.000	18.494 1.000	-3.150 0.999	-5.277 1.000	是

续表

	LLC	IPS	Fisher – ADF	Fisher – PP	单位根
Dln*OFDITY*	− 90. 876 0. 000	− 1. 665 0. 047	6. 222 0. 000	10. 827 0. 000	否
ln*EXP*	− 12. 997 0. 000	0. 163 0. 565	1. 985 0. 023	21. 339 0. 000	是
Dln*EXP*	− 13. 016 0. 000	− 1. 835 0. 033	3. 514 0. 000	10. 224 0. 000	否
ln*RDP*	− 39. 965 0. 000	− 6. 592 0. 000	10. 729 0. 000	188. 715 0. 000	否
Dln*RDP*	− 5. 6E + 02 0. 000	− 3. 514 0. 000	22. 978 0. 000	3. 602 0. 000	否
ln*GTREN*	− 4. 287 0. 000	2. 716 0. 996	0. 602 0. 273	− 4. 194 1. 000	是
Dln*GTREN*	− 8. 826 0. 000	− 3. 340 0. 000	3. 171 0. 000	9. 503 0. 000	否
ln*CUNDAI*	34. 236 1. 000	17. 927 1. 000	− 3. 720 0. 999	− 5. 208 1. 000	是
Dln*CUNDAI*	− 11. 230 0. 000	− 5. 053 0. 000	4. 209 0. 000	100. 109 0. 000	否
ln*TFP*	− 10. 321 0. 000	− 1. 984 0. 023	5. 556 0. 000	28. 277 0. 000	是
Dln*TFP*	− 47. 645 0. 000	− 2. 607 0. 004	5. 485 0. 000	18. 138 0. 000	否
ln*HC*	− 13. 794 0. 000	2. 070 0. 980	3. 468 0. 000	1. 619 0. 052	是
Dln*HC*	− 6. 696 0. 000	− 1. 866 0. 031	2. 351 0. 009	19. 380 0. 000	否
ln*FDI*	− 17. 770 0. 000	0. 879 0. 810	2. 437 0. 007	41. 652 0. 000	是
Dln*FDI*	− 9. 578 0. 000	− 2. 388 0. 008	2. 719 0. 003	29. 025 0. 000	否

续表

	LLC	IPS	Fisher – ADF	Fisher – PP	单位根
ln*GUGDP*	– 16. 685 0. 000	7. 013 1. 000	2. 578 0. 005	8. 661 0. 000	是
Dln*GUGDP*	– 18. 859 0. 000	– 1. 515 0. 064	3. 437 0. 000	9. 956 0. 000	否
ln*OFDI*	22. 163 1. 000	7. 895 1. 000	0. 753 0. 225	1. 544 0. 061	是
Dln*OFDI*	– 1. 3E + 02 0. 000	– 2. 868 0. 002	5. 339 0. 000	14. 374 0. 000	否

在建立 5 个随机效应模型的基础上，根据 Hausman 检验结果（见表 7 – 6），最终放弃随机效应模型，选择固定效应模型。

表 7 – 6　Hausman 检验和异方差性检验结果

		模型 1 （全国）	模型 2 （全国）	模型 3 （全国）	模型 7 （东部）	模型 8 （中西部）
Hausman 检验	N	9	9	8	8	8
	chi2（N）	121. 19	97. 53	1021. 43	138. 33	89. 31
	Prob > chi2	0. 000	0. 000	0. 000	0. 000	0. 000
异方差性检验	N	44	44	44	44	44
	chi2（N）	46. 84	44. 87	60. 10	50. 98	81. 82
	Prob > chi2	0. 3569	0. 4353	0. 0504	0. 2182	0. 000

在回归分析中，使用处理异方差的命令，我们发现模型 1、模型 2、模型 3、模型 7 的各解释变量之间不存在较高的相关程度，模型 1、模型 2、模型 3、模型 7 的 p 值分别为 0. 3569、0. 4353、0. 0504、0. 2182，得到残差与拟合值的散点图也表明不存在异方差，即扰动项的方差不随着观察值的变化而变动。但模型 8 异方差性检验结果强烈拒绝同方差的原假设，即存在异方差，此结果也证实了根据残差图得到的大致判断，因此在进行分区域回归时针对模型 8 使用 WLS 法进行回归（具体构建过程及结果见后文）。如图 7 – 2 至图 7 – 6 所示。

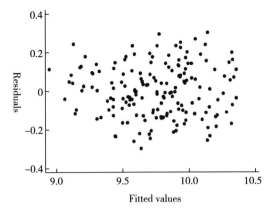

图 7 - 2　模型 1 的残差与拟合值的散点图

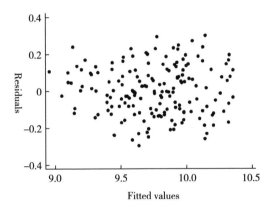

图 7 - 3　模型 2 的残差与拟合值的散点图

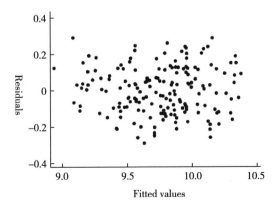

图 7 - 4　模型 3 的残差与拟合值的散点图

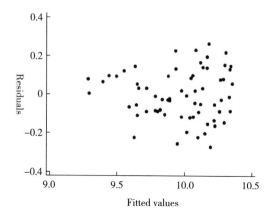

图 7-5　模型 7 的残差与拟合值的散点图

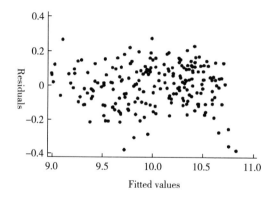

图 7-6　模型 8 的残差与拟合值的散点图

二、静态面板估计与固定效应估计结果

1. 静态面板估计结果

表 7-7 中，第（1）列、第（2）列和第（3）列为固定效应估计结果，第（4）列、第（5）列和第（6）列为 TSLS 估计结果，第（7）列、第（8）列和第（9）列为 GMM 估计结果。

从第（1）列、第（2）列和第（3）列的估计结果来看，通过对发达国家 OFDI 获得的国外研发资本存量、通过对发展中国家 OFDI 获得的国外研发资本存量、通过对"一带一路"沿线国家 OFDI 获得的国外研发资本存量、固定资产占比、进出口占比、各省份存贷款、国内研发资本存量都达到了 1% 的显著性水平，并且除外商投资和人力资本对出口技术复杂度影响不显著以外，通过对发达

表 7 - 7　总体样本回归结果

	(1) lnET	(2) lnET	(3) lnET	(4) lnET	(5) lnET	(6) lnET	(7) lnET	(8) lnET	(9) lnET
	FE	FE	FE	TSLS	TSLS	TSLS	GMM	GMM	GMM
lnOFDITD	0.022***(0.008)			0.015*(0.010)			0.023***(0.006)		
lnOFDITG		0.023***(0.009)			0.017*(0.010)			0.006***(0.003)	
lnOFDITY			0.029***(0.008)			0.025*(0.010)			0.017***(0.009)
lnFDI	0.003(0.019)	0.004(0.019)	0.006(0.018)	-0.006(0.020)	-0.001(0020)	0.0001(0.020)	0.037***(0.007)	0.027***(0.008)	0.029**(0.010)
lnHC	0.212(0.217)	0.206(0.217)	0.190(0.213)	0.324*(0.281)	0.459**(0.281)	0.420***(0.278)	0.229***(0.050)	0.239**(0.119)	0.757***(0.187)
GUGDP	0.161***(0.085)	0.157***(0.085)	0.142***(0.084)	0.224***(0.093)	0.226***(0.093)	0.208***(0.092)	0.385***(0.072)	0.101***(0.026)	0.2574***(0.112)
EXP	0.124***(0.099)	0.124***(0.099)	0.119***(0.097)	0.247**(0.110)	0.2201(0.110)	0.209***(0.109)	-0.100*(0.015)	-0.110***(0.027)	-0.142***(0.039)
lnCUNDAI	0.775***(0.052)	0.772***(0.053)	0.730***(0.056)	0.789***(0.071)	0.704***(0.074)	0.664***(0.077)	-0.045(0.016)	-0.042***(0.014)	-0.053***(0.028)
lnGTREN	0.054***(0.020)	0.058***(0.021)	0.059***(0.020)	0.015(0.022)	0.013(0.022)	0.016(0.022)	0.011***(0.008)	0.003(0.005)	0.003***(0.016)

续表

	(1) lnET	(2) lnET	(3) lnET	(4) lnET	(5) lnET	(6) lnET	(7) lnET	(8) lnET	(9) lnET
	FE	FE	FE	TSLS	TSLS	TSLS	GMM	GMM	GMM
lnRDP	0.020*** (0.004)	0.019*** (0.004)	0.023*** (0.004)	0.052* (0.030)	0.084*** (0.027)	0.085*** (0.026)	-0.015** (0.007)	-0.002 (0.007)	0.017 (0.024)
_cons	0.219 (1.365)	0.271 (1.366)	0.575 (1.354)	-0.535 (1.709)	-0.887 (1.712)	0.431 (1.706)	-0.991*** (0.459)	-10.970*** (0.704)	-4.207*** (1.129)
L.lnET							0.903*** (0.018)	10.017*** (0.024)	0.884*** (0.066)
adj. R²	0.971	0.971	0.972	0.953	0.954	0.972			
弱识别检验				26.49 0.000	26.58 0.000	36.66 0.000			
Wald 检验 P-value				4.68E+06 0.000	4.74E+06 0.000	6.70E+06 0.000	149234.9 0.000	325548.97 0.000	85286.37 0.000
Sargan 检验							18.37 0.27	20.67 0.355	20.64 0.298
AR (1)							0.103	0.061	0.115
AR (2)							0.427	0.546	0.529

注：括号中数字为标准误，***、**、*分别表示1%、5%、10%的显著水平，下同。

国家 OFDI 获得的国外研发资本存量、通过对发展中国家 OFDI 获得的国外研发资本存量、通过对"一带一路"沿线国家 OFDI 获得的国外研发资本存量、固定资产占比、进出口占比、各省份存贷款、国内研发资本存量对我国出口技术复杂度具有显著的促进作用。

核心观测变量 ln$OFDITD$、ln$OFDITG$、ln$OFDITY$ 在 1% 的显著性水平下与出口技术复杂度呈正相关，证实了样本区间内通过 OFDI 获得的国外研发资本存量促进我国出口技术复杂度提升的事实。一个现实解释是中国的对外直接投资，不但能扩大相关产品的国际市场需求，也能促进一些具有比较优势的新兴产业或相关产业的快速发展，并能带动高新技术产品和相关专利技术的进口，因此能促进出口贸易结构和技术升级，进而提升出口技术复杂度。

从 ln$OFDITD$、ln$OFDITG$、ln$OFDITY$、$GUGDP$、EXP、ln$CUNDAI$、ln$GTREN$、lnRDP 各变量对中国出口技术复杂度影响的标准化结果来看，当核心变量中国对"一带一路"沿线国家 OFDI 增加一个标准差的变化，将推动中国出口技术复杂度增加 0.07%；当核心变量中国对发达国家 OFDI 增加一个标准差的变化，将推动中国出口技术复杂度增加 0.05%；当核心变量中国对发展中国家 OFDI 增加一个标准差的变化，将推动中国出口技术复杂度增加 0.05%；当中国固定资产占比增加一个标准差的变化，中国出口技术复杂度将增加 0.02%；当中国进出口占比增加一个标准差的变化，中国出口技术复杂度将增加 0.01%；当中国存贷款规模增加一个标准差的变化，中国出口技术复杂度将增加 0.86%；当人均公路和铁路里程增加一个标准差的变化，中国出口技术复杂度将增加 0.04%；当国内研发资本存量与该省 GDP 之比增加一个标准差的变化，中国出口技术复杂度将增加 0.01%。同时，从各变量对中国出口技术复杂度影响的标准化结果可以看到，存贷款规模对中国出口技术复杂度的影响最大，其次为对外直接投资获得的国外研发资本存量，而进出口占比对我国出口技术复杂度的影响最小（见表 7 - 8）。

表 7 - 8　各因素对中国出口技术复杂度影响的标准化

lnET	b	z	P > | z |	%	% StdX	SDofX
ln$OFDITD$	0.029	2.490	0.013	0.006	0.052	12.714
ln$OFDITG$	0.028	2.540	0.011	0.006	0.050	11.806
ln$OFDITY$	0.046	3.310	0.000	0.019	0.073	15.222
$GUGDP$	0.008	1.850	0.065	− 0.001	0.016	0.476
EXP	0.005	1.500	0.134	− 0.002	0.012	0.370

续表

lnET	b	z	P>∣z∣	%	%StdX	SDofX
ln$CUNDAI$	0.773	17.890	0.000	0.688	0.857	9.481
ln$GTREN$	0.021	2.680	0.007	0.006	0.035	3.675
lnRDP	0.009	4.310	0.000	0.005	0.012	4.535

2. GMM 动态面板回归

下面单独讨论关键控制变量可能存在的内生性问题。从存贷款需求角度来看，出口技术复杂度是人均 GDP 的加权，而经济增长必然加快推动贷款需求增加，从供给角度来看，出口的快速增长可能会增加存款，因此针对本章中的模型 1、模型 2、模型 3 应正确选择工具变量。

本章将后一期各省份存贷款规模作为当期各省份存贷款规模的控制变量，表 7-7 的第（4）至第（6）列汇报了 TSLS 回归结果。与第（1）至第（3）列相比，第（4）至第（6）列的核心变量 ln$OFDITD$、ln$OFDITG$、ln$OFDITY$ 数值略有下降，但显著性仍较好。ln$CUNDAI$ 变量显著性很好，说明本研究的结果具有稳健性。

同时，本章采取 GMM 动态面板回归，将存贷款规模作为内生变量，对模型 4、模型 5 和模型 6 进行估计（见表 7-7 的第（7）至第（9）列）。

表 7-9 和表 7-10 各列报告了使用两步差分 GMM 的回归结果。结果显示，核心变量在 1% 的水平下显著，进一步证实了本研究的实证结果具有一定的稳健性，此外，各省份人力资本和存贷款对出口技术复杂度的正向影响依然存在，与 TSLS 法和固定效应估计结果相似，各省份进出口规模占比对出口技术复杂度具有正向影响，国内研发资本存量与该省 GDP 之比对当期出口技术复杂度有显著的正向影响，但外商投资对出口技术复杂度具有负向影响，这说明外资进入在一定程度上阻碍了中国出口技术复杂度的提升，同时固定资产占比对出口技术复杂度的影响不显著。

表 7-9 两步差分 GMM 估计结果：第一步

	(1)	(2)	(3)
ln$OFDITD$	0.021 *** (0.012)		

续表

	（1）	（2）	（3）
ln*OFDITG*		0.022 ***	
		（0.011）	
ln*OFDITY*			0.024 ***
			（0.011）
ln*FDI*	− 0.030 ***	− 0.029 ***	− 0.030 ***
	（0.013）	（0.012）	（0.012）
ln*HC*	0.395 ***	0.402 ***	0.397 ***
	（0.192）	（0.193）	（0.195）
GUGDP	0.154	0.141	0.128
	（0.209）	（0.209）	（0.207）
EXP	0.198	0.202 ***	0.200 ***
	（0.102）	（0.098）	（0.099）
ln*CUNDAI*	0.102	0.027 ***	0.036
	（0.174）	（0.159）	（0.160）
ln*GTREN*	− 0.033 ***	− 0.030 ***	− 0.028 ***
	（0.012）	（0.012）	（0.012）
ln*RDP*	− 0.036	− 0.035 ***	− 0.026
	（0.026）	（0.026）	（0.026）
_ cons	0.141 ***	0.151 ***	0.144 ***
	（0.032）	（0.029）	（0.030）
Wald 检验 P － value	62.81 （0.000）	59.89 （0.000）	58.12 （0.000）
Sargan 检验	21.09 （0.275）	21.36 （0.262）	20.92 （0.284）
AR（1）	0.077	0.089	0.090
AR（2）	0.492	0.539	0.536

表 7 - 10　两步差分 GMM 估计结果：第二步

	（1）	（2）	（3）
ln*OFDITD*	0.029 ***		
	（0.006）		

续表

	（1）	（2）	（3）
ln*OFDITG*		0.032 *** （0.005）	
ln*OFDITY*			0.015 *** （0.009）
ln*FDI*	− 0.027 *** （0.007）	− 0.031 *** （0.006）	− 0.022 *** （0.003）
ln*HC*	0.572 *** （0.079）	0.6101 *** （0.090）	0.576 *** （0.065）
GUGDP	0.145 （0.1186）	0.149 （0.103）	0.072 （0.070）
EXP	0.058 （0.058）	0.088 *** （0.050）	0.081 *** （0.037）
ln*CUNDAI*	0.253 *** （0.054）	0.047 *** （0.073）	0.179 *** （0.066）
ln*GTREN*	− 0.030 *** （0.006）	− 0.022 *** （0.007）	− 0.032 *** （0.007）
ln*RDP*	0.009 *** （0.001）	0.008 *** （0.001）	0.007 *** （0.002）
＿ cons	0.098 *** （0.008）	0.126 *** （0.008）	0.120 *** （0.008）
Wald 检验 P – value	1495.63 （0.000）	667.39 （0.000）	664.34 （0.000）
Sargan 检验	16.94 （0.202）	16.11 （0.243）	12.76 （0.387）
AR （1）	0.017	0.021	0.048
AR （2）	0.915	0.742	0.632

三、分区域回归结果

中国经济发展水平呈明显的区域差异，本部分利用模型 7 和模型 8 分区域探究影响中国出口技术复杂度的主要因素是否存在区域异质性。首先将中国各省份分为东部和中西部两组，分别采用 TSLS 估计和 WLS 估计。中西部方程不存在多重共线性问题，VIF 最大值为 3.71，平均值为 2.28，但使用怀特检验，发现存在显著的异方差，因此使用 WLS 法进行回归，回归结果如表 7 - 11 所示。东部方程不存在多重共线性问题，也不存在异方差，使用 TSLS 法进行回归。

表 7 - 11　分区域回归

	待估参数	模型 7 东部（TSLS）	模型 8 中西部（WLS）
GUGDP	β_1	0.003 (0.265)	0.646*** (0.126)
ln*OFDITY*	β_2	0.070** (0.029)	0.045*** (0.011)
EXP	β_3	0.135*** (0.089)	0.537*** (0.261)
ln*RDP*	β_4	0.242*** (0.051)	0.071*** (0.009)
ln*GTREN*	β_5	0.262** (0.079)	0.103*** (0.032)
ln*CUNDAI*	β_6	-0.160** (0.060)	0.166*** (0.039)
ln*HC*	β_8	0.225 (0.392)	0.609*** (0.138)
ln*FDI*	β_9	0.068* (0.045)	0.002 (0.026)
_ cons	β_0	5.519* (3.133)	2.230*** (0.849)
Wald 检验		289.81 (0.000)	
adj. R^2		0.5700	0.8601
样本量		624	624

由表 7 - 11 可知，核心观测变量经过内生性处理后，不管是东部地区还是中西部地区，各省份通过 OFDI 获得的国外研发资本存量对出口技术复杂度都存在显著的正向影响，这与前文的分析一致。同时，各省份通过 OFDI 获得的国外研发资本存量对出口技术复杂度的促进效应在东部地区更强。这意味着中

国通过OFDI获得的国外研发资本存量对东部地区出口技术复杂度的影响强于中西部地区，即中国东部地区通过OFDI获得的国外研发资本存量与东部地区出口技术复杂度的综合关联度大于中西部地区，中国东部地区通过OFDI获得的国外研发资本存量与东部地区出口技术复杂度的综合关联度为0.56，而中西部地区通过OFDI获得的国外研发资本存量与该地区出口技术复杂度的综合关联度为0.53。

与全样本回归结果不同，外商投资促进了东部地区和中西部地区的出口技术复杂度，但外商投资对我国不同地区出口技术复杂度的影响程度不同，在10%的水平上显著，外商投资促进东部地区出口技术复杂度的提升，但外商投资对中西部地区出口技术复杂度的影响不显著。考虑到外商直接投资在我国各地区的分布不均衡，外商投资尤其是生产性服务业FDI主要集中于我国东部地区各省份，外商投资企业投资金额在中部地区所占比重极低，制约了外商投资对我国区域经济协调发展的推动作用。这意味着外商投资对东部地区出口技术复杂度的影响要大于中西部地区。

与外商投资对出口技术复杂度的影响不同，东部地区和中西部地区进出口贸易占比对该地区出口技术复杂度均存在显著的促进作用，同时中西部地区各省份进出口贸易占比对出口技术复杂度的促进效应更强，东部省份进口贸易占比对出口技术复杂度的促进作用小于中西部地区，主要是因为中西部省份是我国货物贸易的主要地区，货物贸易占比不断上升，我国中西部省份主要集中生产劳动密集型产品，而东部省份已开始集中生产资本密集型产品。

东部地区和中西部地区国内研发资本存量对出口技术复杂度都存在显著的正向影响，但东部地区国内研发资本存量对出口技术复杂度的影响显著大于中西部地区，因此我国研发资本存量存在明显的区域差异，研发能力较强的东部地区对出口复杂度的促进作用比中西部更显著。

东部地区和中西部地区人均公路和铁路里程对出口技术复杂度都存在显著的正向影响，但东部地区人均公路和铁路里程对出口技术复杂度的影响显著大于中西部地区，主要是因为东部以及沿海地区每万人拥有的高速公路总里程数和每百万人拥有的铁路运营里程数远大于西部地区，从而造成中西部地区人均公路和铁路里程对出口技术复杂度的影响小于东部地区。

四、稳健性检验

本章使用三种方法进行稳健性检验：首先使用因变量滞后1期进行稳健性检验；其次使用因变量滞后1期以及用 *UIM* 变量替代 *RDP* 变量；最后使用产业结构高度化变量替代 *RDP* 变量。

本书中关键控制变量即国内研发资本存量用产业结构高度化变量（lnUIM）来代替，使用产业结构高度化变量主要是为了检验结果的稳健性，结果如表7－12所示。本书使用以下方法计算产业结构高度化的衡量指标：

$$UIM = \alpha\left(\frac{V_3}{V_2}\right) + (1-\alpha)\left(\frac{V_H}{V_2+V_3}\right)$$

其中，V_2、V_3、V_H 分别代表第二产业增加值、第三产业增加值和高技术产业增加值。α 代表取值为 0.5 的权重。UIM 与产业结构高度化成正比，UIM 值越大，表明产业结构水平越高级。

表 7 - 12　稳健性检验结果

	（1） 用产业结构高度化变量 替代 RDP 变量	（2） 因变量滞后 1 期以及用 UIM 变量替代 RDP 变量	（3） 因变量滞后 1 期
L. ln$OFDITY$		- 0. 137 (0. 175)	- 0. 165 (0. 176)
ln$OFDITY$	0. 016 ** (0. 006)	0. 034 *** (0. 010)	0. 006 (0. 007)
lnFDI	- 0. 027 *** (0. 004)	- 0. 062 *** (0. 017)	- 0. 021 *** (0. 008)
lnHC	0. 447 *** (0. 078)	0. 496 *** (0. 136)	0. 399 *** (0. 157)
$GUGDP$	0. 060 (0. 089)	0. 104 * (0. 064)	0. 004 (0. 136)
EXP	0. 194 *** (0. 037)	0. 108 (0. 124)	0. 193 ** (0. 086)
ln$CUNDAI$	0. 150 ** (0. 066)	0. 204 (0. 174)	0. 403 * (0. 273)
ln$GTREN$	- 0. 032 *** (0. 009)	- 0. 017 * (0. 010)	- 0. 061 *** (0. 024)
lnRDP			0. 006 (0. 022)

续表

	(1)	(2)	(3)
	用产业结构高度化变量替代 *RDP* 变量	因变量滞后 1 期以及用 *UIM* 变量替代 *RDP* 变量	因变量滞后 1 期
ln*UIM*	0.175 *	0.125	
	(0.106)	(0.366)	
常数项	0.132 ***	0.130 ***	0.122 ***
	(0.008)	(0.015)	(0.030)
Wald 检验	480.71	341.42	323.79
	(0.000)	(0.000)	(0.000)
Sargan 检验	12.95	13.37	14.48
	(0.606)	(0.270)	(0.207)
AR (1)	0.018	0.062	0.035
AR (2)	0.505	0.594	0.206

从表 7 - 12 可以看到，稳健性检验后大多数变量的系数估计值并未发生显著变化，因此估计结果具有一定的稳健性。外商投资对出口技术复杂度仍具有负向影响，我国通过对"一带一路"沿线国家对外直接投资获得的研发资本存量对我国出口技术复杂度也具有显著的推动作用，说明本书的基本估计结果是稳健的。

五、通过 OFDI 获得的不同种类的国外研发资本存量对出口技术复杂度影响弹性的贡献度

借鉴 Chen 和 Lee（2010）的研究，使用该方法研究各地区海外投资对出口技术复杂度的动态影响。这里以表 7 - 10 的估计结果为例进行相应的分析，表 7 - 13、图 7 - 7 给出了具体的分析情况。其中，图 7 - 7 给出了通过 OFDI 获得的不同种类的国外研发资本存量对我国出口技术复杂度动态影响的绝对值，即通过对发达国家 OFDI、对发展中国家 OFDI 和对"一带一路"沿线国家 OFDI 获得的研发资本存量对中国出口技术复杂度的动态影响。

尽管难以准确判断各因素对中国出口技术复杂度影响的持续时间，但至少说明通过对发达国家 OFDI、对发展中国家 OFDI 和对"一带一路"沿线国家 OFDI 获得的研发资本存量对中国出口技术复杂度有长期影响。通过图 7 - 7 和表 7 - 13 可以看到，通过向发达国家 OFDI、向发展中国家 OFDI、向"一带一路"沿线国家 OFDI 获得的研发资本存量与中国出口技术复杂度之间存在长期均衡比例关系，

表 7-13　通过 OFDI 获得的不同种类的国外研发资本存量
对我国出口技术复杂度影响的动态演变

变量	通过向发达国家 OFDI 获得的研发资本存量		通过向发展中国家 OFDI 获得的研发资本存量		通过向"一带一路"沿线国家 OFDI 获得的研发资本存量	
T	边际影响	累计影响	边际影响	累计影响	边际影响	累计影响
2003	0.768	0.768	0.828	0.828	0.651	0.651
2004	0.765	1.532	0.817	1.645	0.657	1.308
2005	0.744	2.277	0.797	2.442	0.644	1.952
2006	0.729	3.005	0.783	3.225	0.635	2.587
2007	0.713	3.718	0.769	3.994	0.620	3.207
2008	0.711	4.430	0.756	4.750	0.607	3.814
2009	0.692	5.122	0.729	5.479	0.590	4.404
2010	0.677	5.799	0.724	6.203	0.585	4.990
2011	0.667	6.466	0.709	6.912	0.576	5.565
2012	0.654	7.120	0.698	7.610	0.571	6.136
2013	0.646	7.766	0.693	8.302	0.566	6.702
2014	0.636	8.402	0.679	8.981	0.557	7.259
均值	0.700	4.700	0.748	5.031	0.605	4.048

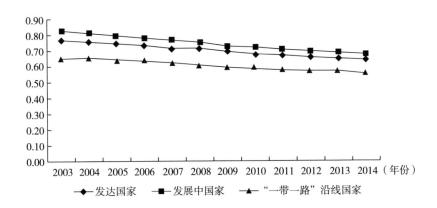

图 7-7　通过 OFDI 获得的不同种类的国外研发资本存量
对我国出口技术复杂度影响的动态演变

对发展中国家 OFDI 获得的研发资本存量对中国出口技术复杂度的影响程度显著
为正，其对我国出口技术复杂度的影响程度略大于向发达国家 OFDI 和向"一带一路"沿线国家 OFDI 获得的研发资本存量,因此,对发展中国家 OFDI 获得的研发资本存量对中国出口技术复杂度的贡献大于向发达国家 OFDI、向"一带一路"沿线国家 OFDI 获得的研发资本存量,这与前文两步差分 GMM 的估计结果一致。

六、影响我国各省份全要素生产率增长的多因素方差分析

使用多因素方差分析和协方差分析方法,探索各省份 OFDI 在我国 OFDI 总额中的占比、各省份出口技术复杂度在我国出口技术复杂度总额中的占比、各省份人力资本存量在我国人力资本存量总额中的占比、各省份固定资产占 GDP 比重在我国固定资产占 GDP 比重总额中的占比、各省份出口技术复杂度在我国出口技术复杂度总额中的占比与各省份人力资本存量在我国人力资本存量总额中的占比两变量之间的互动以及各变量之间的互动对我国全要素生产率增长的影响,检验全要素生产率增长是否可归之于各省份 OFDI 在我国 OFDI 总额中的占比、各省份出口技术复杂度在我国出口技术复杂度总额中的占比、各省份人力资本存量在我国人力资本存量总额中的占比、各省份固定资产占 GDP 比重在我国固定资产占 GDP 比重总额中的占比、各省份出口技术复杂度在我国出口技术复杂度总额中的占比与各省份人力资本存量在我国人力资本存量总额中的占比两变量之间的互动等各变量,或者兼而有之。具体研究结果如表 7 - 14 所示。

表 7 - 14　影响 TFP 的多因素方差分析

Source	Partial SS	df	MS	F	Prob > F
Model	0.233	10	0.023	6.82	0.001
OFDI 分类变量	0.013	1	0.013	3.70	0.056
出口技术复杂度分类变量	0.004	2	0.002	0.54	0.584
固定资产占 GDP 比重分类变量	0.022	2	0.011	3.15	0.045
人力资本存量分类变量	0.047	2	0.024	6.90	0.001
出口技术复杂度分类变量#人力资本存量分类变量	0.021	3	0.007	2.02	0.113
Residual	0.557	163	0.003		
Total	0.791	173	0.005		

可以发现,针对各因素对中国 TFP 增长率的影响而言,各省份人力资本存量在我国人力资本存量总额中的占比对我国 TFP 增长率的影响最显著,就自变量的主要成分而言,各省份人力资本存量在我国人力资本存量总额中的占比显著影响

全要素生产率增长，均方为 0.023，F 值为 6.82，P 值为 0.001；各省份 OFDI 在我国 OFDI 总额中的占比对全要素生产率的影响次之，均方为 0.013，F 值为 3.70，P 值为 0.056；各省份固定资产占 GDP 比重在我国固定资产占 GDP 比重总额中的占比对全要素生产率的影响也显著，均方为 0.011，F 值为 3.15，P 值为 0.045；各省份出口技术复杂度在我国出口技术复杂度总额中的占比变量没有通过检验，但各省份人力资本存量在我国人力资本存量总额中的占比与中国各省份出口技术复杂度在我国出口技术复杂度总额中的占比的交互项对全要素生产率的影响较显著，均方为 0.007，F 值为 2.02，P 值为 0.113。这表明虽然各省份出口技术复杂度在我国出口技术复杂度总额中的占比变量与我国全要素生产率增长没有显著关联，但各省份出口技术复杂度通过各省份人力资本存量在我国人力资本存量总额中的占比变量显著影响我国全要素生产率的增长。

小　结

本章分别构建了中国通过对全球发达国家 OFDI、对发展中国家 OFDI 和对"一带一路"沿线国家 OFDI 获得的研发资本存量促进出口技术复杂度的不同作用和机理，借鉴 Hausman（2007）的方法测算了中国各省份出口技术复杂度，实证结果表明：首先，通过对发达国家 OFDI、对发展中国家 OFDI、对"一带一路"沿线国家 OFDI 获得的国外研发资本存量都对出口技术复杂度产生了显著的正向影响。其次，对发展中国家 OFDI 获得的研发资本存量对中国出口技术复杂度的贡献大于对发达国家 OFDI 获得的研发资本存量和对"一带一路"沿线国家 OFDI 获得的研发资本存量。最后，通过对外直接投资获得的国外研发资本存量对东部地区出口技术复杂度的影响大于对中西部地区出口技术复杂度的影响。

第八章　中国制造业对外直接投资与
国内产业结构调整及升级

中国对外直接投资具有逆向溢出效应，与此同时，制造业对外直接投资对国内产业结构的影响得到了学术界的关注，对外直接投资对国内产业结构转型升级的影响到底体现在何处？具体的作用效果如何？不同地区对外直接投资是否有助于该地区产业结构合理化？本章在分析中国对外直接投资与国内产业结构升级的关系时考虑了空间因素，以全面认识中国对外直接投资对国内产业结构升级的作用及其形成机理。

第一节　问题的提出及对外直接投资对产业结构
转型升级影响的文献综述

我国跨国公司通过追赶型对外直接投资，以逆向技术溢出效应获取发达国家的先进技术。同时，中国企业对外直接投资能够促进产业结构转型升级。中国制造业总体处于上升阶段，中国制造业 OFDI 累计净额由 2004 年的 954425 万美元上升到 2014 年的 5235194.00 万美元，同时，中国制造业对外直接投资增速超越对外直接投资总规模，制造业成为推动我国对外直接投资的重要产业，2015 年我国制造业对外直接投资累计净额达 3844.55 亿元，同比增长 20%，而该年我国对外直接投资规模达 7350.8 亿元，同比增长 14.7%。同时，我国东部地区的对外直接投资存量集聚性地高于中西部地区。

Driffield 等（2009）首次提出了新兴市场国家的企业作为母国企业对外直接投资应具备的先决条件。与本选题相关的另外一类文献是对外直接投资与企业异质性、逆向技术溢出、融资约束等方面的相关文献。也有文献探讨了对外直接投资给母公司就业、产出、技术等带来的影响（Chen and Lee，2010）。

国内文献主要侧重于定性分析，未能使用计量经济学工具研究"走出去"的中国制造业如何提高效率。我国的制造业对外直接投资理论研究主要围绕全球价值链视角下我国制造业对外直接投资与产业转移展开，已有研究成果未使用计量经济学工具研究"走出去"的中国制造业如何提高效率，因为缺少系统性理论的支持，所以未能从全球价值链角度探索"走出去"的企业提高效率的路径，因此还有待进一步深化。

当前学术界在数据收集和文献整理的基础上，主要使用因子分析、EViews建模检验、案例分析和回归分析等研究方法对中国 OFDI 和国内产业结构的直接关系进行检验，但在分析时没有考虑空间因素。当前应大力推动中国三大地区制造业"走出去"，整合产业链，攀升全球价值链，力求拓展中国对外直接投资理论研究的视野和深度，最大程度地缩小我国地区间的发展差距，因此分析中国制造业对外直接投资与工业产业结构升级的互动关系、制造业对外直接投资对服务业发展及结构升级的影响具有重要意义。在分析中国制造业对外直接投资与工业产业结构升级的互动关系、中国制造业对外直接投资与服务业发展及其结构升级的互动关系、中国东中西三大地区制造业对外直接投资与各地区产业结构升级的互动关系、中国东中西三大地区制造业对外直接投资与各地区服务业发展的互动关系的基础上，本章利用我国 30 个省份（不包括西藏、香港、澳门、台湾）2004～2013 年的面板数据，在引入空间距离因素的基础上探索中国 OFDI 对产业结构转型升级的直接影响和空间溢出效应，以更好地揭示制造业对外直接投资对产业结构升级的作用路径。

第二节　中国省际对外直接投资与产业结构转型升级的空间自相关特征

本章依据戴魁早（2014）的方法来构建产业结构合理化的计算公式，使用以下方法计算产业结构合理化指标：

$$TIM = \sum_{i=1}^{n}\left(\frac{Y_i}{Y}\right)\ln\left(\frac{\dfrac{Y_i}{L_i}}{\dfrac{Y}{L}}\right) = \sum_{i=1}^{n}\left(\frac{Y_i}{Y}\right)\ln\left(\frac{\dfrac{Y_i}{Y}}{\dfrac{L_i}{L}}\right)$$

其中，L_i 代表产业 i 的就业人数，Y_i 代表产业 i 的产出。TIM 值与产业结构合理化水平成反比，TIM 值越小，表明产业结构合理化程度越高。

国内大多数学者主要使用各省份产业结构层次系数或第三产业产值与第二产业产值之比，第二、第三产业之和占 GDP 之比，第二产业占 GDP 之比等方法计算我国产业结构合理化水平，如王英和周蕾（2013）认为，第一产业增加值占比、第二产业增加值占比、第三产业增加值占比分别乘以 1、2、3 之后的和就是产业结构层次系数。

本章使用的研究方法与其他文献不同，产业结构高度化能够反映一国产业结构的高级化水平，本书计算产业结构高度化的衡量指标如下：

$$UIM = \alpha\left(\frac{V_3}{V_2}\right) + (1 - \alpha)\left(\frac{V_H}{V_2 + V_3}\right)$$

其中，V_2、V_3、V_H 分别代表第二产业增加值、第三产业增加值和高技术产业增加值。α 代表取值为 0.5 的权重。UIM 与产业结构高度化成正比，UIM 值越大，表明产业结构水平越高级。

本章以我国 30 个省份为空间单元，分别以这些省份的产业结构高级化、产业结构合理化和制造业 OFDI 为观测值，使用邻接权重矩阵进行加权，测算了产业结构高级化、产业结构合理化和各省份 OFDI 各变量的 Moran's I 指数。

表 8 - 1 是各省份 OFDI 和产业结构转型升级（lnTIM 和 lnUIM）的 Moran's I 指数。结果表明，中国 OFDI 变量和产业结构高度化（lnUIM）、产业结构合理化（lnTIM）的全域 Moran's I 指数在全域范围内的所有年份均为正，表明产业结构合理化及转型升级指标与制造业 OFDI 存在空间正向自相关。但是，产业结构高度化（lnUIM）的全域 Moran's I 指数在大多数年份虽通过了显著性检验，并且小于产业结构合理化（lnTIM）的全域 Moran's I 指数，而近年来产业结构高度化的全域 Moran's I 指数未通过显著性检验，表明产业结构高度化的空间自相关特征不明显，而产业结构合理化的空间自相关特征明显。从时间维度来看，2013~2015 年中国 OFDI 和产业结构合理化的 Moran's I 指数呈相似的变动趋势，受 2008 年全球金融危机的影响，2008 年中国 OFDI 和产业结构合理化的空间相关度迅速下降，lnOFDI 的 Moran's I 指数跌幅一度接近 40%，2007 年跌幅超过 100%。之后，两变量的空间相关度呈逐渐增长趋势并持续保持稳定（见图 8 -1）。

表 8 -1　2003~2015 年中国 lnOFDI、lnTIM 和 lnUIM 的全域 Moran's I 指数

年份	lnTIM	lnOFDI	lnUIM
2003	0. 459 ***	0. 229 **	0. 215 **
2004	0. 457 ***	0. 166 *	0. 217 **

续表

年份	ln*TIM*	ln*OFDI*	ln*UIM*
2005	0.395***	0.074	0.212**
2006	0.379***	0.049	0.205
2007	0.369***	-0.094	0.206**
2008	0.35***	-0.131	0.201**
2009	0.347***	0.087	0.204**
2010	0.351***	0.125*	0.207**
2011	0.363***	0.059	0.204**
2012	0.362***	0.01	0.2
2013	0.361***	0.231**	0.2
2014	0.357***	0.144*	0.2
2015	0.351***	0.143*	0.214

注：***、**、*分别表示1%、5%、10%的显著水平。

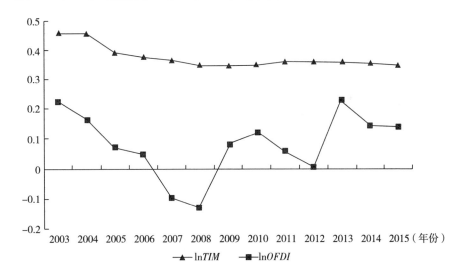

图8-1 2003~2015年ln*TIM*和ln*OFDI*的空间关联性变动

以上分析表明，中国省际对外直接投资和产业结构升级的空间关联较为显著，尤其是产业结构合理化指标和对外直接投资指标的全域空间关联显著，这表明地理空间因素是产业结构转型升级和对外直接投资的重要因素，那么中国省际对外直接投资对产业结构转型升级的作用效果究竟如何？

第三节　理论模型与相关假设

一、空间计量模型的设定

本书基于空间杜宾模型构建如下空间面板模型：

$$\ln TIM_{it} = \alpha_1 \sum_{j=1}^{N} w_{ij} \ln TIM_{jt} + \beta_1 \ln OFDI_{it} + \omega_1 \sum_{j=1}^{N} w_{ij} \ln OFDI_{jt} + \theta_1 X_{it} + \varphi_{it} + \theta_{it} + \gamma_{it} \tag{8-1}$$

$$\ln UIM_{it} = \alpha_2 \sum_{j=1}^{N} w_{ij} \ln UIM_{jt} + \beta_2 \ln OFDI_{it} + \omega_2 \sum_{j=1}^{N} w_{ij} \ln OFDI_{jt} + \theta_2 X_{it} + \lambda_{it} + \delta_{it} + \gamma_{it} \tag{8-2}$$

其中，TIM_{it} 代表 i 省第 t 年产业结构合理化指数，UIM_{it} 代表 i 省第 t 年产业结构高度化指数，$OFDI_{it}$ 代表 i 省第 t 年制造业对外直接投资存量，X_{it} 代表 i 省第 t 年的控制变量，包括进出口贸易总额（$IMEX$）、外商直接投资存量（FDI）、固定资产投资存量（INV）、人均 GDP 变量（$GDPR$），被解释变量为产业结构合理化指标和产业结构高度化指标。

二、变量选取

本书对外直接投资数据来自《中国对外直接投资统计公报》和商务部网站，其他数据来自 2003～2015 年《中国统计年鉴》和 Wind 数据库。本书研究方法为系统 GMM 和差分 GMM、Probit 模型，各名义变量（如对外直接投资和外商直接投资）使用居民消费价格指数平减后转化为实际值。以除西藏、香港、澳门和台湾外的 30 个省份为样本，选择时间序列为 2003～2015 年是因为当前仅能得到 2003 年后非金融类对外直接投资存量和流量数据。

由于本书使用各变量 13 年的数据、30 个截面，因此使用系统 GMM 和差分 GMM 方法进行实证分析。考虑到模型中存在的内生性问题，所以将使用稳健的估计方法（即系统 GMM 和差分 GMM）进行实证检验。为了正确选择工具变量，该变量必须与自变量高度相关，本书选择滞后 1 期的被解释变量为工具变量。所有变量的定义和描述性分析如表 8-2 和表 8-3 所示。

表8-2　变量类型与含义

变量类型	变量名称	变量符号	变量含义
被解释变量	产业结构高度化	UIM	反映一国产业结构高级化水平，分析中国当前各省份产业结构升级的事实
	产业结构合理化	TIM	反映产业结构合理化水平
解释变量	对外直接投资	OFDI	使用非金融类对外直接投资存量
控制变量	人均国内生产总值	GDPR	各省份人均GDP
	对外贸易	IMEX	使用各省份按经营单位所在地分货物进出口总额
	外商直接投资	FDI	使用各省份实际利用外商直接投资额
	国内投资	INV	使用全社会固定资产投资完成额
	时间变量	Year	时间虚拟变量，按年设置
	区域变量	Industry	区域虚拟变量，本研究样本涉及东部、西部和中部3个区域，设置2个区域变量

表8-3　变量描述性统计

	变量名称	均值	最大值	最小值	标准差	平均值的标准误	P50
全国	产业结构高度化	0.85	0.99	0.66	0.07	0.00E+00	0.85
	产业结构合理化	0.056	0.128	0.007	0.025	0.001	0.054
	对外贸易（亿元）	6029.7	66761.1	28.07	11065.015.01	560.3	1351.17
	国内投资（亿元）	7186.57	87337.1	251.17	10739.74	543.83	3167.56
	对外直接投资（亿元）	43.22	971.12	0	94.18	4.77	12.58
	外商直接投资（亿元）	352.49	2249.28	0.05	441.09	22.34	179.33
	人均国内生产总值（亿元）	3.20E-04	1.08E-03	4.00E-05	2.20E-04	1.00E-05	2.60E-04
西部	产业结构高度化	0.83	0.88	0.78	0.04	0	0.83
	产业结构合理化	0.086	0.128	0.054	0.019	0.002	0.086
	对外贸易（亿元）	860.39	5844.04	28.07	1119.81	103.53	487.02
	国内投资（亿元）	4522.63	51292.7	253.39	7187.31	664.47	1972.89
	对外直接投资（亿元）	14.97	133.54	0	23.63	2.19	3.18

	变量名称	均值	最大值	最小值	标准差	平均值的标准误	P50
西部	外商直接投资（亿元）	89.99	649.27	1.65	142.1	13.14	22.84
	人均国内生产总值（亿元）	2.10E-04	5.20E-04	4.00E-05	1.20E-04	1.00E-05	1.90E-04
中部	产业结构高度化	0.84	0.92	0.8	0.04	0	0.82
	产业结构合理化	0.056	0.074	0.025	0.011	0.001	0.057
	对外贸易（亿元）	1255.35	4290.57	209.25	873.9	80.79	949.09
	国内投资（亿元）	6654.88	43341.2	933.02	7999.71	739.57	3087
	对外直接投资（亿元）	17.94	110.91	0.04	21.04	1.95	8.28
	外商直接投资（亿元）	255.55	1037.16	7.47	211.88	19.59	202.9
	人均国内生产总值（亿元）	2.60E-04	7.20E-04	6.00E-05	1.50E-04	1.00E-05	2.20E-04
东部	产业结构高度化	0.88	0.99	0.66	0.09	0.01	0.9
	产业结构合理化	0.037	0.057	0.009	0.015	0.001	0.038
	对外贸易（亿元）	13487.44	66761.1	188.3	14574.21	1166.87	7638.45
	国内投资（亿元）	9583.3	87337.1	251.17	13840.75	1108.15	4883.89
	对外直接投资（亿元）	83.37	971.12	0	137.13	10.98	30.29
	外商直接投资（亿元）	622.08	2249.28	0.05	554.37	44.39	465.19
	人均国内生产总值（亿元）	4.40E-04	1.08E-03	6.00E-05	2.50E-04	2.00E-05	3.90E-04

第四节　样本说明与相关性分析

从表8-3可以看到，产业结构合理化指标的最大值为0.128，最小值为0.007，均值为0.056；产业结构高度化指标的最大值为0.99，最小值为0.66，均值为0.85，产业结构高度化指标和产业结构合理化指标在样本间不存在较大的差异。就三大地区产业结构合理化指标和产业结构高度化指标而言，东部地区产业结构合理化指标的最大值和最小值分别为0.057和0.009，中部地区为0.074和0.025，西部地区为0.128和0.054，因此东部地区产业结构合理化指标在样本间的差异较明显。全国对外直接投资指标的最大值为971.1，最小值为0，由此可见对外直接投资在样本间有较大的差异。就全国东中西三大地区对外直接投资而言，东部地区对外直接投资指标的最大值和最小值分别为971.12亿元和0，中部地区为110.91亿元和0.04亿元，西部地区为133.54亿元和0，因此东部地区对外直接投资在样本间的差异更明显。此外，通过变量均值的分年描述性统计，发现对外直接投资呈倒"U"形趋势。

通过表8-3的统计描述可以发现，2003~2015年东部地区对外直接投资存量规模均值为83.37亿元，中部地区和西部地区分别为17.94亿元和14.97亿元，东部地区对外直接投资存量规模远远大于中部地区。因此，东部地区对外直接投资存量集聚性地高于其他地区，同时发现东部地区的产业结构的层次和水平也集聚性地高于其他地区，2003~2015年，东部地区、中部地区和西部地区的产业结构高度化指标分别为0.88、0.84和0.83，三大地区产业结构合理化指标分别为0.037、0.056和0.086。因此，省际OFDI存量和产业结构合理化指标具有正向自相关的事实得到了进一步验证。

同时可以发现，东部地区、中部地区和西部地区外商直接投资均值分别为622.08亿元、255.55亿元和89.99亿元，东部地区外商直接投资远大于其他地区。东部地区的对外贸易、国内投资、人均国内生产总值均值也远大于中部地区和西部地区。

表8-4给出了变量的Spearman相关性检验。对变量的相关性分析可以发现，通过变量间的两两相关性可以看到，产业结构合理化与产业结构高度化、对外贸易、国内投资、对外直接投资、外商直接投资、人均国内生产总值等有显著的负相关关系，表明我国投资规模、对外直接投资、人均国内生产总值、对外贸易增长可显著推进产业结构合理化，但东部地区外商直接投资与产业结构合理化有显著的正相关关系，这表明东部地区外商投资不利于我国东部地区产业结构合理化，这与我国东部地区的事实相符。

另外，针对制造业总体而言，我国制造业对外直接投资与产业结构高度化、对外贸易、国内投资、外商直接投资、人均国内生产总值等具有显著的正相关关系，与产业结构合理化有显著的负相关关系。因此，制造业"走出去"既能显著地促进我国进出口贸易、国内固定资产投资、外商投资和国民收入，也能推动产业结构合理化和产业结构转型升级。东部地区制造业对外直接投资与对外贸易、

表 8 - 4　变量的相关性分析

		ln*TIM*	ln*UIM*	ln*IMEX*	ln*INV*	ln*OFDI*	ln*FDI*
制造业总体	ln*UIM*	− 0. 600 *					
	ln*IMEX*	− 0. 705 *	0. 517 *				
	ln*INV*	− 0. 352 *	0. 241 *	0. 698 *			
	ln*OFDI*	− 0. 452 *	0. 304 *	0. 740 *	0. 792 *		
	ln*FDI*	− 0. 070	0. 035	0. 423 *	0. 475 *	0. 343 *	
	ln*GDPR*	− 0. 731 *	0. 469 *	0. 713 *	0. 700 *	0. 799 *	0. 269 *
西部地区	ln*UIM*	− 0. 056					
	ln*IMEX*	− 0. 339 *	− 0. 401 *				
	ln*INV*	− 0. 339 *	− 0. 310 *	0. 870 *			
	ln*OFDI*	− 0. 260 *	− 0. 185	0. 763 *	0. 7975 *		
	ln*FDI*	− 0. 333 *	− 0. 052	0. 677 *	0. 674 *	0. 508 *	
	ln*GDPR*	− 0. 618 *	0. 198 *	0. 488 *	0. 675 *	0. 649 *	0. 383 *
中部地区	ln*UIM*	− 0. 093					
	ln*IMEX*	− 0. 458 *	− 0. 082				
	ln*INV*	− 0. 150	− 0. 081	0. 788 *			
	ln*OFDI*	− 0. 332 *	0. 033	0. 726 *	0. 722 *		
	ln*FDI*	− 0. 183	− 0. 385 *	0. 727 *	0. 769 *	0. 570 *	
	ln*GDPR*	− 0. 421 *	0. 050	0. 678 *	0. 779 *	0. 817 *	0. 556 *
东部地区	ln*UIM*	− 0. 697 *					
	ln*IMEX*	− 0. 507 *	0. 801 *				
	ln*INV*	− 0. 146	0. 441 *	0. 724 *			
	ln*OFDI*	− 0. 328 *	0. 431 *	0. 737 *	0. 808 *		
	ln*FDI*	0. 392 *	− 0. 015	0. 117	0. 269 *	0. 109	
	ln*GDPR*	− 0. 741 *	0. 595 *	0. 719 *	0. 643 *	0. 821 *	− 0. 024

注：***、**、*分别表示 1% 、5% 、10% 的显著水平。

国内投资、外商直接投资、人均国内生产总值、产业结构高度化等显著正相关，与产业结构合理化显著负相关，虽然西部地区和中部地区对外直接投资与产业结构高度化正相关，但不显著。因此，东部地区对外直接投资和产业结构合理化具有显著的全域范围内的空间集聚特征，但中部地区和西部地区制造业对外直接投资与产业结构合理化的空间集聚特征很不明显。

同时可以看到，制造业总体的人均 GDP 与产业结构高度化、对外贸易、国内投资、外商直接投资、制造业对外直接投资等显著正相关，与产业结构合理化显著负相关，西部地区和中部地区的人均 GDP 与除产业结构合理化以外的各指标之间也具有显著的正相关关系，与产业结构合理化有显著的负相关关系。东部地区的人均 GDP 与产业结构高度化、对外贸易、国内投资、对外直接投资具有显著的正相关关系，但与产业结构合理化有显著的负相关关系，与中部地区和西部地区不同之处体现为，东部地区人均 GDP 与外商直接投资呈不显著的负相关关系，表明外商投资不是推动东部地区经济增长和结构调整的重要因素。

也可以看到，就制造业总体而言，各省份外商直接投资与产业结构高度化、对外贸易、国内投资、制造业对外直接投资、外商直接投资等显著正相关，但外商投资与我国东部地区、中部地区和西部地区的产业结构高度化等均呈不显著的负相关关系。主要是因为中国不断吸引国际资本，跨国公司在中国各省份投资涉及全球价值链的每一个环节，即产品概念、研发设计、生产制造、销售和售后服务，跨国公司具有全球性的经济动机和战略，跨国公司总公司往往在中国各地设立子公司，并有效控制子公司，因此在各地的外商投资子公司也涉及全球价值链的每一个环节，各地的外商投资不能真实反映其对产业结构高度化指标的贡献。

第五节　实证结果及分析

一、以产业结构高度化和产业结构合理化为被解释变量的面板模型

1. 以产业结构高度化为被解释变量的检验结果

首先建立以产业结构高度化为被解释变量的回归方程，中国产业结构升级表现为各省份产业结构升级水平的测算。本章采用如下工具变量设置方法建立差分方程和系统方程：①差分方程：用国内投资、对外贸易、外商直接投资等内生变量的滞后 2～3 期值和时间变量、区域变量等外生变量差分值作为工具变量；②系统方程：用国内投资、对外贸易、外商直接投资等内生变量差分值的滞后 1 期值和时间变量、区域变量等外生变量当期值作为工具变量。回归结果如表 8−5 所示。

表8-5 对外直接投资对产业结构高度化影响的系统 GMM 及差分 GMM 实证结果

解释变量	(1)	(2)
	系统 GMM	差分 GMM
$\ln UIM_{t-1}$	1 ***	1 ***
	(-8.14E-12)	(-8.44E-16)
$\ln IMEX$	-1.10E-12 ***	-2.42E-23 ***
	(-3.43E-13)	(-9.20E-24)
$\ln INV$	2.41E-13	5.56E-23 ***
	(-2.58E-13)	(-1.94E-23)
$\ln OFDI$	3.02E-13 *	1.37E-24 **
	(-1.66E-13)	(-6.53E-25)
$\ln FDI$	1.36E-13 **	4.65E-24 *
	(-6.78E-14)	(-3.33E-24)
$\ln GDPR$	-2.07E-13	8.27E-24
	(-8.81E-13)	(-1.89E-23)
_cons	6.44E-12	-1.50E-23 ***
	(-9.64E-12)	(-6.60E-24)
N	390	390
AR (1)	-1.98 (0.048)	-2.77 (0.006)
AR (2)	0.55 (0.586)	1.00 (0.319)
Hansen test	13.82 (0.387)	15.66 (0.154)

注：括号中数字为标准误，***、**、*分别表示1%、5%、10%的显著水平。

表8-5中系统 GMM 的估计结果（1）表明：第一，从 AR（2）、Hansen test 统计量来看，模型的拟合效果较好，表明总体回归可信度较高。第二，进出口贸易的系数为 -1.10E-12，并通过了1%的显著性统计检验，表明进出口贸易每增加1%，平均意义上将使我国产业结构高度化指标降低 -1.10E-12 个百分点。对外直接投资的系数为 3.02E-13，且在10%的显著水平上通过检验，表明本地对外直接投资每增加1%，平均意义上将使我国产业结构高度化指标提升约 3.02E-13 个百分点。这说明制造业对外直接投资与产业结构高度化显著正相关，这与本书的预期一致，中国制造业对外直接投资能推动中国产业结构高度化。进出口贸易与产业结构高度化变量显著负相关，中国进出口贸易仍以进料加工、来料加工以及低附加值产品为主，因此必然带动加工组装工业，无法推动第三产业发展和攀升全球价值链，因此导致产业结构高度化指标无法有效提升。第三，估计结果（2）出于稳健性考虑，给出了差分 GMM 估计结果，可以看到，

估计结果（1）得到的结论依然是成立的。尤其是中国制造业对外直接投资和固定资产投资与产业结构高度化的拟合度得到了显著提升，因此制造业对外直接投资与产业结构高度化之间的正相关关系得到进一步验证。第四，无论是使用差分GMM还是使用系统GMM方法，外商直接投资与我国产业结构高度化变量之间均呈较显著的正向关系。

表8-6为东部、中部和西部地区对外直接投资对产业结构影响的差分GMM实证结果。经过对东部、中部和西部地区对外直接投资对产业结构高度化的影响分析可以看到，东部、中部、西部地区对外直接投资对产业结构高度化的影响程度分别为1.96E-24、1.40E-24、1.37E-24，东部地区对外直接投资对产业结构高度化的影响程度大于中部地区和西部地区。东部地区和西部地区制造业对外直接投资回归系数通过了显著性检验，但中部地区未通过显著性检验，表明中部地区对外直接投资对产业结构高度化的影响不显著。

表8-6 中国东部、中部和西部地区对外直接投资对产业结构影响的差分 GMM 实证结果

解释变量	(3)	(4)	(5)
	东部地区	中部地区	西部地区
$\ln UIM_{t-1}$	1***	1***	1***
	(-7.91E-16)	(-1.94E-15)	(-8.75E-16)
$\ln IMEX$	-8.92E-24	-5.34E-23*	-1.26E-23**
	-6.18E-24	(-2.80E-23)	(-6.31E-24)
$\ln INV$	1.70E-23	1.48E-22***	5.96E-23**
	-1.11E-23	(-5.59E-23)	(-2.81E-23)
$\ln OFDI$	1.96E-24*	1.40E-24	1.37E-24*
	(-1.21E-245)	-2.47E-24	(-9.51E-25)
$\ln FDI$	5.38E-24*	5.89E-24	4.98E-244
	(-3.13E-24)	-2.07E-23	-3.75E-24
$\ln GDPR$	3.03E-23**	2.33E-22**	3.14E-23*
	(-1.44E-23)	(-9.90E-23)	(-1.82E-23)
_cons	-9.93E-24**	-4.55E-23**	-4.55E-23*
	(-4.05E-24)	(-2.11E-23)	(-1.30E-23)
N	390	390	390
AR (1)	-3.00	-0.84	-1.43
	(0.003)	(0.401)	(0.152)
AR (2)	-1.43	-0.37	-0.56
	(0.152)	(0.708)	(0.578)

续表

解释变量	(3)	(4)	(5)
	东部地区	中部地区	西部地区
Hansen test	12. 16	19. 66	18. 32
	(0. 361)	(0. 194)	(0. 176)

注：括号中数字为标准误，＊＊＊、＊＊、＊分别表示1%、5%、10%的显著水平。

从控制变量来看，lnFDI、lnINV、lnGDPR、lnIMEX 等变量的回归系数与预期基本一致。第一，西部地区进出口贸易的回归系数显著为负，东部地区进出口贸易的回归系数虽为负，但不显著，因此我国进出口贸易处于价值链低端的代表性地区是西部地区，西部地区进出口贸易以加工贸易和低附加值产品为主，西部地区低附加值的进出口贸易对产业转型升级的影响显著为负。第二，东部地区外商投资对产业结构高度化的影响显著为正，但中部和西部地区外商投资对产业高度化的影响未通过显著性检验，这表明，东部地区外商投资对产业结构高度化的影响程度显著大于中部和西部地区。

2. 以产业结构合理化为被解释变量的检验结果

为了进一步考察对外直接投资对国内产业结构升级的影响，本书引入以产业结构合理化为被解释变量进行回归，回归结果如表8－7所示。

表8－7　对外直接投资对产业结构合理化影响的系统 GMM 及差分 GMM 回归结果

解释变量	(6)	(7)
	系统 GMM	差分 GMM
L. lnTIM	0. 979＊＊＊	－ 0. 078
	(0. 018)	(0. 067)
lnOFDI	－ 0. 011＊＊＊	－ 0. 009＊
	(0. 002)	(0. 006)
_ cons	0. 026	－ 0. 031＊＊＊
	(0. 035)	(0. 004)
控制变量	包括	包括
AR (1)	－ 3. 07 (0. 002)	－ 4. 07 (0. 000)
AR (2)	－ 1. 80 (0. 73)	－ 1. 74 (0. 082)
Hansen test	29. 43 (0. 547)	26. 78 (0. 141)
Difference － in － Hansen tests	0. 391	0. 702

注：括号中数字为标准误，＊＊＊、＊＊、＊分别表示1%、5%、10%的显著水平。

表 8-7 回归结果模型（6）的整体拟合效果较好，且捕捉 OFDI 对产业结构合理化影响效应的回归系数值达到 -0.011，并通过了 1% 的显著性检验，这意味着在其他影响因素和控制变量不变的条件下，各省制造业 OFDI 存量每提升 1%，平均意义上将使本地产业结构合理化水平提高 0.011%。模型（7）使用差分 GMM 的回归结果也表明，各省制造业 OFDI 增长将使本地产业结构合理化水平显著提升。

本书将选取的 30 个省份按照东部、中部、西部进行分地区样本回归，从而把握中国省际对外直接投资对国内产业结构合理化影响的区域差异，具体检验结果如表 8-8 所示。从分区域回归结果来看，中国省际对外直接投资对国内产业结构合理化的作用路径及其作用强度在区域层面存在显著差异。具体来说，代表对外直接投资空间溢出效应的回归系数值在东部地区为 -0.018，在中部地区为 -0.008，在西部地区为 0.007，都至少通过了 10% 的显著性检验。这表明在中国东中西三大地区均存在省际对外直接投资的空间溢出效应，但作用效果完全不同。具体而言，中国东部地区对外直接投资对提升产业结构合理化的促进作用最明显，其次为中部地区，中部地区对外直接投资也有助于提升产业结构合理化水平，但西部地区对外直接投资对提升产业结构合理化水平的正向激励作用并不存在，甚至西部地区对外直接投资的发展必将恶化该省和相邻省份的产业结构合理化状况。

表 8-8　分样本差分 GMM 回归结果

解释变量	东部地区	中部地区	西部地区
L. ln*TIM*	0.026	0.245 ***	- 0.381 ***
	(0.101)	(0.041)	(0.099)
ln*OFDI*	- 0.018 *	- 0.008 **	0.007 ***
	(0.011)	(0.004)	(0.002)
_ cons	0.163 ***	- 3.450 **	- 6.305 ***
	(0.046)	(0.192)	(0.455)
控制变量	包括	包括	包括
AR (1)	- 2.20 (0.028)	- 1.88 (0.040)	- 2.20 (0.05)
AR (2)	- 0.56 (0.577)	- 1.61 (0.107)	- 0.75 (0.957)
Hansen test	16.09 (0.447)	17.17 (0.701)	2.27 (0.850)
Difference - in - Hansen tests	0.508	0.780	0.84

注：括号中数字为标准误，*** 、** 、* 分别表示 1%、5%、10% 的显著水平。

二、中国各地区对外直接投资对产业结构转型升级的动态影响

本书借鉴 Chen 和 Lee（2010）的研究方法来研究各地区对外直接投资对产业结构转型升级的动态影响。这里以模型（1）的回归结果为例进行相应的分析，结果如表 8-9、图 8-2 至图 8-5 所示。

表 8-9　各地区对外直接投资对产业结构转型升级的动态影响

变量	全国对外直接投资		东部地区对外直接投资		西部地区对外直接投资		中部地区对外直接投资	
T	边际影响	累计影响	边际影响	累计影响	边际影响	累计影响	边际影响	累计影响
0	3E-13	3E-13	1.8E-14	1.8E-14	1.3E-14	1.3E-14	2.8E-16	2.8E-16
1	3E-13	6E-13	1.6E-14	3.4E-14	9.1E-15	2.2E-14	2.7E-16	5.5E-16
2	3E-13	9E-13	1.3E-14	4.7E-14	8.1E-15	3E-14	2.5E-16	8E-16
3	3E-13	1.2E-12	1.1E-14	5.8E-14	7.1E-15	3.7E-14	2.4E-16	1E-15
4	2.9E-13	1.5E-12	9E-15	6.7E-14	4.1E-15	4.1E-14	2.3E-16	1.3E-15
5	2.9E-13	1.8E-12	7E-15	7.4E-14	2.6E-15	4.4E-14	2.3E-16	1.5E-15
6	2.9E-13	2.1E-12	6E-15	8E-14	1.1E-15	4.5E-14	2.2E-16	1.7E-15

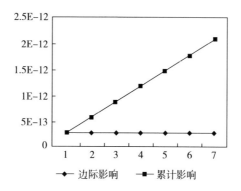

图 8-2　总体对外直接投资对产业结构转型升级的动态影响

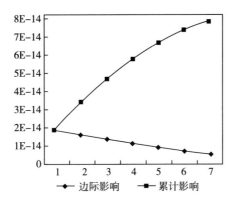

图 8 - 3 东部地区对外直接投资对产业结构转型升级的动态影响

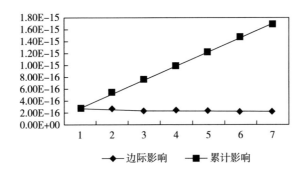

图 8 - 4 中部地区对外直接投资对产业结构转型升级的动态影响

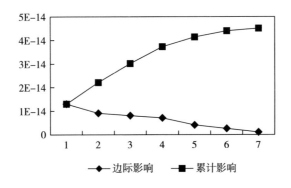

图 8 - 5 西部地区对外直接投资对产业结构转型升级的动态影响

通过表 8 - 9、图 8 - 3、图 8 - 4、图 8 - 5 可以看到，总体对外直接投资对产业结构合理化影响的持续时间大约为 3 年，东部地区对外直接投资对产业结构合理化影响的持续时间大约为 4 年，中部地区对外直接投资对产业结构合理化影响的持续时间大约为 4 年，西部地区对外直接投资对产业结构合理化影响的持续时间大约为 3 年。尽管难以准确地判断对外直接投资对产业结构合理化影响的持续时间，但至少说明制造业对外直接投资对产业结构合理化有长期的影响。

三、各行业和各省份对外直接投资与国内产业结构升级的关联度分析：基于灰色关联度模型的分析

1. 制造业和其他各行业对外直接投资与国内产业结构升级的关联度

在面板模型分析后，使用灰色关联度的研究方法，计算中国国内产业结构升级与对外直接投资的灰色关联度。具体计算中国产业结构高度化与制造业和其他各行业对外直接投资净额的绝对关联度、相对关联度和综合关联度，考察中国制造业和其他产业对外直接投资对产业结构升级的影响。

使用以下方法计算中国国内产业结构升级与对外直接投资的灰色关联度，中国产业结构高度化为产业结构转型升级灰色关联度分析的母序列，作为衡量中国产业结构升级的指标，"子因素"是居民服务和其他服务业，信息传输、计算机服务和软件业，交通运输仓储和邮政业，制造业，批发和零售业，农、林、牧、渔业，租赁和商务服务业，建筑业，采矿业，电力、燃气及水的生产和供应业，科学研究、技术服务和地质勘查业，如表 8－10 所示。

表 8－10　中国制造业与其他行业对外直接投资与国内产业结构升级的关联度

	制造业	租赁和商务服务业	批发和零售业	信息传输、计算机服务和软件业	科学研究、技术服务和地质勘查业	采矿业	交通运输仓储和邮政业	建筑业	房地产业	电力、燃气及水的生产和供应业	农、林、牧、渔业	居民服务和其他服务业
绝对关联度	0.502	0.514	0.505	0.501	0.501	0.506	0.502	0.501	0.501	0.501	0.500	0.500
相对关联度	0.774	0.703	0.741	0.885	0.533	0.613	0.812	0.639	0.529	0.536	0.744	0.887
综合关联度	**0.638**	**0.608**	**0.623**	**0.693**	**0.517**	**0.560**	**0.657**	**0.570**	**0.515**	**0.518**	**0.622**	**0.694**

依据各行业的综合关联度，按照各因素对国内产业结构升级的影响大小顺序排列，分别为居民服务和其他服务业，信息传输、计算机服务和软件业，交通运输仓储和邮政业，制造业，批发和零售业，农、林、牧、渔业，租赁和商务服务业，建筑业，采矿业，电力、燃气及水的生产和供应业，科学研究、技术服务和地质勘查业，房地产业，关联度系数分别为 0.694、0.693、0.657、0.638、0.623、0.622、0.608、0.570、0.560、0.518、0.517、0.515。

　　分析结果表明，制造业与国内产业结构升级的平均绝对关联度极低，仅为0.502，大大小于1，表明制造业对外直接投资虽然提升了产业结构，但对产业内结构升级影响较弱，制造业对外直接投资与产业结构升级的综合关联度小于居民服务和其他服务业，信息传输、计算机服务和软件业，交通运输仓储和邮政业。信息传输、计算机服务和软件业，居民服务和其他服务业等服务业对外直接投资与国内产业结构升级绝对关联度较低，但其相对关联度高于制造业。居民服务和其他服务业与信息传输、计算机服务和软件业对外直接投资与国内产业结构升级的综合关联度最大，说明30多年以来信息传输、计算机服务和软件业，居民服务和其他服务业加快了"走出去"的步伐，随着制度变迁进程的不断深化，居民服务和其他服务业，信息传输、计算机服务和软件业对外直接投资对国内产业结构升级的贡献逐渐增大。

　　2. 样本省份制造业对外直接投资与国内产业结构升级的灰色关联度

　　下面继续使用灰色关联度方法分析样本省份制造业对外直接投资与国内产业结构升级的关系，并基于2003～2015年国内产业结构升级与对外直接投资的数据确立了指标体系，如表8-11所示。

表8-11　样本省份制造业对外直接投资与国内产业结构升级的关联度

省份	北京	天津	河北	山西	内蒙古	辽宁	吉林	黑龙江	上海	江苏	浙江	安徽
绝对关联度	0.509	0.507	0.502	0.501	0.502	0.504	0.502	0.503	0.509	0.503	0.505	0.503
相对关联度	0.644	0.507	0.502	0.807	0.510	0.508	0.507	0.516	0.520	0.514	0.519	0.505
综合关联度	0.577	0.507	0.502	0.654	0.506	0.506	0.505	0.510	0.514	0.509	0.512	0.504
名次	2	14	25	1	15	16	19	10	7	12	9	20

续表

省份	福建	江西	山东	河南	湖北	湖南	广东	广西	海南	重庆	四川	贵州
绝对关联度	0.502	0.502	0.504	0.501	0.502	0.503	0.506	0.501	0.520	0.503	0.503	0.501
相对关联度	0.628	0.514	0.551	0.524	0.506	0.504	0.524	0.517	—	—	0.503	—
综合关联度	0.565	0.508	0.527	0.513	0.504	0.504	0.515	0.509	—	—	0.503	—
名次	4	13	5	8	21	22	6	11			23	

省份	云南	陕西	甘肃	青海	宁夏	新疆	全国					
绝对关联度	0.507	0.502	0.508	0.501	0.505	0.504	0.504					
相对关联度	0.504	0.501	0.502	0.642	—	0.501	0.534					
综合关联度	0.505	0.502	0.505	0.571	—	0.503	0.519					
名次	17	26	18	3		24						

　　样本省份对外直接投资与产业结构高度化的关联度并不高，全国对外直接投资与产业结构高度化的绝对关联度为0.504，相对关联度为0.534，综合关联度仅为0.519。山西省对外直接投资与产业结构高度化的关联度名列全国第一，北京对外直接投资与国内产业结构高度化的关联度名列全国第二，其他分别为青海、福建、山东、广东、上海、河南、浙江、黑龙江、广西、江苏、江西、天津、内蒙古、辽宁、云南、甘肃、吉林、安徽、湖南、湖北、四川、新疆、河北、陕西。如图8-6所示。

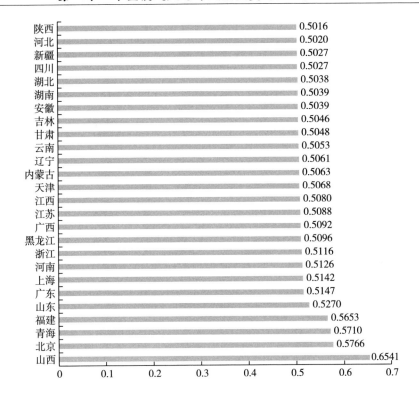

图 8 - 6 样本省份对外直接投资与国内产业结构升级综合关联度排名

四、稳健性检验

接下来检验对外直接投资、外商投资、进出口贸易、人均国内生产总值等因素冲击结果的稳健性。分别使用以下方法进行稳健性检验，发现计量结果未发生明显变化。

第一，进行数据方面的稳健性检验。本书使用工业品销售收入变量代替进出口贸易变量纳入模型，发现研究结果与原有研究结果具有一致性，外商投资冲击对产业结构合理化的影响作用、对外直接投资冲击对产业结构合理化的作用、人均国内生产总值冲击对产业结构合理化的作用、固定资产投资冲击对产业结构合理化的作用未改变，本书用工业品销售收入变量代替进出口贸易的用意是考察作为中国经济总量重要组成部分的工业品销售收入在达到一定规模的情况下对中国固定资产投资的影响。

第二，调整识别机制。分别松绑了外商投资冲击对产业结构合理化、制造业对外直接投资冲击对产业结构合理化、固定资产投资冲击对产业结构合理化、人均国内生产总值冲击对产业结构合理化的影响，并进行了检验，未发现结果有改变。

第三，采取替换所有解释变量的方法，使用工业品销售收入变量代替进出口贸易变量、使用资本流出变量代替对外直接投资变量、使用资本流入变量代替外商投资变量、使用各省份资本存量代替各省固定资产投资变量、使用人均消费支出变量代替人均国内生产总值变量，从稳健性检验的结果来看，进出口贸易、对外直接投资、外商投资、固定资产投资和人均国内生产总值主要解释变量的系数估计值并未发生显著变化，说明本书的基本估计结果是稳健的。

小　结

本章利用我国 30 个省份（不包括西藏）2004～2013 年的面板数据，在引入空间距离因素的基础上探索了中国制造业 OFDI 对产业结构转型升级的直接影响和空间溢出效应，揭示了当前中国省际对外直接投资与产业结构转型升级的空间自相关特征，分别以产业结构高度化和产业结构合理化为被解释变量，揭示了中国对外直接投资对国内产业结构升级的影响和空间溢出效应。主要结论如下：

第一，现阶段中国制造业对外直接投资对国内产业结构升级的拉动作用主要体现在对产业结构合理化的提升上。产业结构高度化变量的空间自相关特征不明显，而产业结构合理化变量的全域 Moran's I 指数在大多数年份均通过了显著性检验，产业结构合理化变量的空间自相关特征明显。同时，中国 OFDI 和产业结构合理化变量的 Moran's I 指数值在 2013～2015 年呈相似的变动趋势。

第二，以产业结构高度化为解释变量的检验结果发现，制造业对外直接投资与产业结构高度化变量显著正相关，中国制造业对外直接投资能推动中国产业结构高度化。以产业结构合理化为被解释变量的检验结果发现，各省份制造业 OF-DI 增长将使本地产业结构合理化水平显著提升。从分区域回归结果来看，中国省际对外直接投资对国内产业结构合理化的作用路径及其作用强度在区域层面存在显著差异。中国东部地区对外直接投资对提升产业结构合理化的促进作用最明显，其次为中部地区，中部地区对外直接投资有助于提升产业结构合理化，但在西部地区，对外直接投资对提升产业结构合理化的正向激励作用并不存在。

第三，计算中国产业结构高度化与制造业和其他各行业对外直接投资净额的绝对关联度、相对关联度和综合关联度，考察中国制造业和其他行业对外直接投资对产业结构升级的影响。制造业对外直接投资与国内产业结构升级的平均绝对关联度极低，大大小于 1。本章计算了各省份制造业对外直接投资与国内产业结构升级的灰色关联度，山西省对外直接投资与产业结构高度化的关联度名列全国第一，其次为北京。

第九章 中国对外直接投资对
国内投资的影响

本章将从省级视角研究中国对外直接投资对国内投资是否存在挤出效应、中国对"一带一路"沿线国家直接投资对国内投资是否存在挤出效应、东中西三大地区对外直接投资存在挤出效应还是挤入效应。本书试图回答这些问题。本章不但研究 OFDI 流量对国内资本形成的挤出效应或挤入效应，而且研究中国通过 OFDI 流量获得的国外研发资本对我国国内投资的影响，还研究了中国通过"一带一路"沿线国家 OFDI 流量获得的国外研发资本对我国国内投资的影响。

第一节 对外直接投资对国内投资影响的相关
文献综述及问题的提出

学术界关于发达国家 OFDI 对国内投资是存在挤入效应还是存在挤出效应尚无一致结论。Desai、Foley 和 Hines（2005）的研究结果表明，美国的 OFDI 对其国内投资具有挤入效应，因此美国国内投资与 OFDI 存在显著的互补性。但其他学者认为，发达国家对外直接投资会显著挤出国内投资，即发达国家对外直接投资对其国内资本具有挤出效应。Herzer 和 Schrooten（2008）认为德国 OFDI 也存在挤出效应。

我国学者关于发展中国家 OFDI 对国内投资存在挤出效应还是挤入效应存在较多分歧。綦建红和魏庆广（2009）使用 2003~2007 的面板数据实证研究发现，中国对外直接投资对国内投资存在明显的挤入效应，但该成果未考虑中国对"一带一路"沿线国家 OFDI 对国内投资的影响。辛晴和邵帅（2012）的研究也发现，中国对外直接投资对国内资本形成显著的挤入效应。但薛新红和王忠诚（2017）的研究结果发现，中国 OFDI 会显著挤出国内投资，但其检验结果的可靠性值得进一步验证。

本书认为现有研究存在以下缺陷：首先，学术界主要以 OFDI 规模较大的发达国家为研究对象，而关于发展中国家 OFDI 对其国内投资影响的研究成果较少，因此无论是存在挤出效应还是存在挤入效应都值得进一步验证。其次，学术界没有考虑中国对"一带一路"沿线国家 OFDI 对我国国内投资的影响。最后，学术界没有考虑中国通过 OFDI 流量获得的国外研发资本对我国国内投资的影响。本书基于中国 30 个省份的面板数据也研究了中国 OFDI 对国内投资的影响，不但研究了 OFDI 流量对国内资本形成的挤出效应或挤入效应，而且研究了中国通过 OFDI 流量获得的国外研发资本对我国国内投资的影响，以及中国对"一带一路"沿线国家 OFDI 流量获得的国外研发资本对我国国内投资的影响。

第二节　模型建立及数据说明

一、模型建立

本章借鉴 Agosin 和 Mayer（2000）的相对挤入挤出模型，建立以下随机前沿引力模型：

$$
\begin{aligned}
GDN_{it}/GDP_{it} = {} & \beta_0 + \beta_1 L.\,(GDN_{it}/GDP_{it}) + \beta_2 \ln OFDI_{it} + \beta_3 \ln OFDI_{it} \times \ln FINAL_{it} + \\
& \beta_4 \ln FDI_{it} + \beta_5 IMEX/GDP_{it} + \beta_6 GOFA_{it}/GDP_{it} + \beta_7 SEIN_{it}/GDP_{it} + \\
& \beta_8 \ln PGDP_{it} + v_{ijt} + u_{ijt}
\end{aligned}
\tag{9-1}
$$

其中，GDN/GDP 为各省固定资产投资额占 GDP 比重，$OFDI$ 为各省 OFDI 流量，$FINAL$ 为各省本外币各项存贷款，FDI 为各省外商投资额，$IMEX/GDP$ 为按境内目的地和货源地分货物进出口总额与 GDP 之比，$GOFA/GDP$ 为各省政府财政支出占 GDP 比重，$SEIN/GDP$ 为各省第三产业占比，$PGDP$ 为各省人均 GDP。

同时建立了中国各省份通过 OFDI 获得的国外研发资本对国内投资影响的随机前沿引力模型，$OFDI1_{it}$ 为中国各省通过 OFDI 流量获得的国外研发资本：

$$
\begin{aligned}
GDN_{it}/GDP_{it} = {} & \beta_0 + \beta_1 L.\,(GDN_{it}/GDP_{it}) + \beta_2 \ln OFDI1_{it} + \beta_3 \ln OFDI1_{it} \times \\
& \ln FINAL_{it} + \beta_4 \ln FDI_{it} + \beta_5 IMEX/GDP_{it} + \beta_6 GOFA_{it}/GDP_{it} + \\
& \beta_7 SEIN_{it}/GDP_{it} + \beta_8 \ln PGDP_{it} + v_{ijt} + u_{ijt}
\end{aligned}
\tag{9-2}
$$

然后建立中国各省份通过"一带一路"沿线国家 OFDI 获得的国外研发资本对国内投资影响的随机前沿引力模型，$OFDI2_{it}$ 为各省通过对"一带一路"沿线国家 OFDI 流量获得的国外研发资本：

$$GDN_{it}/GDP_{it} = \beta_0 + \beta_1 L. \ (GDN_{it}/GDP_{it}) + \beta_2 \ln OFDI2_{it} + \beta_3 \ln OFDI2_{it} \times$$
$$\ln FINAL_{it} + \beta_4 \ln FDI_{it} + \beta_5 IMEX/GDP_{it} + \beta_6 GOFA_{it}/GDP_{it} +$$
$$\beta_7 SEIN_{it}/GDP_{it} + \beta_8 \ln PGDP_{it} + v_{ijt} + u_{ijt} \qquad (9-3)$$

最后建立以下非效率前沿函数：

$$\mu_{ijt} = \delta_0 + \delta_1 HUMA_{it} + \delta_2 \ln LAPO_{it} + \delta_3 \ln PATE_{it} + \delta_4 \ln DERF_{it} + w_{ijt} \qquad (9-4)$$

其中，$HUMA$ 为各省人力资本，$LAPO$ 为各省劳动生产率，$PATE$ 为各省专利受理数，$DERF$ 为使用刘生龙和胡鞍钢（2011）的计算方法得到的各省交通设施密度。

本章建立以下代理变量来计算中国 OFDI 挤出（入）效应的大小和方向。

$$\beta_L = \sum_{i=2}^{3} \frac{\beta_i(1 + FINA)}{1 - \beta_1} \qquad (9-5)$$

若 $\beta_L = 0$，表明中国 OFDI 对中国国内投资既无挤出效应也无挤入效应。若 $\beta_L > 0$，表明中国 OFDI 对中国国内投资存在挤入效应。若 $\beta_L < 0$，表明中国 OFDI 对中国国内投资存在挤出效应。

二、变量选择

$OFDI$ 为各省 OFDI 流量，$OFDI1_{it}$ 为中国各省通过 OFDI 流量获得的国外研发资本，各省通过对 34 国 OFDI 流量获得的国外研发资本的计算方法与第三章相同。$OFDI2_{it}$ 为通过对"一带一路"沿线国家 OFDI 流量获得的国外研发资本，计算方法也与第三章相同。但在计算过程中分别计算全国层面通过对"一带一路"沿线 52 国对外直接投资获得的国外研发资本存量和各省通过对"一带一路"沿线 52 国对外直接投资获得的国外研发资本存量。[①]

三、数据说明

本章收集了中国 30 个省份 2003～2014 年的平衡面板数据（不包括西藏），在本章的计量分析中，各省份对外直接投资流量数据来自各年的《中国对外直接投资统计公报》，外商直接投资、货物进出口、各省固定资产投资额、各省本外币各项存贷款、按境内目的地和货源地分货物进出口总额、各省政府财政支出、

---

① 本书选择的"一带一路"沿线 52 国包括印度尼西亚、马来西亚、菲律宾、新加坡、泰国、越南、柬埔寨、老挝、尼泊尔、巴基斯坦、印度、孟加拉、斯里兰卡、哈萨克斯坦、吉尔吉斯斯坦、乌兹别克斯坦、塔吉克斯坦、蒙古国、卡塔尔、阿曼、黎巴嫩、科威特、以色列、约旦、土耳其、巴林、阿拉伯联合酋长国、也门、沙特、埃及、伊朗、匈牙利、波兰、捷克、爱沙尼亚、拉脱维亚、立陶宛、保加利亚、阿塞拜疆、亚美尼亚、格鲁吉亚、阿尔巴尼亚、波黑、克罗地亚、斯洛伐克、斯洛文尼亚、罗马尼亚、北马其顿、俄罗斯、白俄罗斯、乌克兰、摩尔多瓦。

各省第三产业总产值、各省 GDP 等数据来自 Wind 数据库。对外商直接投资、货物进出口、OFDI 等变量按照年平均汇率折算为人民币标价。同时，本章选择的全球 34 国见第三章。

第三节　变量描述性统计及相关性检验

从表 9-1 可看到，全国 GDN/GDP 的最大值为 124. 222，最小值为 25. 358，均值为 59. 893；$OFDI2$ 的最大值为 4. 44E + 08 元，最小值为 7. 97 元，均值为 2. 9E + 07 元；$OFDI1$ 的最大值为 5. 78E + 09 元，最小值为 7. 9718 元，均值为 3. 3E + 08 元；$OFDI$ 的最大值为 6. 69E + 10 元，最小值为 79718 元，均值为 3. 5E + 09 元；$FINAL$ 的最大值为 8. 49E + 12 元；最小值 5. 67E + 10 元，均值为 1. 4E + 12 元；FDI 的最大值为 4. 41E + 12 元，最小值为 5. 73E + 09 元，均值为 5. 4E + 11 元；$IMEX/GDP$ 的最大值 166. 816，最小值为 1. 654，均值为 32. 729；$GOFA/GDP$ 的最大值为 62. 742，最小值为 3. 329，均值为 19. 481，$SEIN/GDP$ 的最大值为 77. 948，最小值为 28. 303，均值为 40. 93；$PGDP$ 的最大值为 103684. 3 元，最小值 3685. 96 元，均值为 29678 元；$HUMA$ 的最大值为 1331. 04，最小值为 617. 74，均值为 903. 878；$LAPO$ 的最大值为 191833 元，最小值为 6413. 4 元，均值 53753. 7 元；$PATE$ 的最大值为 146660，最小值为 49，均值为 9821. 02；$DERF$ 的最大值为 2. 474，最小值为 0. 039，均值为 0. 792。可以看到，GDN/GDP、$OFDI2$、$OFDI1$、$OFDI$、$FINAL$、FDI、$IMEX/GDP$、$GOFA/GDP$、$SEIN/GDP$、$PGDP$、$HUMA$、$LAPO$、$PATE$、$DERF$ 在样本间都存在较大的差异。表 9-1 也给出了各变量描述性统计的分解，可以看到，除了西部地区的 GDN/GDP、$GOFA/GDP$ 的均值显著大于东部地区和中部地区以外，西部地区的 $OFDI2$、$OFDI1$、$OFDI$、$FINAL$、FDI、$IMEX/GDP$、$SEIN/GDP$、$PGDP$、$HUMA$、$LAPO$、$PATE$、$DERF$ 的均值都显著小于东部地区。

表 9-2 给出了各变量的 Spearman 相关性检验。通过变量间的两两相关性检验，可以看到，$FINAL$、FDI、$IMEX/GDP$、$SEIN/GDP$、$DERF$ 与各省份固定资产投资额占 GDP 比重显著负相关，与 $GOFA/GDP$ 显著正相关，这表明各省份政府财政支出占 GDP 比重显著促进各省份固定资产投资额占比的提升，但各省份本外币各项存贷款、各省份外商投资额、按境内目的地和货源地分货物进出口总额与 GDP 之比、各省份第三产业占比、各省份交通设施密度不利于各省份固定资产投资额占比的增长。同时可以看到，各省份 OFDI 流量与 $FINAL$、FDI、

表 9－1　描述性统计

		GDN/GDP	OFDI2	OFDI1	OFDI	FINAL	FDI	IMEX/GDP	GOFA/GDP	SEIN/GDP	PGDP	HUMA	LAPO	PATE	DERF
全国	均值	59.893	2.9E+07	3.3E+08	3.5E+09	1.4E+12	5.4E+11	32.729	19.481	40.93	29678	903.878	53753.7	9821.02	0.792
	中位数	58.392	1.1E+07	1.2E+08	1.1E+09	8.9E+11	2E+11	14.815	17.462	39.458	24616.4	895.796	43916.8	3247.5	0.725
	最大值	124.222	4.44E+08	5.78E+09	6.69E+10	8.49E+12	4.41E+12	166.816	62.742	77.948	103684.3	1331.04	191833	146660	2.474
	最小值	25.358	7.97	7.9718	79718	5.67E+10	5.73E+09	1.654	3.329	28.303	3685.96	617.74	6413.4	49	0.039
	标准差	19.447	51600000	6.16E+08	6.87E+09	1.45E+12	7.98E+11	37.52	8.73	8.025	20385.11	120.3	36796.24	18090.53	0.51
	偏度	0.445	3.512093	3.995598	4.402801	2.097411	2.464753	1.931	1.688	2.537	1.26	0.572	1.4	4	0.755
	峰度	2.604	19.80078	25.4188	29.75674	7.828851	8.958504	6.058	7.357	11	4.33	3.999	4.96	23.71	3.305
西部	均值	68.514	1E+07	1.2E+08	1.2E+09	7E+11	1.1E+11	11.968	26.148	39.254	21014.7	831.03	40134.7	3333.99	0.451
	中位数	68.127	2375111	3.2E+07	2.9E+08	4.6E+11	7.4E+10	10.139	23.256	39.12	17053.1	844.733	33214.4	1144.5	0.408
	最大值	124.222	56400000	7.78E+08	8.72E+09	3.48E+12	5.08E+11	41.465	62.742	48.779	70944.28	1055.09	121699	29926.01	1.617
	最小值	32.657	7.97	7.9718	79718	5.67E+10	5.73E+09	1.654	3.329	32.338	3685.96	617.74	6413.4	49	0.039
	标准差	18.078	14100000	1.65E+08	1.80E+09	6.22E+11	1.04E+11	7.001	9.901	3.434	13591.08	97.753	26429.81	5702	0.367
	偏度	0.521	1.632602	1.877609	2.183922	1.724679	1.581878	1.683	1.264	0.528	1.26	-0.086	1.2	2.79	1.351
	峰度	3.038	4.92694	6.414251	8.003679	6.5917	5.391456	6.136	5.343	3.191	4.66	2.293	4.04	10.6	4.65
中部	均值	61.683	1.4E+07	1.6E+08	1.6E+09	9.5E+11	2E+11	11.93	17.332	37.249	22156.2	897.868	39899.6	5479.66	0.812
	中位数	60.69	1E+07	1E+08	8.1E+08	7.7E+11	1.9E+11	12.025	16.906	37.63	20460.3	903.052	36456.9	3034.5	0.845
	最大值	104.925	99100000	8.88E+08	7.60E+09	2.76E+12	4.77E+11	21.018	24.708	45.771	50149.82	1029.96	95378.24	49960.02	1.548

续表

		GDN/GDP	OFDI2	OFDI1	OFDI	FINAL	FDI	IMEX/GDP	GOFA/GDP	SEIN/GDP	PGDP	HUMA	LAPO	PATE	DERF
中部	最小值	28.742	36866.72	254575.2	3906182	2.60E+11	5.06E+10	5.284	10.287	28.303	6120.3	724.642	11066.91	482	0.171
	标准差	19.304	17600000	1.80E+08	1.82E+09	5.84E+11	8.47E+10	3.733	3.771	3.778	11255.33	69.382	20436.9	7270.85	0.39
	偏度	0.182	2.478944	1.681404	1.295911	1.048475	0.806259	0.353	0.132	-0.309	0.48	-0.283	0.65	3.49	0.242
	峰度	1.954	11.20571	6.356744	3.900641	3.374678	3.601309	2.595	1.993	2.64	2.21	2.965	2.66	18.63	1.902
东部	均值	49.97	5.9E+07	6.7E+08	7.1E+09	2.4E+12	1.2E+12	68.617	14.377	45.284	43811.8	981.098	77448.4	19465.4	1.118
	中位数	46.564	3.4E+07	3.5E+08	3.2E+09	1.9E+12	8.4E+11	57.781	13.034	42.295	39485.2	954.84	67393.9	8701.5	1.044
	最大值	92.263	4.44E+08	5.78E+09	6.69E+10	8.49E+12	4.41E+12	166.816	31.926	77.948	103684.3	1331.04	191833.3	146660	2.474
	最小值	25.358	8.28	8.2768	82768	8.75E+10	7.15E+10	11.583	7.918	31.718	8803.45	808.579	19813.51	110	0.37
	标准差	16.214	73700000	8.96E+08	1.01E+10	1.86E+12	9.98E+11	41.829	5.106	11.067	23320.46	123.416	42612.03	26001.41	0.494
	偏度	0.753	2.057041	2.405269	2.674076	1.065562	1.231685	0.862	1.453	1.563	0.6	0.76	0.88	2.53	0.792
	峰度	2.825	8.6678	11.06138	12.64081	3.578831	3.6816	2.683	5.486	4.809	2.53	2.837	3.03	10.61	3.182

IMEX/GDP、*SEIN/GDP*、*PGDP*、*HUMA*、*LAPO*、*PATE*、*DERF* 均显著正相关，与 *GOFA/GDP* 显著负相关，因此各省份本外币各项存贷款、各省份外商投资额、按境内目的地和货源地分货物进出口总额与 GDP 之比、各省份第三产业占比、各省份人均 GDP、各省份人力资本、各省份劳动生产率、各省份专利受理数、各省份交通设施密度显著促进我国各省份 OFDI 流量增长，但各省份政府财政支出占 GDP 比重不利于各省份 OFDI 增长。

表 9 – 2　相关性检验

	GDN/GDP	OFDI	FINAL	FDI	MEX/GDP	GOFA/GDP	SEIN/GDP	PGDP	HUMA	LAPO	PATE
GDN/GDP	1										
OFDI	– 0.087	1									
FINAL	– 0.109 *	0.835 *	1								
FDI	– 0.335 *	0.629 *	0.793 *	1							
MEX/GDP	– 0.501 *	0.366 *	0.508 *	0.785 *	1						
GOFA/GDP	0.586 *	– 0.126 *	– 0.276 *	– 0.355 *	– 0.368 *	1					
SEIN/GDP	– 0.315 *	0.367 *	0.381 *	0.336 *	0.431 *	0.017	1				
PGDP	0.073	0.635 *	0.728 *	0.582 *	0.485 *	– 0.068	0.546 *	1			
HUMA	– 0.026	0.462 *	0.536 *	0.420 *	0.465 *	– 0.124 *	0.595 *	0.834 *	1		
LAPO	0.053	0.589 *	0.652 *	0.548 *	0.494 *	– 0.023	0.568 *	0.979 *	0.857 *	1	
PATE	– 0.089	0.765 *	0.866 *	0.751 *	0.378 *	– 0.188 *	0.390 *	0.647 *	0.477 *	0.593 *	1
DERF	– 0.136 *	0.463 *	0.642 *	0.629 *	0.543 *	– 0.315 *	0.391 *	0.628 *	0.541 *	0.580 *	0.566 *

第四节　中国 OFDI 及通过 OFDI 流量获得的国外研发资本对国内投资的作用

一、中国 OFDI 对国内投资的影响

表 9 – 3 为 OFDI 流量对国内投资的影响。表 9 – 3 的回归结果（1）和结果（2）表明扰动项存在自相关，而回归结果（3）和结果（4）表明扰动项不存在自相关，因此放弃回归结果（1）和结果（2）的检验结果。结果（1）和结

（2）未添加国内经济因素作为控制变量，而结果（3）和结果（4）控制了各省份外商直接投资、各省份贸易开放度、各省份政府财政支出占 GDP 比重、各省份第三产业占比、各省份人均 GDP 等变量。在结果（3）和结果（4）中，各省份 OFDI 变量显著为正，各省份 OFDI 占 GDP 比重变量的平方显著为负，同时其他控制变量的系数未发生显著变化，说明控制变量的添加不改变各省份 OFDI 和各省份 OFDI 占比的平方项的系数符号和显著性，说明 OFDI 流量对国内投资的影响方式是稳健的。结果（4）表明中国企业对外直接投资规模较小时，对外直接投资能促进国内投资，中国 OFDI 能显著促进国内投资，但当对外直接投资达到一定规模时，会挤出国内投资。这种结果表明，我国对外直接投资仍处于不断增长期，中国企业对外直接投资规模不能太大，应保持一定规模并持续、稳定增长。

表 9-3　OFDI 流量对国内投资的影响

变量	（1）	（2）	（3）	（4）
固定资产投资额占比滞后 1 期	1.069 *** (212.70)	1.053 *** (169.85)	0.758 *** (42.27)	0.693 *** (20.92)
各省份 OFDI 流量的对数	-0.475 *** (-11.78)	12.152 *** (7.37)	2.384 *** (5.99)	19.189 *** (6.16)
各省份 OFDI 占 GDP 比重变量的平方		-0.313 *** (-7.55)		-0.517 *** (-5.94)
各省份外商直接投资			11.243 *** (14.61)	16.675 *** (7.64)
各省份贸易开放度			-0.179 *** (-8.08)	-0.363 *** (-8.62)
各省份政府财政支出占 GDP 比重			1.318 *** (18.70)	1.575 *** (9.60)
各省份第三产业占比			-0.226 * (-1.89)	-0.017 (-0.20)
各省份人均 GDP			-16.279 *** (-10.18)	-7.586 *** (-3.94)
常数	9.791 *** (12.31)	-114.756 *** (-7.18)	-171.259 *** (-15.12)	-530.229 *** (-7.89)
AR（1）	0.001 (-3.44)	0.00 (-3.55)	0.04 (-2.05)	0.01 (-2.47)

续表

变量	（1）	（2）	（3）	（4）
AR （2）	0.000	0.00	0.06	0.30
	（−3.55）	（−3.62）	（−1.91）	（−1.03）
Hansen test	0.478	0.25	0.20	0.23
	（29.76）	（29.40）	（27.24）	（26.62）

注：括号中数字为 T 检验值，***、**、* 分别表示1%、5%、10% 的显著水平，下同。

表9-4 为通过对"一带一路"沿线国家 OFDI 流量获得的国外研发资本对国内投资的影响。从表9-4 中的回归结果（1）、结果（2）、结果（3）和结果（4）可看到，回归结果（1）、结果（2）表明扰动项存在自相关，而回归结果（3）、结果（4）表明扰动项不存在自相关。表9-4 的结果（1）和结果（2）也未添加国内经济因素作为控制变量，而结果（3）和结果（4）控制了外商直接投资、贸易开放度、政府财政支出占 GDP 比重、第三产业占比、人均 GDP 等变量。当企业通过对"一带一路"沿线国家 OFDI 流量获得的国外研发资本较少时，通过对"一带一路"沿线国家 OFDI 流量获得的国外研发资本能显著促进国内投资，但当获得的国外研发资本规模达到一定规模时会挤出国内投资。

表9-4 通过对"一带一路"沿线国家 OFDI 流量获得的国外研发资本对国内投资的影响

	（1）	（2）	（3）	（4）
各省份固定资产投资额占比滞后1期	1.064 ***	1.072 ***	0.783 ***	0.690 ***
	（69.27）	（243.33）	（23.81）	（11.68）
各省份通过对"一带一路"沿线国家 OFDI 流量获得的国外研发资本的对数	−0.261 **	6.250 ***	1.446 ***	29.839 ***
	（−1.92）	（30.55）	（4.60）	（7.20）
通过对"一带一路"沿线国家 OFDI 流量获得的研发资本占 GDP 比重的平方		−0.228 ***		−1.146 ***
		（−26.70）		（−9.03）
各省份外商直接投资			11.90 ***	22.644 ***
			（12.67）	（8.47）
各省份贸易开放度			−0.173 ***	−0.407 ***
			（−10.61）	（−16.31）

续表

	（1）	（2）	（3）	（4）
各省份政府财政支出占 GDP 比重			1. 357***	1. 937***
			(17. 19)	(10. 13)
各省份第三产业占比			− 0. 098	− 0. 074
			(− 1. 16)	(− 0. 90)
各省份人均 GDP			− 16. 259***	− 6. 500*
			(− 10. 62)	(− 1. 71)
常数	4. 294*	− 40. 589***	− 170. 410***	− 706. 805***
	(1. 52)	(− 31. 56)	(− 9. 24)	(− 14. 62)
AR（1）	0. 001	0. 001	0. 036	0. 039
	(− 3. 39)	(− 3. 39)	(− 2. 10)	(− 2. 07)
AR（2）	0. 000	0. 000	0. 093	0. 895
	(− 3. 55)	(− 3. 56)	(− 1. 68)	(− 0. 13)
Hansen test	0. 231	0. 501	0. 657	0. 340
	(28. 74)	(29. 31)	(29. 19)	(23. 07)

表 9 – 5 为通过 OFDI 流量获得的国外研发资本对国内投资的影响，回归结果（1）、结果（2）表明扰动项存在自相关，而回归结果（3）、结果（4）表明扰动项不存在自相关。可以看到，当中国各省份通过 OFDI 流量获得的国外研发资本较少时，能显著促进国内投资，但当获得的国外研发资本规模达到一定规模时，也会挤出国内投资。

表 9 – 5　通过 OFDI 流量获得的国外研发资本对国内投资的影响

	（1）	（2）	（3）	（4）
固定资产投资额占比 滞后 1 期	1. 011***	0. 979***	0. 939***	0. 676***
	(2783. 69)	(112. 18)	(31. 87)	(11. 04)
通过 OFDI 流量 获得的国外研发资本的对数	− 1. 341***	14. 452***	2. 066***	28. 404***
	(− 34. 41)	(6. 71)	(6. 06)	(6. 34)
通过 OFDI 流量 获得的研发资本占 GDP 比重的平方		− 0. 433***		− 0. 964***
		(− 7. 13)		(− 7. 72)
外商直接投资			15. 89***	23. 578***
			(18. 19)	(8. 5)

续表

	(1)	(2)	(3)	(4)
各省份贸易开放度			-0.204***	-0.442***
			(-6.48)	(-13.77)
各省份政府财政支出占GDP比重			1.424***	2.064***
			(16.66)	(10.72)
各省份第三产业占比			0.061	-0.195***
			(0.49)	(-2.05)
各省份人均GDP			-26.331***	-2.757
			(-15.74)	(-0.74)
常数	29.469***	-110.844***	-202.794***	-778.732***
	(38.93)	(-5.88)	(-14.53)	(-11.91)
AR (1)	0.000	0.000	0.030	0.044
	(-3.57)	(-3.57)	(-2.17)	(-2.01)
AR (2)	0.001	0.001	0.282	0.934
	(-3.38)	(-3.23)	(-1.08)	(-0.08)
Hansen test	0.202	0.121	0.214	0.297
	(27.24)	(28.72)	(26.93)	(23.92)

二、金融影响下的 OFDI 对国内投资的影响

表9-6给出了利用式（9-1）、式（9-4）分析得到的结果。结果（1）中，$\gamma = 0.9824$，结果（2）中，$\gamma = 0.9814$，结果（3）中，$\gamma = 0.9680$，并且在1%的水平上显著，表明前沿成本函数的模型设定可靠。研究结果中除前沿成本函数的 $\ln PGDP$、$\ln PATE$ 未达到显著性以外，其他的变量均达到了1%的显著性水平。在回归结果（1）中 $\ln FINAL$ 的系数显著为负，表明本外币各项存贷款不利于中国国内投资增长，中国金融发展水平对我国国内投资起到了抑制作用，在回归结果（3）中，$\ln OFDI$、$\ln OFDI \times \ln FINAL$ 的系数均显著，因此根据 OFDI 流量模型使用式（9-5）计算 β_L 为11.1397，即中国对外直接投资流量存在显著的挤入效应。虽然本外币各项存贷款不利于中国国内投资增长，但通过本外币各项存贷款与各省 OFDI 流量的乘积项（$\ln OFDI \times \ln FINAL$），降低了金融发展对国内投资的抑制作用。

表9-6　金融影响下OFDI流量对国内投资的影响

	(1)		(2)		(3)	
	系数	T检验值	系数	T检验值	系数	T检验值
截距	32.472	4.04	-7.036	-2.12	-35.079	-3.37
L. GDN/GDP	1.081	66.35	1.075	76.57	0.950	35.57
lnOFDI	0.436	2.23	2.726	4.13	2.353	3.02
lnFINAL	-1.407	-3.60				
lnOFDI×lnFINAL			-0.081	-4.20	-0.066	-2.70
lnFDI					1.295	3.03
IMEX/GDP					-0.062	-5.69
GOFA/GDP					0.278	5.71
SEIN/GDP					-0.171	-4.06
lnPGDP					0.391	0.42
截距	-239.816	-1.63	-235.482	-1.58	-161.928	-3.00
HUMA					-0.142	-2.12
lnLAPO					21.129	2.18
lnPATE					0.697	0.23
lnDERF					-31.115	-3.19
δ^2	888.903	1.80	848.917	1.49	342.346	3.48
γ	0.9824	89.36	0.9814	69.74	0.9680	84.71

根据通过OFDI流量获得的国外研发资本模型，使用式（9-5）根据OFDI流量获得的国外研发资本模型计算β_L为6.2495，因此，通过OFDI流量获得的国外研发资本也存在显著的挤入效应。外商投资的估计系数显著为正，表明外商投资对我国国内投资具有较强的影响力。从表9-7中的回归结果（1）、结果（2）和结果（3）可以看到，按境内目的地和货源地分货物进出口总额与GDP之比的估计系数显著为负，表明进口对国内投资的挤出效应大于出口对国内投资的挤入效应。政府财政支出占比的估计系数显著为正，表明政府财政支出占比增长越快，国内投资规模就越大。各地第三产业占比的估计系数也显著为负，表明第三产业的增长对国内投资起到了显著的抑制作用。各省份人均GDP变量未通过显著性检验。

表9-7中结果（3）的技术无效函数中的各省份人力资本、各省份交通设施密度在通过OFDI流量获得的国外研发资本对各省份国内投资影响模型中均显著为负，且在10%的水平上显著，因此提升各省份人力资本、各省份交通设施密

度能显著促进各省份国内投资。各省份劳动生产率在通过 OFDI 流量获得的国外研发资本对各省份国内投资影响模型中显著为正，因此各省份劳动生产率对各省份国内投资具有负向影响。

表 9 - 7　金融影响下通过 OFDI 流量获得的国外研发资本对国内投资的影响

	(1)		(2)		(3)	
	系数	T 检验值	系数	T 检验值	系数	T 检验值
截距	34.443	3.54	-3.229	-1.56	-35.830	-2.89
L. GDN/GDP	1.081	66.46	1.079	66.44	0.955	35.94
ln$OFDI$1	0.388	3.09	2.558	4.24	2.017	2.79
ln$FINAL$	-1.409	-3.47				
ln$OFDI$1 × ln$FINAL$			-0.081	-4.19	-0.063	-2.39
lnFDI					1.460	3.53
IMEX/GDP					-0.062	-5.83
GOFA/GDP					0.287	5.90
SEIN/GDP					-0.173	-4.15
ln$PGDP$					0.608	0.71
截距	-247.399	-1.76	-244.574	-1.57	-154.571	-1.84
HUMA					-0.169	-1.91
ln$LAPO$					24.865	1.76
ln$PATE$					-1.925	-0.50
ln$DERF$					-24.644	-1.75
δ^2	927.820	1.82	905.686	1.63	306.591	2.24
γ	0.984	101.34	0.984	82.08	0.964	48.81

　　根据用式（9 - 5）计算得到 β_L 为 6.7149，所以中国通过对"一带一路"沿线国家 OFDI 流量获得的国外研发资本也存在挤入效应。从表 9 - 8 中的回归结果（1）、结果（2）和结果（3）可以看到，外商投资对我国国内投资也具有较大的影响，但第三产业的增长显著地抑制了国内投资，出口对国内投资的挤入效应显著小于进口对国内投资的挤出效应。政府财政支出占比的估计系数显著为正，表明政府财政支出占比增长越快，国内投资规模就越大。各省份人均 GDP 变量未通过显著性检验。

表9-8 金融影响下通过对"一带一路"沿线国家 OFDI 流量获得的
国外研发资本对国内投资的影响

	(1)		(2)		(3)	
	系数	T 检验值	系数	T 检验值	系数	T 检验值
截距	32.404	3.62	-2.802	-1.36	-34.822	-2.56
L. GDN/GDP	1.081	68.10	1.080	66.35	0.951	35.57
lnOFDI2	0.371	2.62	2.983	4.24	2.567	2.84
lnFINAL	-1.294	-3.57				
lnOFDI2 × lnFINAL			-0.095	-4.25	-0.082	-2.55
lnFDI					1.357	2.74
IMEX/GDP					-0.062	-5.50
GOFA/GDP					0.286	5.83
SEIN/GDP					-0.174	-4.02
lnPGDP					0.800	0.88
截距	-238.818	-2.52	-243.759	-1.72	-153.147	-2.69
HUMA					-0.169	-2.16
lnLAPO					25.789	2.59
lnPATE					-2.824	-1.95
lnDERF					-24.267	-1.38
δ^2	864.672	2.45	903.108	1.83	290.869	3.27
γ	0.982	114.52	0.984	95.15	0.963	73.82

表9-8中结果（3）的技术无效函数中的各省份人力资本、各省份专利受理数在通过对"一带一路"沿线国家 OFDI 获得的国外研发资本对各省份国内投资影响模型中也显著为负，且在1%的水平上显著，因此提升各省份人力资本、各省份专利受理数能显著促进各省份国内投资。各省份劳动生产率在通过"一带一路"沿线国家 OFDI 流量获得的国外研发资本对各省份国内投资影响模型中也显著为正，因此各省份劳动生产率对各省份国内投资具有负向影响。

三、分地区检验结果

表9-9为东中西三大地区的检验结果，可以看到东部地区 lnOFDI、lnOFDI × lnFINAL 的系数均显著，但中部地区和西部地区 lnOFDI、lnOFDI × lnFINAL 的系数不显著。根据式（9-5）计算得到东部地区 $\beta_L = 1.9806$，因此东部地区对外直接投资流量存在显著的挤入效应，中部地区和西部地区对外直接投资不存在挤

入效应。可以看到，中部地区各省份外商投资额的系数为 3.999，显著为正，且中部地区各省外商投资额的系数显著大于东部地区和西部地区，因此中部地区外商投资能显著促进国内投资，东部地区和西部地区外商投资对国内投资的促进作用较弱。

表 9 - 9　分地区检验结果

	中部地区		西部地区		东部地区	
	系数	T 检验值	系数	T 检验值	系数	T 检验值
截距	− 71. 336	− 5. 49	− 115. 613	− 4. 19	32. 159	0. 85
L. GDN/GDP	0. 843	16. 61	0. 746	15. 66	0. 802	17. 88
lnOFDI	0. 993	0. 49	− 1. 962	− 1. 27	3. 094	2. 00
lnOFDI × lnFINAL	− 0. 032	− 0. 47	0. 085	1. 53	− 0. 096	− 2. 14
lnFDI	3. 999	4. 87	1. 058	1. 26	1. 532	1. 83
IMEX/GDP	− 0. 306	− 2. 08	− 0. 162	− 2. 52	− 0. 092	− 5. 79
GOFA/GDP	1. 401	5. 37	0. 310	4. 94	0. 294	1. 90
SEIN/GDP	− 0. 076	− 0. 53	0. 590	3. 63	− 0. 325	− 5. 28
lnPGDP	− 3. 515	− 1. 75	8. 141	4. 48	− 4. 481	− 1. 24
截距	− 403. 230	− 2. 04	− 153. 160	− 2. 87	106. 865	2. 30
HUMA	0. 115	2. 40	− 0. 106	− 2. 53	− 0. 023	− 1. 91
lnLAPO	13. 760	1. 07	20. 635	2. 87	− 6. 245	− 1. 28
lnPATE	16. 354	3. 01	3. 462	2. 15	− 1. 227	− 1. 13
lnDERF	− 82. 223	− 2. 74	0. 476	0. 17	1. 323	0. 69
δ^2	395. 416	2. 41	40. 161	3. 32	12. 996	4. 94
γ	0. 981	104. 87	0. 814	9. 61	0. 667	2. 73

东中西三大地区货物进出口总额与 GDP 之比均显著为负，表明进口对三大地区国内投资的挤出效应均大于出口对国内投资的挤入效应。同时，三大地区政府财政支出占比均能显著地促进各地区国内投资规模增长。西部地区三产占比、人均 GDP 显著为正，表明西部地区三产占比、人均 GDP 能显著地促进该地区国内投资。另外，中部地区人均 GDP、东部地区三产占比均显著为负，表明中部地区人均 GDP 对中部地区国内投资、东部地区三产占比对东部地区国内投资都具有负向影响。

表 9 - 9 技术无效函数中东部地区的各省份人力资本、劳动生产率、专利受理数在 OFDI 对各省份国内投资影响模型中均为负，表明东部地区各省份人力资

本、劳动生产率、专利受理数能促进东部地区国内投资，但各省份劳动生产率、专利受理数未通过显著性检验，东部地区交通设施密度也未通过显著性检验。

西部地区各省份劳动生产率、专利受理数在 OFDI 对各省份国内投资影响模型的技术无效函数中显著为正，人力资本显著为负，因此西部地区各省份劳动生产率、专利受理数对于西部地区国内投资具有负向影响，西部地区人力资本能显著促进国内投资。

中部地区人力资本、各省份专利受理数在 OFDI 对中部地区各省份国内投资影响模型的技术无效函数中显著为正，而交通设施密度在 OFDI 对中部地区各省份国内投资影响模型的技术无效函数中显著为负，表明中部地区交通设施密度能显著促进该地区的国内投资，而中部地区人力资本、各省份专利受理数抑制该地区的国内投资。

四、内生性检验

本章对式（9-1）至式（9-3）进行内生性检验，并放弃使用滞后变量回归法检验内生性对方程可靠性的影响程度，我们使用系统 GMM 研究方法，使用中国各省份固定资产投资额占比变量（GDN/GDP）滞后 1~3 阶作为 GMM 式工具变量，同时使用各省份 OFDI 流量、本外币各项存贷款、外商投资额、按境内目的地和货源地分货物进出口总额与 GDP 之比、政府财政支出占 GDP 比重、各省份第三产业占比、各省份人均 GDP 滞后 2~3 阶作为 GMM 式工具变量，使用各省份人力资本、劳动生产率、交通设施密度作为外生工具变量。从表 9-10 中的回归结果（1）、结果（2）和结果（3）可以看到，内生性检验结果与式（9-1）至式（9-3）的统计结果相差不大，表明内生性问题不严重（见表 9-10）。

表 9-10　内生性检验结果

	（1）	（2）	（3）
	使用 OFDI 流量	使用通过对"一带一路"沿线国家 OFDI 流量获得的国外研发资本	使用通过 OFDI 流量获得的国外研发资本
L. GDN/GDP	0.672 ***	0.766 ***	0.672 ***
	（37.48）	（19.27）	（16.55）
ln$OFDI$	24.865 ***	6.512	9.147
	（9.27）	（0.81）	（1.02）
ln$OFDI$ × ln$FINAL$	− 0.718 ***	− 0.455	− 0.452
	（− 7.87）	（− 1.57）	（− 1.37）

续表

	（1）	（2）	（3）
	使用 *OFDI* 流量	使用通过对"一带一路"沿线国家 *OFDI* 流量获得的国外研发资本	使用通过 *OFDI* 流量获得的国外研发资本
ln*FDI*	11. 203 ***	13. 701 ***	14. 983 ***
	（5. 05）	（3. 28）	（3. 78）
IMEX/GDP	− 0. 344 ***	− 0. 445 ***	− 0. 461 ***
	（ − 11. 14）	（ − 4. 63）	（ − 3. 63）
GOFA/GDP	0. 812 ***	0. 463 ***	0. 779 ***
	（6. 16）	（3. 94）	（5. 01）
SEIN/GDP	− 0. 103	0. 006	− 0. 216
	（ − 1. 3）	（0. 05）	（ − 0. 94）
ln*PGDP*	2. 298 **	13. 835 ***	13. 396 ***
	（1. 96）	（3. 37）	（2. 02）
常数	− 398. 316 ***	− 376. 611 ***	− 433. 944 ***
	（ − 6. 85）	（ − 2. 82）	（ − 3. 19）
AR （1）	0. 009	0. 002	0. 001
	（ − 2. 61）	（ − 3. 05）	（ − 3. 47）
AR （2）	0. 094	0. 090	0. 051
	（ − 1. 68）	（ − 1. 69）	（ − 1. 95）
Hansen test	0. 213	0. 317	0. 168
	（28. 07）	（19. 20）	（17. 72）

小　结

本章基于中国 30 个省份的面板数据来研究中国 OFDI 对国内投资的影响，研究 OFDI 流量、中国通过 OFDI 流量获得国外研发资本、中国通过"一带一路"沿线国家 OFDI 流量获得的国外研发资本对国内投资的影响，研究发现：第一，中国企业对外直接投资在规模较小时，即当 OFDI 流量、通过对"一带一路"沿线国家 OFDI 流量获得的国外研发资本和通过全球 OFDI 流量获得的国外研发资本较小时，OFDI 能显著促进国内投资，但当 OFDI 流量、通过对"一带一路"沿线国家 OFDI 流量获得的国外研发资本和通过全球 OFDI 流量获得的国外研发资本达到一定规模时，会挤出国内投资。第二，在分析金融影响下的 OFDI 对国内投资的影响时，发现不但中国对外直接投资流量存在显著的挤入效应，而且通过 OFDI 流量获得的国外研发资本和通过"一带一路"沿线国家 OFDI 流量获得的国外研发资本也存在显著的挤入效应。第三，针对东中西三大地区的检验结果发现，东部地区对外直接投资流量存在显著的挤入效应，中部地区和西部地区对外直接投资不存在挤入效应。

第十章 中国对"一带一路"沿线国家 OFDI 逆向技术溢出与地区技术创新

一国技术进步的途径有两条：国外研发溢出和国内研发活动。通过对外直接投资获得国外研发溢出受到更多企业关注，由于发达国家和转型及发展中国家在技术水平、研发资本上存在显著差异，因此发达国家和转型及发展中国家对中国的逆向技术溢出效应不能一概而论。同时，中国"一带一路"倡议正式进入全面推进阶段，中国对"一带一路"沿线国家直接投资能否获得逆向技术溢出效应值得关注。

第一节 OFDI 逆向技术溢出对技术创新影响的文献综述

中国制造业对外直接投资具有的逆向技术溢出效应，将推动中国各地区获取国外先进技术以提升本国创新能力。但由于发达国家、转型及发展中国家和"一带一路"沿线国家在技术水平、研发资本上存在显著差异，因此中国对发达国家、转型及发展中国家和"一带一路"沿线国家 OFDI 的逆向技术溢出效应不能一概而论。

综合来看，关于对外直接投资逆向技术溢出效应的研究主要从技术进步视角分析其对母国全要素生产率的影响，同时此种研究主要分为三个层面：一是对 OFDI 逆向技术溢出是否促进母国技术进步和经济增长的研究。二是对中国逆向技术溢出效应在不同国家之间的差异的研究。霍忻（2016）虽然认为中国 OFDI 逆向技术溢出能显著促进中国技术进步，但没有对我国地区之间吸收能力的差异进行研究。三是基于东道国特征与中国对外直接投资效应的研究。现阶段，我国各地区在经济增长、城市和农村基础设施建设，对国际经济的依赖程度等方面存在显著差异，中国对外直接投资的逆向技术溢出效应对东中西各地区技术创新的影响也显著不同。总结现有文献，学术界没有基于多维度吸收能力指标调节的中国对"一带一路"沿线国家 OFDI 逆向技术溢出对创新能力的影响研究，也没有各地区对"一带一路"沿线国家 OFDI 逆向技术溢出效应对该地区技术创新能力影响的研究。本章基于以专利授权量表示的技术创新能力的视角，选择 2003 ~ 2014 年中国省际面板数据，考察基于 6 个指标调节的 OFDI 逆向技术溢出对中国技术创新能力的影响，并根据所得结论提出相关政策建议，以更好地促进中国提高技术创新能力。

第二节　理论模型及变量选取

一、模型设定

首先，依次构建以下模型：

以市场的作用度量的吸收能力模型：
$$\ln PA_{i,t} = \delta_{it}^0 + \delta_{it}^1 \ln RD_{it} + \delta_{it}^2 GOV_{it} \times \ln TODI_{it} + w_{ijt} \qquad (10-1)$$

以金融市场化及外资占比程度度量的吸收能力模型：
$$\ln PA_{i,t} = \delta_{it}^0 + \delta_{it}^1 \ln RD_{it} + \delta_{it}^2 FAM_{it} \times \ln TODI_{it} + w_{ijt} \qquad (10-2)$$

以法律约束力度量的吸收能力模型：
$$\ln PA_{i,t} = \delta_{it}^0 + \delta_{it}^1 \ln RD_{it} + \delta_{it}^2 LAW_{it} \times \ln TODI_{it} + w_{ijt} \qquad (10-3)$$

以进出口额度量的吸收能力模型：
$$\ln PA_{i,t} = \delta_{it}^0 + \delta_{it}^1 \ln RD_{it} + \delta_{it}^2 OPE_{it} \times \ln TODI_{it} + w_{ijt} \qquad (10-4)$$

以 R&D 经费支出度量的吸收能力模型：
$$\ln PA_{i,t} = \delta_{it}^0 + \delta_{it}^1 \ln RD_{it} + \delta_{it}^2 SD_{it} \times \ln TODI_{it} + w_{ijt} \qquad (10-5)$$

以国民素质度量的吸收能力模型：
$$\ln PA_{i,t} = \delta_{it}^0 + \delta_{it}^1 \ln RD_{it} + \delta_{it}^2 HC_{it} \times \ln TODI_{it} + w_{ijt} \qquad (10-6)$$

其次，本章构建各地区对"一带一路"沿线国家 OFDI 逆向技术溢出效应对该地区技术创新能力影响的模型。构建加入市场的作用变量后中国对"一带一路"沿线国家 OFDI 对技术创新能力影响的模型：
$$\ln PA_{i,t} = \delta_{it}^0 + \delta_{it}^1 \ln RD_{it} + \delta_{it}^2 GOV_{it} \times \ln BRODI_{it} + w_{ijt} \qquad (10-7)$$

加入金融市场化及外资占比程度变量后中国对"一带一路"沿线国家 OFDI 对技术创新能力影响的模型：
$$\ln PA_{i,t} = \delta_{it}^0 + \delta_{it}^1 \ln RD_{it} + \delta_{it}^2 FAM_{it} \times \ln BRODI_{it} + w_{ijt} \qquad (10-8)$$

加入法律约束力变量后中国对"一带一路"沿线国家 OFDI 对技术创新能力影响的模型：

$$\ln PA_{i,t} = \delta_{it}^0 + \delta_{it}^1 \ln RD_{it} + \delta_{it}^2 LAW_{it} \times \ln BRODI_{it} + w_{ijt} \qquad (10-9)$$

加入进出口额变量后中国对"一带一路"沿线国家 OFDI 对技术创新能力影响的模型：

$$\ln PA_{i,t} = \delta_{it}^0 + \delta_{it}^1 \ln RD_{it} + \delta_{it}^2 OPE_{it} \times \ln BRODI_{it} + w_{ijt} \qquad (10-10)$$

加入 R&D 经费支出变量后中国对"一带一路"沿线国家 OFDI 对技术创新能力影响的模型：

$$\ln PA_{i,t} = \delta_{it}^0 + \delta_{it}^1 \ln RD_{it} + \delta_{it}^2 SD_{it} \times \ln BRODI_{it} + w_{ijt} \qquad (10-11)$$

加入国民素质变量后中国对"一带一路"沿线国家 OFDI 对技术创新能力影响的模型：

$$\ln PA_{i,t} = \delta_{it}^0 + \delta_{it}^1 \ln RD_{it} + \delta_{it}^2 HC_{it} \times \ln BRODI_{it} + w_{ijt} \qquad (10-12)$$

二、变量选取

被解释变量 PA_{it} 为 i 省 t 年专利授权量。所需数据均来源于《中国统计年鉴》。变量含义如表 10-1 所示。

表 10-1 变量含义

变量类型	变量名称	变量符号	变量含义
被解释变量	i 省 t 年的专利授权量	PA_{it}	各省专利授权数
解释变量和控制变量	i 省 t 时期国内研发支出	SD_{it}	以 2003 年为基期的各省 R&D 经费支出
	i 省 t 时期国内研发资本存量	RD_{it}	使用永续盘存法以 2003 年为基期的各省研发资本存量
	i 省 t 时期对外直接投资获得的国外研发资本存量	$TODI_{it}$	通过 OFDI 获得的国外研发资本存量
	i 省 t 时期对发达国家对外直接投资获得的国外研发资本存量	$OFDIT_{it}$	通过对发达国家 OFDI 获得的国外研发资本存量
	i 省 t 时期对"一带一路"沿线国家对外直接投资获得的国外研发资本存量	$BRODI_{it}$	通过对"一带一路"沿线国家 OFDI 获得的国外研发资本存量
	使用进出口额来度量经济开放程度	OPE_{it}	各省进出口额
	i 省 t 时期各省国民素质	HC_{it}	各省国民素质
	i 省 t 时期各省市场的作用	GOV_{it}	各省市场的作用
	i 省 t 时期金融市场化及外资占比	FAM_{it}	各省金融市场化及外资占比
	i 省 t 时期法律约束力	LAW_{it}	各省法律约束力

$BRODI_{it}$为i省t时期通过对沿线国家对外直接投资获得的国外研发资本存量，其计算方法与第三章相同，首先使用t时期我国对"一带一路"沿线j国的OFDI存量、t时期j国的国内生产总值、t时期"一带一路"沿线j国研发资本存量计算全国层面对"一带一路"沿线国家OFDI获得的国外研发资本存量，最后使用t时期全国对沿线各国直接投资存量规模、t时期i省对外直接投资存量、全国层面对沿线国家OFDI获得的国外研发资本存量计算i省t时期通过对沿线国家直接投资获得的国外研发资本存量。

$TODI_{it}$为i省t时期通过对外直接投资获得的国外研发资本存量，其计算方法也与第三章相同，主要使用t时期我国i地区的对外直接投资额、t时期我国对外直接投资国j的研发资本、t时期我国对目标国j的对外直接投资额、目标国j的GDP等变量来计算各省通过对外直接投资获得的国外研发资本存量。

HC_{it}表示各省国民素质存量，本章使用 Barro 和 Lee 等（1993）的方法计算i省t时期的国民素质存量。使用永续盘存法计算各省不同时期国内研发资本存量（RD_{it}）。

本章中市场的作用、金融市场化及外资占比和法律约束力的计算采用樊纲、王小鲁、朱恒鹏（2010）的方法，使用各省份 R&D 经费支出来测算该地区的研发力度。

第三节　样本说明及数据描述

如表 10 - 2 所示，各省专利授权数最大值为 269944，最小值为 75，均值为 19083.37；各省通过 OFDI 获得的国外研发资本存量最大值为 3.77E + 14，最小值为 6.26E + 09，均值为 1.62E + 13；通过对"一带一路"沿线国家 OFDI 获得的国外研发资本存量最大值为 2.30E + 08，最小值为 1126.19，均值为 9008047；各省市场的作用最大值为 10.53，最小值为 3.97，均值为 8；各省金融市场化及外资占比最大值为 9.67，最小值为 1.27，均值为 4.61；法律约束力的最大值为 19.89，最小值为 1.49，均值为 5.98；各省进出口额最大值为 126.99，最小值为 7.77，均值为 25.72；各省研发资本存量最大值为 6.34E + 11，最小值为 3.80E + 08，均值为 7.89E + 10；各省国民素质最大值为 1331.036，最小值为 617.74，均值为 903.87；各省 R&D 经费支出最大值为 1732.7，最小值为 1.2，均值为 207.14。以上变量在样本间存在较大差异。

表 10 - 2 描述性分析

stats	mean	sum	max	min	sd	se（mean）	skewness
PA	19083.37	6870012	269944	75	37360.78	1969.08	3.84
TODI	1.62E+13	5.83E+15	3.77E+14	6.26E+09	3.67E+13	1.93E+12	5.18
BRODI	9008047	3.24E+09	2.30E+08	1126.19	21700000	1144991	5.45
GOV	8	1680.37	10.53	3.97	1.36	0.09	-0.37
FAM	4.61	968.38	9.67	1.27	1.78	0.12	0.45
LAW	5.98	1257.8	19.89	1.49	3.45	0.23	1.85
OPE	25.72	5401.77	126.99	7.77	21.29	1.46	2.9
RD	7.89E+10	2.84E+13	6.34E+11	3.80E+08	1.11E+11	5.87E+09	2.58
HC	903.87	325396.2	1331.036	617.74	120.3	6.34	0.57
SD	207.14	74573.36	1732.7	1.2	290.66	15.31	2.59

表 10 - 3 为各变量描述性统计分解。可以看到，东部各省份专利授权数、各省份通过 OFDI 获得的国外研发资本存量、通过对"一带一路"沿线国家 OFDI 获得的国外研发资本存量、各省市场的作用、各省份金融市场化及外资占比、法律约束力的发展、各省份进出口额、各省研发资本存量、各省份国民素质、各省份 R&D 经费支出均明显优于中西部地区，尤其是东部专利授权数、通过 OFDI 获得的国外研发资本存量、通过对"一带一路"沿线国家 OFDI 获得的国外研发资本存量、各省研发资本存量分别是中西部地区的 5.56 倍、5.96 倍、5.89 倍、4.26 倍。

表 10 - 3 描述性统计分解

		PA	TODI	BRODI	GOV	FAM	LAW	OPE	RD	HC	SD
中部	mean	7141.97	5.8E+12	3223553	7.45	3.67	4.31	16.24	3.6E+10	859.17	94.87
	max	48849	4.2E+13	2.6E+07	9.97	7.91	7.6	26.65	1.9E+11	1055.09	507.5
	min	75	6.3E+09	1126.19	3.97	1.27	1.49	7.77	8.6E+08	617.74	2.4
	sd	9703.88	8.3E+12	4902155	1.28	1.14	1.23	3.6	3.9E+10	92.85	103.97
东部	mean	39709.4	3.4E+13	1.9E+07	8.94	6.23	8.87	42.09	1.5E+11	981.09	401.07
	max	269944	3.8E+14	2.3E+08	10.53	9.67	19.89	126.99	6.3E+11	1331.03	1732.7
	min	200	6.9E+10	12829.8	6.69	2.31	3.48	13.8	3.8E+08	808.57	1.2
	sd	54636.7	5.5E+13	3.3E+07	0.91	1.49	4.1	28.2	1.5E+11	123.41	391.1

		PA	TODI	BRODI	GOV	FAM	LAW	OPE	RD	HC	SD
总体	mean	19083.4	1.6E+13	9008047	8	4.61	5.98	25.72	7.9E+10	903.87	207.14
	max	269944	3.8E+14	2.3E+08	10.53	9.67	19.89	126.99	6.3E+11	1331.03	1732.7
	min	75	6.3E+09	1126.19	3.97	1.27	1.49	7.77	3.8E+08	617.74	1.2
	sd	37360.8	3.7E+13	2.2E+07	1.36	1.78	3.45	21.29	1.1E+11	120.3	290.66

东中西部各省份研发资本存量差异巨大，那么差异巨大的我国东中西部地区研发资本存量和中国对外直接投资通过何种方式引起各地区技术创新显著不同、通过对"一带一路"沿线国家 OFDI 获得的国外研发资本存量与各因素有何关联、分别加入各调节变量后 OFDI 逆向技术溢出对东中西各地区技术创新能力的影响有何不同？本章试图回答这些问题。

表 10-4 给出了各变量的 Spearman 相关性检验。对变量进行相关性分析可以发现，包括研发资本存量、通过 OFDI 获得的国外研发资本存量、通过对"一带一路"沿线国家 OFDI 获得的国外研发资本存量、法律约束力在内的自变量与因变量 PA 之间均存在高度的相关性，相关系数分别为 0.809、0.690、0.674、0.797，说明模型的可行性较高。此外，本章选取的 R&D 经费支出、国民素质、进出口额、法律约束力、金融市场化及外资占比、市场的作用变量与自变量 PA 之间均具有很强的相关性，说明本章建立的调节变量回归模型也具有可行性。可以看到，通过 OFDI 获得的国外研发资本存量与 R&D 经费支出、国民素质、进出口额、法律约束力、金融市场化及外资占比、市场的作用显著正相关。

表 10-4　相关性检验

	PA	TODI	BRODI	GOV	FAM	LAW	OPE	RD	HC	SD
PA	1									
TODI	0.690*	1								
BRODI	0.674*	0.997*	1							
GOV	0.529*	0.388*	0.339*	1						
FAM	0.562*	0.444*	0.397*	0.635*	1					
LAW	0.797*	0.659*	0.624*	0.639*	0.728*	1				
OPE	0.461*	0.480*	0.418*	0.502*	0.612*	0.823*	1			

续表

	PA	TODI	BRODI	GOV	FAM	LAW	OPE	RD	HC	SD
RD	0.809*	0.817*	0.805*	0.553*	0.565*	0.815*	0.726*	1		
HC	0.330*	0.443*	0.431*	0.307*	0.458*	0.634*	0.771*	0.605*	1	
SD	0.857*	0.820*	0.807*	0.592*	0.599*	0.836*	0.684*	0.988*	0.558*	1

注：＊表示 1% 的显著水平。

进一步检查是否存在多重共线性问题，最终发现模型（10－1）至模型（10－12）的 VIF 检验值分别为 2.73、1.79、2.07、1.57、7.43、2.86、2.97、1.97、2.08、1.61、4.50、2.69，因此不存在多重共线性问题。

第四节　加入调节变量后中国 OFDI 逆向技术溢出对地区技术创新的作用

一、加入调节变量后 OFDI 逆向技术溢出对中国地区技术创新的影响

首先，从获取维度来看，市场的作用对中国对外直接投资逆向技术溢出与创新能力关系的正向调节作用较稳健，因此随着政府对市场干预的减少，即非国有经济比重越高，中国 OFDI 逆向技术溢出效应对技术创新能力的影响越显著，表明为了推动我国各地区技术创新，应进一步减少政府对市场的干预，大力发挥市场的作用。同时可以看到，中国进出口额对 OFDI 逆向技术溢出效应具有正向促进作用，并通过了显著性检验，但进出口额对 OFDI 逆向技术溢出效应的促进作用极其微弱，在本章选择的影响我国 OFDI 逆向技术溢出效应的六大因素（市场的作用、进出口额、R&D 经费支出、国民素质、金融市场化及外资占比和法律约束力）中，进出口额对我国 OFDI 逆向技术溢出的影响最微弱。

其次，从消化维度来看，国民素质和 R&D 经费支出是影响我国 OFDI 逆向技术溢出的关键吸收能力因素，同时国民素质在六大因素中对我国 OFDI 逆向技术溢出效应的影响最显著，国民素质与 OFDI 逆向技术溢出的交乘项系数为 0.013，R&D 经费支出与 OFDI 逆向技术溢出的交乘项系数为 0.007。因此，要通过 OFDI 吸收国外新技术，必须加大国民素质投入和 R&D 经费支出。

最后，从应用维度来看，实证结果表明，金融市场化及外资占比和法律约束

力对我国 OFDI 逆向技术扩散具有显著的促进作用。完善的法律约束机制有助于促进我国技术创新，并且成熟的金融市场及中国吸引外资政策可以促进我国 OFDI 及其逆向技术溢出。如表 10 – 5 所示。

表 10 – 5　多维度吸收能力对我国 OFDI 逆向技术溢出影响的回归结果

影响因素		C	lnRD	lnTODI × GOV	lnTODI × FAM	lnTODI × LAW	lnTODI × OPE	lnTODI × lnSD	lnTODI × lnHC	AD – R²	DW
市场的作用	(1)	– 9.692 * (– 0.812)	0.648 * (– 0.042)	0.010 * (– 0.001)						0.877	
	(2)	– 9.117 * (– 1.098)	0.635 * (– 0.053)	0.009 * (– 0.001)						0.846	1.89
金融市场化及外资占比	(1)	– 10.997 * (– 0.911)	0.783 * (– 0.04)		0.004 * (– 0.0008)					0.794	
	(2)	– 9.503 * (– 0.7407)	0.722 * (– 0.033)		0.003 * (– 0.0006)					0.865	1.976
法律约束力	(1)	– 6.660 * (– 1.344)	0.606 * (– 0.057)			0.003 * (– 0.0003)				0.799	
	(2)	– 9.605 * (– 1.636)	0.724 * (– 0.072)			0.003 * (– 0.0009)				0.872	1.93
进出口额	(1)	– 6.786 * (– 1.044)	0.621 * (– 0.043)				0.0002 * (– 3.30E – 05)			0.752	
	(2)	– 10.650 * (– 0.743)	0.783 * (– 0.032)				0.0003 * (– 0.0001)			0.85	1.902
R&D 经费支出	(1)	– 10.751 * (– 0.777)	0.601 * (– 0.053)					0.007 * (– 0.0008)		0.895	
	(2)	– 6.881 * (– 1.006)	0.475 * (– 0.063)					0.0060 * (– 0.0009)		0.866	1.974
国民素质	(1)	– 15.036 * (– 0.478)	0.874 * (– 0.032)						0.013 * (– 0.002)	0.886	
	(2)	– 10.275 * (– 0.665)	0.615 * (– 0.044)						0.020 * (– 0.003)	0.867	1.946

注：（1）为 WLS 回归结果；（2）为最小二乘法回归结果。括号中数字为标准误，＊表示 1% 的显著水平。

二、加入调节变量后中国对"一带一路"沿线国家 OFDI 逆向技术溢出对地区技术创新的影响

首先，从获取维度来看，在六大因素中市场的作用调节变量对"一带一路"沿线国家 OFDI 逆向技术溢出效应的促进作用最显著，市场的作用与 OFDI 逆向技术溢出的交乘项系数为 0.019，因此市场的作用对"一带一路"沿线国家 OF-DI 逆向技术溢出与创新能力关系的正向调节作用最显著。同时，中国进出口额对"一带一路"沿线 OFDI 逆向技术溢出效应的促进作用最弱，进出口额与 OF-DI 逆向技术溢出的交乘项系数仅为 0.0003，大大小于市场的作用、R&D 经费支出、国民素质、金融市场化及外资占比和法律约束力等变量的系数。

其次，从消化维度来看，国民素质对我国 OFDI 逆向技术溢出的影响程度仅次于市场的作用，国民素质与 OFDI 逆向技术溢出的交乘项系数为 0.012。R&D 经费支出与 OFDI 逆向技术溢出的交乘项系数为 0.005，因此必须加大 R&D 经费支出和国民素质，才能促进中国通过对"一带一路"沿线国家 OFDI 吸收国外新技术。

最后，从应用维度来看，金融市场化及外资占比和法律约束力对我国"一带一路"沿线国家 OFDI 的逆向技术扩散具有显著的促进作用。如表 10-6 所示。

表 10-6　多维度吸收能力对"一带一路"沿线国家 OFDI 逆向技术溢出影响的回归结果

影响因素		C	$\ln RD$	$\ln BRODI \times GOV$	$\ln BRODI \times FAM$	$\ln BRODI \times LAW$	$\ln BRODI \times OPE$	$\ln BRODI \times \ln SD$	$\ln BRODI \times \ln HC$	$AD - R^2$	DW
市场的作用	(1)	-8.022^* (0.930)	0.585^* (0.046)	0.019^* (0.001)						0.8840	
	(2)	-8.237^* (1.130	0.614^* (0.054)	0.015^* (0.002)						0.8490	1.9025
金融市场化及外资占比	(1)	-10.38^* (0.990)	0.754^* (0.044)		0.009^* (0.001)					0.8085	
	(2)	-8.779^* (0.799)	0.692^* (0.035)		0.007^* (0.001)					0.8666	1.9820
法律约束力	(1)	-6.310^* (1.429)	0.594^* (0.060)			0.005^* (0.0005)				0.7775	
	(2)	-7.990^* (0.842)	0.664^* (0.036)			0.004^* (0.0005)				0.8694	1.9352

续表

影响因素		C	$\ln RD$	$\ln BRODI \times GOV$	$\ln BRODI \times FAM$	$\ln BRODI \times LAW$	$\ln BRODI \times OPE$	$\ln BRODI \times \ln SD$	$\ln BRODI \times \ln HC$	$AD-R^2$	DW
进出口额	(1)	−7.008*	0.632*				0.0003*			0.7629	
		(1.043)	(0.043)				(0.0001)				
	(2)	−10.516*	0.778*				0.0004*			0.8497	1.9069
		(0.768)	(0.033)				(0.0001)				
R&D 经费支出	(1)	−12.09*	0.772*					0.005*		0.8873	
		(0.806)	(0.044)					(0.0008)			
	(2)	−9.286*	0.643*					0.006*		0.8544	1.9587
		(1.481)	(0.076)					(0.001)			
国民素质	(1)	−14.430*	0.901*						0.012*	0.8840	
		(0.574)	(0.032)						(0.002)		
	(2)	−9.488*	0.694*						0.011*	0.8526	1.9473
		(0.889)	(0.046)						(0.002)		

注：(1) 为 WLS 回归结果；(2) 为最小二乘法回归结果。括号中数字为标准误，＊表示 1% 的显著水平。

三、加入调节变量后 OFDI 逆向技术溢出对中国不同地区技术创新的影响

无论是东部地区还是中西部地区，市场的作用、进出口额、R&D 经费支出、国民素质、金融市场化及外资占比和法律约束力均正向调节了 OFDI 逆向技术溢出对技术创新能力的影响。但相对于中西部地区来说，东部地区的市场的作用、R&D 经费支出与 OFDI 逆向技术溢出的交乘项系数较大，说明东部地区市场的作用、R&D 经费支出对该地区的 OFDI 逆向技术溢出对技术创新能力的调节效应更重要，应努力提高东部地区 R&D 经费支出，进一步发挥市场的作用。

进出口额、国民素质、金融市场化及外资占比和法律约束力四个调节变量也正向调节了 OFDI 逆向技术溢出对技术创新能力的影响，但相对于东部地区而言，中西部地区的 OFDI 技术溢出与进出口额、国民素质、金融市场化及外资占比和法律约束力指标交乘项的系数较大，说明进出口额、国民素质、金融市场化及外资占比和法律约束力的调节效应在中西部地区更重要，同时也反映了西部地区的进出口额较低、国民素质不足、金融市场化及外资占比和法律约束力较差，应该加大力度来提升各区域尤其是西部区域的进出口额、国民素质、金融市场化及外资占比和法律约束力。

同时，进出口额、国民素质、金融市场化及外资占比和法律约束力四个调节

变量与 OFDI 逆向技术溢出的交乘项系数均大于零，说明进出口额、国民素质、金融市场化及外资占比和法律约束力正向调节了 OFDI 逆向技术溢出对技术创新能力的影响。如表 10 - 7 所示。

表 10 - 7　各因素对中国东部、中西部地区对"一带一路"沿线国家 OFDI
逆向技术溢出与技术创新关系的调节作用的回归结果

影响因素		C	ln*RD*	ln*BRODI* × *GOV*	ln*BRODI* × *FAM*	ln*BRODI* × *LAW*	ln*BRODI* × *OPE*	ln*BRODI* × ln*SD*	ln*BRODI* × ln*HC*	AD - R²
市场的作用	东部	-6.575* (1.482)	0.506* (0.075)	0.022* (0.003)						0.83
	中西部	-8.719* (1.086)	0.655* (0.052)	0.010* (0.002)						0.801
金融市场化及外资占比	东部	-10.023* (1.811)	0.744* (0.080)		0.008* (0.003)					0.700
	中西部	-9.918* (0.707)	0.715* (0.030)		0.016* (0.001)					0.854
法律约束力	东部	-6.330* (2.064)	0.604* (0.086)			0.004* (0.0009)				0.737
	中西部	-7.904* (1.041)	0.631* (0.048)			0.012* (0.001)				0.834
进出口额	东部	-7.934* (1.877)	0.689* (0.076)				0.0001 (0.0001)			0.624
	中西部	-6.829* (1.014)	0.577* (0.046)				0.004* (0.0005)			0.806
R&D 经费支出	东部	-9.948* (1.458)	0.670* (0.080)					0.006* (0.001)		0.838
	中西部	-12.774* (0.958)	0.815* (0.050)					0.004* (0.0009)		0.860
国民素质	东部	-13.283* (1.012)	0.867* (0.055)						0.010 (0.005)	0.841
	中西部	-14.216* (0.776)	0.892* (0.040)						0.011* (0.002)	0.855

注：括号中数字为标准误，∗表示1%的显著水平。

四、加入调节变量后对"一带一路"沿线国家OFDI逆向技术溢出对中国不同地区技术创新的影响

对"一带一路"沿线国家OFDI逆向技术溢出对中国不同地区技术创新的影响进行分析,东部地区和中西部地区市场的作用、进出口额、R&D经费支出、国民素质、金融市场化及外资占比和法律约束力都正向调节了OFDI逆向技术溢出对技术创新能力的影响,同时,东部地区市场的作用、R&D经费支出等调节变量与OFDI逆向技术溢出的交乘项系数也显著大于中西部地区,说明东部地区R&D经费支出、市场的作用对该地区OFDI逆向技术溢出的调节效应更重要,东部地区应进一步增加R&D经费支出,继续发挥市场的作用。

另外,进出口额、国民素质、金融市场化及外资占比和法律约束力四个调节变量与中国对"一带一路"沿线国家OFDI逆向技术溢出的交乘项系数也大于零,因此进出口额、国民素质、金融市场化及外资占比和法律约束力也正向调节了"一带一路"沿线国家OFDI逆向技术溢出对技术创新能力的影响。

同时,进出口额、国民素质、金融市场化及外资占比和法律约束力四个调节变量也正向调节了"一带一路"沿线国家OFDI逆向技术溢出对技术创新能力的影响,但中西部地区的"一带一路"沿线国家OFDI技术溢出与进出口额、国民素质、金融市场化及外资占比和法律约束力指标交乘项的系数大于东部地区,说明进出口额、国民素质、金融市场化及外资占比和法律约束力与"一带一路"沿线国家OFDI的调节效应在西部地区更为重要,因此也反映了西部地区的进出口额较低、国民素质不高、金融市场化及外资占比和法律约束力较差,应加大力度来提升西部区域的进出口额、国民素质、金融市场化及外资占比和法律约束力。如表10-8所示。

表10-8 各因素对中国东部、中西部地区OFDI逆向技术溢出与
技术创新关系的调节作用的回归结果

影响因素		C	$\ln RD$	$\ln TODI \times$ GOV	$\ln TODI \times$ FAM	$\ln TODI \times$ LAW	$\ln TODI \times$ OPE	$\ln TODI \times$ $\ln SD$	$\ln TODI \times$ $\ln HC$	AD- R^2
市场的 作用	东部	-9.070* (1.010)	0.615* (0.056)	0.011* (0.002)						0.882
	中西部	-9.165* (1.037)	0.667* (0.051)	0.006* (0.001)						0.792

续表

影响因素		C	$\ln RD$	$\ln TODI \times GOV$	$\ln TODI \times FAM$	$\ln TODI \times LAW$	$\ln TODI \times OPE$	$\ln TODI \times \ln SD$	$\ln TODI \times \ln HC$	$AD-R^2$
金融市场化及外资占比	东部	-10.837* (1.707)	0.786* (0.073)		0.003* (0.001)					0.687
	中西部	-10.790* (0.695)	0.751* (0.029)		0.008* (0.0006)					0.860
法律约束力	东部	-6.705* (1.972)	0.617* (0.083)			0.002* (0.0005)				0.748
	中西部	-7.511* (0.983)	0.606* (0.046)			0.008* (0.001)				0.842
进出口额	东部	-8.169* (1.832)	0.699* (0.075)				0.0001 (-0.0001)			0.631
	中西部	-6.428* (0.972)	0.546* (0.045)				0.0030* (0.0003)			0.814
R&D 经费支出	东部	-8.536* (1.410)	0.460* (0.099)					0.009* (0.001)		0.853
	中西部	-11.221* (0.920)	0.661* (0.059)					0.005* (0.0009)		0.866
国民素质	东部	-13.878* (0.879)	0.881* (0.056)						0.007 (0.005)	0.847
	中西部	-14.725 (0.665)	0.855* (0.040)						0.013* (0.002)	0.857

注：括号中数字为标准误，＊表示 1% 的显著水平。

表 10-9 使用总体模型研究各因素影响的标准化，从各省国民素质、R&D 经费支出、市场的作用、金融市场化及外资占比、法律约束力、进出口额等变量与 OFDI 逆向技术溢出的交乘项系数对中国技术创新能力影响的标准化结果来看，当核心变量各省国民素质与 OFDI 逆向技术溢出的交乘项系数增加一个标准差，将推动中国技术创新能力提升 1.276%；当 R&D 经费支出与 OFDI 逆向技术溢出的交乘项系数增加一个标准差，将推动中国技术创新能力增加 1.026%；当市场的作用与 OFDI 逆向技术溢出的交乘项系数增加一个标准差，将推动中国技术创新能力增加 0.592%；当金融市场化及外资占比与 OFDI 逆向技术溢出的交乘项系数增加一个标准差，将推动中国技术创新能力增加 0.196%；当法律约束力与

OFDI 逆向技术溢出的交乘项系数增加一个标准差，将推动中国技术创新能力增加 0.150%；当进出口额与 OFDI 逆向技术溢出的交乘项系数增加一个标准差，将推动中国技术创新能力增加 0.133%。与前文的分析一致，中国各省国民素质与对外直接投资逆向技术溢出的交乘项对中国技术创新能力的影响最大，而进出口额与对外直接投资逆向技术溢出的交乘项对中国技术创新能力的影响最小。

表 10 – 9　标准化检验结果

variable	ey/ex	Std. Err.	z	P > | z |	%	% StdX	X
$\ln TODI \times \ln HC$	1. 225	0. 026	47. 440	0. 000	1. 175	1. 276	194. 711
$\ln TODI \times \ln SD$	0. 953	0. 037	25. 730	0. 000	0. 880	1. 026	615. 071
$\ln TODI \times GOV$	0. 530	0. 032	16. 750	0. 000	0. 468	0. 592	221. 233
$\ln TODI \times FAM$	0. 164	0. 017	9. 860	0. 000	0. 131	0. 196	128. 769
$\ln TODI \times LAW$	0. 137	0. 007	20. 400	0. 000	0. 124	0. 150	169. 420
$\ln TODI \times OPE$	0. 112	0. 011	10. 370	0. 000	0. 091	0. 133	729. 327

五、各因素对专利授权量的动态影响

从表 10 – 10 可以看到，中国各省市场的作用、进出口额、R&D 经费支出、金融市场化及外资占比和法律约束力与 OFDI 逆向技术溢出效应的交乘项对中国技术创新能力的累计影响小于国民素质与 OFDI 逆向技术溢出效应的交乘项对中国技术创新能力的累计影响。同时可以看到，进出口额与 OFDI 逆向技术溢出效应的交乘项对中国技术创新能力的影响程度最小，主要是因为加工贸易在我国对外贸易总额中所占比重仍较高，而 OFDI 对中国技术创新的影响较小。

表 10 – 10　各因素与中国 OFDI 逆向技术溢出的交叉
变量对专利授权量的动态影响

变量	$\ln TODI \times \ln HC$		$\ln TODI \times GOV$		$\ln TODI \times \ln SD$		$\ln TODI \times FAM$		$\ln TODI \times LAW$		$\ln TODI \times OPE$	
T	边际影响	累计影响	边际影响	累计影响	边际影响	累计影响	边际影响	累计影响	边际影响	累计影响	边际影响	累计影响
2003	0. 017	0. 017	0. 006	0. 006	0. 004	0. 004	0. 013	0. 013	0. 005	0. 005	0. 000	0. 000
2004	0. 011	0. 029	− 0. 137	− 0. 131	− 0. 026	− 0. 022	− 0. 142	− 0. 129	− 0. 017	− 0. 011	− 0. 142	− 0. 141
2005	0. 009	0. 038	− 0. 188	− 0. 319	− 0. 042	− 0. 064	0. 116	− 0. 013	− 0. 098	− 0. 109	− 0. 233	− 0. 375

续表

变量	ln$TODI$×lnHC		ln$TODI$×GOV		ln$TODI$×lnSD		ln$TODI$×FAM		ln$TODI$×LAW		ln$TODI$×OPE	
T	边际影响	累计影响	边际影响	累计影响	边际影响	累计影响	边际影响	累计影响	边际影响	累计影响	边际影响	累计影响
2006	0.205	0.243	0.036	-0.283	0.140	0.076	0.290	0.277	0.103	-0.005	-0.149	-0.524
2007	0.387	0.631	0.286	0.003	0.320	0.396	0.389	0.666	0.264	0.259	-0.008	-0.532
2008	0.468	1.098	0.416	0.418	0.386	0.782	0.327	0.993	0.281	0.540	-0.014	-0.545
2009	0.707	1.805	0.735	1.153	0.608	1.390	0.554	1.547	0.415	0.955	0.151	-0.395
2010	0.998	2.803	1.106	2.259	0.902	2.292	0.834	2.381	0.592	1.546	0.370	-0.025
2011	1.082	3.884	1.281	3.540	0.985	3.277	0.873	3.254	0.570	2.116	0.402	0.377
2012	1.302	5.186	1.594	5.134	1.209	4.486	1.011	4.264	0.678	2.794	0.575	0.952
2013	1.411	6.597	1.768	6.902	1.308	5.794	0.991	5.256	0.644	3.438	0.608	1.560
2014	1.426	8.023	1.851	8.753	1.315	7.109	0.832	6.088	0.512	3.951	0.559	2.119
均值	0.669	2.529	0.729	2.286	0.593	2.127	0.507	2.050	0.329	1.290	0.177	0.206

从表 10-11 可以看到，市场的作用与中国对"一带一路"沿线国家 OFDI 逆向技术溢出效应的交乘项对中国技术创新能力的影响程度大于中国各省进出口额、国民素质、R&D 经费支出、金融市场化及外资占比和法律约束力与 OFDI 逆向技术溢出效应的交乘项对中国技术创新能力的影响。也可以看到，进出口额与 OFDI 逆向技术溢出效应的交乘项对中国技术创新能力的影响程度最小。

表 10-11　各因素与中国对"一带一路"沿线国家 OFDI 逆向技术溢出的
交叉变量对专利授权量的动态影响

变量	ln$BRODI$×GOV		ln$BRODI$×lnHC		ln$BRODI$×FAM		ln$BRODI$×lnSD		ln$BRODI$×LAW		ln$BRODI$×OPE	
T	边际影响	累计影响	边际影响	累计影响	边际影响	累计影响	边际影响	累计影响	边际影响	累计影响	边际影响	累计影响
2003	0.005	0.005	0.011	0.011	0.000	0.000	0.005	0.005	0.008	0.008	0.001	0.001
2004	-0.048	-0.043	0.006	0.017	-0.031	-0.031	-0.026	-0.021	-0.012	-0.004	-0.144	-0.143
2005	-0.058	-0.101	-0.001	0.016	-0.015	-0.046	-0.077	-0.099	-0.097	-0.101	-0.244	-0.387
2006	0.176	0.075	0.221	0.238	0.191	0.145	0.118	0.020	0.103	0.002	-0.158	-0.544
2007	0.420	0.495	0.428	0.665	0.431	0.576	0.278	0.297	0.248	0.250	-0.026	-0.570
2008	0.538	1.033	0.519	1.184	0.521	1.097	0.336	0.633	0.260	0.510	-0.036	-0.607
2009	0.838	1.871	0.779	1.963	0.786	1.883	0.555	1.188	0.384	0.893	0.122	-0.485
2010	1.192	3.063	1.098	3.061	1.096	2.979	0.853	2.041	0.558	1.451	0.338	-0.147

续表

变量	ln$BRODI \times GOV$		ln$BRODI \times$lnHC		ln$BRODI \times FAM$		ln$BRODI \times$lnSD		ln$BRODI \times LAW$		ln$BRODI \times OPE$	
T	边际影响	累计影响	边际影响	累计影响	边际影响	累计影响	边际影响	累计影响	边际影响	累计影响	边际影响	累计影响
2011	1.352	4.415	1.216	4.276	1.218	4.196	0.943	2.984	0.529	1.980	0.366	0.219
2012	1.652	6.068	1.476	5.752	1.477	5.673	1.179	4.163	0.633	2.613	0.537	0.756
2013	1.805	7.872	1.594	7.346	1.588	7.261	1.273	5.437	0.587	3.200	0.565	1.321
2014	1.869	9.741	1.625	8.971	1.614	8.875	1.281	6.717	0.440	3.639	0.512	1.833
均值	0.812	2.874	0.748	2.792	0.740	2.717	0.560	1.947	0.303	1.203	0.153	0.104

六、稳健性检验

本章在实证研究的基础上同时进行稳健性检验。使用通过对发达国家 OFDI 获得的国外研发资本存量（$OFDIT$）代替通过 OFDI 获得的国外研发资本存量，稳健性检验结果如表 10 – 12 所示。

表 10 – 12　稳健性检验

影响因素	C	lnRD	ln$OFDIT \times$ GOV	ln$OFDIT \times$ FAM	ln$OFDIT \times$ LAW	ln$OFDIT \times$ OPE	ln$OFDIT \times$ lnSD	ln$OFDIT \times$ lnHC	AD – R^2	DW
市场的作用	−7.488 *** (0.941)	0.6066 ** (0.046)	0.010 ** (0.001)						0.86	1.798
金融市场化及外资占比	−8.643 *** (0.745)	0.684 *** (0.033)		0.007 ** (0.001)					0.874	1.972
法律约束力	−7.638 *** (0.805)	0.647 *** (0.035)			0.004 * (0.0005)				0.876	1.922
进出口额	−10.38 *** (0.750)	0.772 *** (0.032)				0.0004 ** (0.0001)			0.852	1.892
R&D 经费支出	−3.254 *** (0.923)	0.354 *** (0.048)					0.008 ** (0.0007)		0.902	1.895
国民素质	−5.900 *** (0.762)	0.466 *** (0.040)						0.029 ** (0.003)	0.899	1.876

注：括号中数字为标准误，***、**、* 分别表示1%、5%、10%的显著水平。

从估计结果可以看到，稳健性检验后的大多数变量的系数估计值并未发生显著变化，因此估计结果具有一定的稳健性。加入市场的作用、进出口额、R&D经费支出、国民素质、金融市场化及外资占比和法律约束力六个调节变量后，OFDI 逆向技术溢出对技术创新能力具有正向的促进作用，说明本章的基本估计结果是稳健的。

小　　结

本章主要结论如下：第一，从中国对"一带一路"沿线国家 OFDI 逆向技术溢出对地区技术创新的影响来看，在六大因素中市场的作用调节变量对"一带一路"沿线国家 OFDI 逆向技术溢出效应的促进作用最显著，而中国进出口额对"一带一路"沿线国家 OFDI 逆向技术溢出效应的促进作用最弱。从中国 OFDI 逆向技术溢出对地区技术创新的影响来看，国民素质在六大因素中对我国 OFDI 逆向技术溢出效应的影响最显著，进出口额对我国 OFDI 逆向技术溢出效应的影响最小。第二，相对于中西部地区来说，市场的作用、R&D 经费支出对东部地区的 OFDI 逆向溢出与技术创新能力之间关系的调节效应更重要，同时国民素质、金融市场化及外资占比和法律约束力对西部地区的 OFDI 逆向溢出与技术创新能力之间关系的调节效应更重要。

第十一章　我国制造业对外直接投资案例研究[*]

第一节　中国制造业对非洲总体投资基本情况

一、中国制造业对非洲投资总体情况

改革开放以来，中国制造业在国内迅速发展，市场需求得到了极大满足。但是，随着科技更新速度越来越快，国际市场竞争愈演愈烈，我国制造业发展形势发生了极大变化。国内市场日渐饱和，许多制造行业出现了产能过剩；随着经济全球化的深入发展，在全球范围内我国廉价劳动力优势逐渐消失，"中国制造"的优势也在不断下降；同时，随着中国人工成本的上涨，廉价劳动力减少，对比其他的第三世界国家，中国制造业的资本投入不断增加，许多外资企业也随之减少了在中国制造业的投资，纷纷在廉价劳动力更加充裕的非洲、南美、东南亚等地的国家投资建厂，部分中国企业家也随着这股浪潮在海外投资建厂，以减少资本投入，获取更高的利润。

近年来，中国产业结构升级，技术进步和经济飞速增长，比其他发展中国家有更大的优势。有不少商家抓住了非洲人民的生活需求和消费欲望，在当地建厂自产自销，这也是中国在海外投资的新步伐。国内外形势的改变使我国制造业不得不进行调整，需要在国外开辟低成本市场，转移产业，进而取得比较优势，而非洲市场十分符合这一要求。非洲幅员辽阔，资源丰富（种类多、总量大）；劳动力成本更为低廉；区域市场需求大，发展前景优良，为我国制造业的发展以及

---

[*]　本章的第一节和第二节主要由沈嘉宝完成，在此表示感谢。

持续繁荣提供了良好的机遇。

另外，近年来中国制造业对非投资机制渐趋完善，投资取得了诸多重大成果，有效转移了我国的过剩产能，推动了国内产业结构升级，从而拉动经济的蓬勃发展，同时也给非洲当地带来发展机会。从表 11 - 1 可以看到，2003～2016 年中国在非洲各国 OFDI 快速增长，但是我国制造业对非投资并非一帆风顺，仍面临着许多挑战，存在着许多问题。政策、文化差异对我国制造业的投资及转移有一定的阻碍；基础设施建设耗资耗物，工程量极大；在全球化态势下，对非投资的各个国家竞争激烈，优势不明显，中国制造业对非投资仍然任重而道远；发达国家跨国公司依靠先进技术快速进入非洲，我国企业面临严峻的挑战；中国对非洲各国 OFDI 的差异大，2003～2016 年，中国对南非 OFDI 均值为 292910 万美元，而中国对冈比亚 OFDI 均值仅为 123.36 万美元，2016 年中国对南非 OFDI 存量占我国对非洲各国 OFDI 总额的比重达 19.32%，而中国对冈比亚 OFDI 存量占我国对非洲各国 OFDI 总额的比重仅为 0.01%。

表 11 - 1 2003～2016 年中国对非洲各国 OFDI 均值及排名

单位：万美元,%

国家	均值	占比	国家	均值	占比
南非	292910.00	19.32	加蓬	11548.50	0.76
尼日利亚	120240.93	7.93	利比里亚	11028.50	0.73
赞比亚	116053.21	7.65	喀麦隆	8585.07	0.57
阿尔及利亚	103197.57	6.81	马拉维	8327.36	0.55
刚果金	93143.21	6.14	塞拉利昂	7376.38	0.49
苏丹	87366.79	5.76	利比亚	6845.29	0.45
津巴布韦	63011.21	4.16	摩洛哥	6746.36	0.44
安哥拉	58124.93	3.83	厄立特里亚	6228.93	0.41
埃塞俄比亚	49110.57	3.24	毛里塔尼亚	5948.71	0.39
加纳	45821.21	3.02	多哥	5914.50	0.39
坦桑尼亚	42900.64	2.83	塞舌尔	5547.50	0.37
毛里求斯	42744.50	2.82	塞内加尔	5242.71	0.35
肯尼亚	35977.21	2.37	科特迪瓦	4833.71	0.32
刚果布	35975.46	2.37	贝宁	4629.00	0.31
埃及	33115.71	2.18	卢旺达	4543.43	0.30
莫桑比克	24061.36	1.59	几内亚比绍	4263.00	0.28
乌干达	21913.50	1.45	中非	3154.33	0.21
尼日尔	21429.57	1.41	吉布提	2436.23	0.16

国家	均值	占比	国家	均值	占比
马达加斯加	18813.43	1.24	佛得角	758.92	0.05
几内亚	18087.43	1.19	突尼斯	702.71	0.05
纳米比亚	17516.00	1.16	莱索托	696.50	0.05
乍得	17153.50	1.13	布隆迪	665.33	0.04
博茨瓦纳	15201.29	1.00	科摩罗	362.23	0.02
马里	13374.14	0.88	冈比亚	123.36	0.01
赤道几内亚	12425.21	0.82	—	—	—

资料来源：根据 Wind 数据库计算。

二、中国制造业对非洲投资给中国带来的机遇

近年来，中国制造业大量走出国门，通过对外直接投资建厂将中国国内生产能力过剩产业向非洲转移，可以有效调整我国产业结构，推动产业结构升级，同时促进我国以及当地经济增长。以华坚集团为例，2012 年在非洲埃塞俄比亚投产女鞋制造厂。由于埃塞俄比亚劳动力成本低廉，是畜牧业大国之一，皮革资源丰富、价低，还实行全球优惠的免进出口关税政策，而且当地政府对出口创汇、安置就业的外资企业高度重视，这是华坚集团在埃塞俄比亚投资建厂的主要原因。皮革的来源是鞋类制造商最看重的投产因素之一，廉价和易得的皮革资源是埃塞俄比亚能成为这类制造商建厂的重要原因。埃塞俄比亚的畜牧业发展迅速，已成为埃塞俄比亚的支柱产业，据统计，在 2017 年，牛的存栏量超过 6000 万头，羊的存栏量也突破了 5000 万只。在华坚集团进驻埃塞俄比亚之前，皮革加工大部分是由本土工厂承担的，尽管技术简陋、出产的皮革制品也是以中低档为主、产品附加值非常小，然而皮革产业依然是本国的支柱产业。在华坚集团进驻埃塞俄比亚之后短短一年，华坚集团就成了埃塞俄比亚排名第一的出口企业，占埃塞俄比亚皮革制品出口的比重接近 60%。如今，华坚埃塞分公司固定资产投资规模超过 1500 万美元，为东道国提供了近 3000 个工作岗位，同时，华坚还计划与对非投资的股权基金共同投资，准备为埃塞俄比亚创造更多的就业机会。华坚的成功是中国对非洲投资并推动非洲经济增长及产业结构调整的典型案例。

为什么中国制造业对非投资能给中国带来机遇呢？就以上例来说，非洲不少国家拥有大量草原，是发展养殖业的宝地，也是皮革业赖以生存的土壤。出于历史原因，非洲的部分国家技术落后，生产加工机器较为原始，教育欠发达更导致生产理念落后，技能效率低下。以埃塞俄比亚为例，皮革制造加工是其产业支

柱，但是出于种种原因，有相当一部分产能未被发掘利用，产出的皮革产品大部分是粗加工品。华坚集团在非洲建厂比在国内建厂有以下优势：

（1）原材料（皮革）易得价廉。在中国建厂，国内皮革大都以进口为来源，进货渠道较为单一，如有突发事件和不可抗力，皮革进口受限或短时间关税提高，工厂的生产必然受到影响。在非洲当地建厂，原材料直接从原产地采买，减少了运输中很多不必要的环节。

（2）埃塞俄比亚劳动力比中国劳动力更为廉价。由于埃塞俄比亚失业人口比例较高，国内生活水平较低，在此投资建厂，固定资产（建厂和机器）和非固定资产（劳动力工资和保障）的投资都会减少，利润增加。

（3）进出口零关税这种商业优惠政策会给企业带来极大优势。在中国建厂，关税较高，进口原材料和出口产品的进出口税会附加在商品价格上，在与其他产品竞争中不占有优势。在非洲当地建厂，享有进出口税优惠，这种商业优惠政策会给企业带来极大的优势。

（4）享有当地的政策支持和优惠。当地政府为了降低失业率，维持政治稳定，对于提高就业人口的企业会有较好的态度。当地政府为赚取外汇，也会对外资企业给予行政事务上的便利。

总之，原材料成本快速上升，中国已经不具备发展劳动密集型产业的潜力，我国已经丧失廉价资源、较低成本的劳动力的比较优势，而华坚集团对埃塞俄比亚皮革产业的投资充分利用了非洲丰富的资源与廉价的劳动力，促进了中国相应技术以及资本的转移，推动生产端要素优质有序地整合。在获取利润、拉动经济增长的同时也有利于该行业技术的推广与不断改进，从而不断增加该产品的附加值，树立我国的优良品牌形象，有利于同行业的良性可持续发展。

三、存在的问题

在产品、技术较为落后的非洲，不少中国的产品物美价廉，在当地享有广阔的市场。但是除了机遇，中国对非投资也时常遇到一定的风险和问题，如安全风险、政策文化差异弊端、法律制度问题、基础建设问题、大国竞争压力等。仍以华坚集团为例，尽管作为埃塞俄比亚支柱产业的"领头羊"，但是由于当地政府机构冗杂、办理手续繁多，有时一个项目会盖十几个甚至二十个公章，还有交通、通信、道路的问题。由于当地政府监管不牢，很容易出现索贿现象，政府职能分管不清，容易出现走一道程序、跑多个部门的现象。两种问题合在一起，会更加麻烦，这是许多企业家不愿意在非洲投资的原因。

此外，由于历史遗留问题和宗教问题，部分国家时局动荡，会对在当地投资制造业的中国商人和工人造成危害，不仅货物会遭到洗劫和焚毁，还可能出现生命危险，这也是问题之一。

所幸的是，近年来非洲国家的战争所引发的动荡逐渐减少，非洲的经济也处于一个高速发展阶段，以上两种问题初步得到解决，农业、畜牧业、工业、基础设施等方面得到丰富的发展，为外国投资者在当地投资建厂提供了较舒适的环境。

但是，相比较我国而言，非洲不少国家的基础设施建设非常简陋，不能满足我方人员的需求，必要时仍需自建配套设施，而我国投资者在非洲投资建厂也势必要从国内分派不少中国员工（更多的制造业工人会在当地招聘），此时由于不同的员工、不同的文化容易引发员工矛盾，从而降低企业的稳定性。这便需要企业的管理人员制定良好的企业制度来规范员工，引导矛盾。同样重要的是交通问题：在非洲，很多地方没有修建公路，不少公路也老旧化严重，不利于制造业产品的运输。

目前，非洲国家投资前景较为乐观，除了中国，日本、韩国、新加坡、美国和欧洲各国也纷纷来非洲投资，由于全球化席卷的浪潮和当地的竞争愈演愈烈，在带来巨大发展机遇的同时也伴随着极大的风险与挑战。这对于我国的企业家是严峻的挑战，需要企业家运用企业家才能，把握机遇，规避金融和信息风险，中国对非投资的前景就会逐渐明朗。

第二节 中国对非洲 OFDI 的作用

一、中国对非洲 OFDI 显著促进非洲就业人员增长

中国对非洲直接投资的企业就业人员迅速增长，2005 年以来，中国对非洲 OFDI 创造的就业岗位不断增长。中国 OFDI 在新加坡创造的就业岗位包括创造的科技人员、管理人员、靠体力进行生产劳动的人（戴翔，2006），其中创造的科技人员最多，其次为管理人员，最后为靠体力进行生产劳动的人。而中国对非洲直接投资与其他国家不同，中国在非洲创造的就业机会超过其他任何国家，中国对非洲的对外直接投资主要为劳动密集型产业，而不是资本密集型产业和技术密集型产业或知识密集型产业，因此中国对非洲 OFDI 不但促进了东道国经济增长和结构调整，也创造了大量的就业机会。调查发现，虽然中国对非洲的直接投资聘用了大量的中国科技人员，但 93% 的中国对肯尼亚投资的企业雇用的是肯尼亚当地员工。

专栏 11 - 1　赞比亚工人访谈记录

问：您认为赞比亚哪个行业在非洲创造就业机会的潜力最大？

答：基础设施建设。

问：您认为中国在赞比亚投资能否促进就业？

答：能促进非洲就业，但就业增长缓慢，而雇用中国工人数量的增长速度最快。

问：您认为赞比亚最需要什么？

答：最需要提高我们的劳动力素质，增加就业。

问：您认为赞比亚欢迎中国来你们国家直接投资吗？

答：非常欢迎。

问：您觉得赞比亚经济情况如何？

答：赞比亚人均 GDP 仍很低，但我们国家经济总量很大。

二、中国对非洲 OFDI 拉动中国对非洲出口的增加

不但中国 OFDI 显著影响中国对东道国出口，而且中国 OFDI 技术溢出效应对中国出口的影响也很显著。非洲各国对中国出口的总体评价较好，中国对非洲出口的产品质量好，价格不高。我们在调查中发现，虽然非洲客户不太关注中国的产品质量标准，但非洲客户对中国产品的细节非常关注，中国出口到非洲的各类产品的规模大、比重高。

我们在调查中也发现，中国对非洲直接投资快速增长，同时中国对非洲进出口也在同步增长，中国对非洲各国直接投资与中国对非洲各国进出口额并不存在替代关系。主要是因为非洲国家大多数均为中低收入国家，而中国对中低收入国家和劳动富裕国家的 OFDI 具有垂直型性质，即中国对中低收入国家的 OFDI 与出口具有互补关系，中国对中低收入国家的 OFDI 与出口不具有替代性。由于投资对出口并不具有替代效应，因此中国对劳动富裕国家即非洲国家的直接投资对出口贸易的促进作用显著。

专栏 11 - 2　阿尔及利亚驻华大使的访谈记录

问：您认为中国从非洲进口最多的产品是什么？

答：能源类产品。

> 问：为什么中国进口能源产品最多，而且中国很快就会成为全球最大能源进口国？
>
> 答：因为非洲对中国出口的潜力大，并且中国经济增长对非洲能源产品的需求日益增加。
>
> 问：您认为阿尔及利亚欢迎中国从你们国家进口吗？
>
> 答：非常欢迎。
>
> 问：您认为中国对非洲直接投资与中国对非洲进出口存在替代关系还是互补关系？
>
> 答：中国对非洲直接投资将促进中国对非洲进出口增长。
>
> 问：阿尔及利亚欢迎中国出口产品吗？
>
> 答：欢迎。
>
> 问：你们国家对中国出口产品的评价怎么样？
>
> 答：欢迎中国出口到阿尔及利亚的产品。

三、中国对非洲 OFDI 推动非洲国家经济快速增长，但对非洲人均 GDP 促进作用较弱

当前非洲人口众多，截至 2017 年，非洲人口达 12.2655 亿。虽然当前中国对非洲直接投资不能促进东道国人均 GDP 增长，但中国对非洲直接投资能显著促进非洲各国的经济增长。同时，非洲东道国的 GDP 显著促进了中国 OFDI，但非洲东道国的人均 GDP 对中国 OFDI 的影响不显著。但我们对全球 34 国 OFDI、中国对转型及发展中国家 OFDI、中国对发达国家 OFDI 效率及影响因素的研究发现，不但中国人均国内生产总值对中国 OFDI 也有显著的效果，而且东道国人均国内生产总值对吸引中国 OFDI 也有显著的效果，但这一研究结果与在非洲的调查结果不一致。主要是因为：第一，中国对非洲的直接投资动机与对其他地区 OFDI 动机不同，中国对非洲直接投资与中国能源进口紧密关联，中国对非洲 OFDI 显著促进了中国能源进口，因此非洲对中国出口的潜力大，并且中国经济增长对非洲能源产品的需求日益增长。非洲主要的能源出口国为利比亚、阿尔及利亚、埃及和突尼斯等北非国家，而我国从非洲进口的能源日益增加，尤其是从非洲进口的石油迅速增加，非洲石油占中国石油进口的比重在 30% 以上。

第二，中国对非洲 OFDI 有一定的投资风险。中国对非洲的 OFDI 不但包括资源寻求型直接投资，也包括日益增多的市场寻求型对外直接投资，而且市场寻求型对非投资的影响更显著。部分研究结果也发现，虽然非洲东道国的 GDP 和东道国原油出口占比都显著促进了中国对非洲 OFDI 的增长，即非洲东道国的

GDP 和东道国原油出口占比显著促进中国对非洲的市场需求型 OFDI 和资源需求型 OFDI 增长，但中国对非洲的 OFDI 受市场需求影响更大。

第三，中国对非洲 OFDI 具有显著的技术溢出，即中国对非洲 OFDI 不但促进中国经济增长和技术进步，也促进非洲东道国技术进步。Braconier 和 Ekholm 等（2001）研究发现，瑞典获得的技术溢出与该国外商投资显著正相关。

第四，中国对非洲 OFDI 将显著促进非洲国内投资，即外商投资对非洲各国的国内投资也具有较强的影响力。

专栏 11 - 3　埃塞俄比亚驻华大使的访谈记录

问：您认为埃塞俄比亚的经济增长形势如何？

答：2017 年埃塞俄比亚经济增长速度达 8.3%，成为非洲经济增长速度最快的国家，也成为发展中国家经济增长速度最快的国家之一。

问：您认为中国对埃塞俄比亚投资是否促进了贵国经济增长？

答：中国对埃塞俄比亚直接投资增长快，2015 年中国对埃塞俄比亚直接投资达 11 亿美元，2016 年中国对埃塞俄比亚直接投资达 20 亿美元，并且近七年来中国对埃塞俄比亚直接投资迅猛增长，在非洲，中国对埃塞俄比亚直接投资存量排名第九。中国对埃塞俄比亚直接投资创造了巨大的就业机会，推动了我国经济增长。

问：您认为当前埃塞俄比亚政府做了什么？

答：融入"一带一路"建设，与中国合作，建立了东方工业园，并得到了两国政府的大力支持。

问：埃塞俄比亚欢迎中国的直接投资吗？

答：非常欢迎。

问：埃塞俄比亚促进中国企业进入贵国市场的主要因素是什么？

答：进入我国的中国 OFDI 能促进我国进出口，推动我国经济增长。

问：中国企业进入埃塞俄比亚后，埃塞俄比亚国内投资有何变化？

答：埃塞俄比亚极端贫穷，第二产业比重最低，第一产业和第三产业比重高，因此国内投资推动经济增长的投资贡献率很低，固定资产投资增长缓慢。

问：埃塞俄比亚政府制定了哪些鼓励政策，促进中国企业进入埃塞俄比亚？

答：我国政府制定政策允许中国企业的旧设备免税进入埃塞俄比亚。

四、中国对非洲 OFDI 推动非洲国家产业结构升级

本书研究发现，外商投资对中国产业结构高度化的影响显著为正，中国对非洲的 OFDI 将促进非洲国家的产业结构升级，中国对非洲 OFDI 将促进非洲国家的出口技术密集度，非洲国家通过与中国的合作将促进该国经济结构转型。

第一，中国对非洲 OFDI 将显著促进非洲国家产业转型。虽然中国对非洲国家进出口贸易和 OFDI 都促进非洲国家产业转型，但贸易对产业结构转型的促进作用为间接作用，而中国对非洲 OFDI 直接促进非洲国家产业转型。

第二，短期内中国对非洲国家进出口贸易对非洲国家产业转型的促进作用较弱，而中国对非洲国家 OFDI 对非洲国家产业转型的促进作用非常显著。

专栏 11-4　坦桑尼亚驻华大使的访谈记录

问：您认为中国在贵国投资的行业包括哪些？

答：既包括农业项目在内的第一产业，也包括基建投资、能源、纺织、汽车、服装制造在内的第二产业，还包括通信、餐饮业在内的第三产业。

问：您认为进入贵国和非洲其他国家的中国通信服务业的代表性企业有哪些？

答：中国通信服务业中的代表性企业包括中兴、华为。

问：贵国和非洲其他国家面临的产业结构升级问题的难点是什么？

答：就是产业发展不均衡，并且长期以来产业结构升级缓慢，无法尽快实现产业升级。

问：您希望融入中国主导的"一带一路"区域价值链吗？

答：希望，"一带一路"倡议给坦桑尼亚带来了很好的机遇。我国就位于非洲的东海岸，是"一带一路"沿线国家。

第三，促进非洲国家融入全球价值链，尤其是非洲国家融入中国主导的"一带一路"区域价值链将促进非洲国家产业结构升级。中国和非洲国家长期处于全球价值链的中低端环节，中国必须和"一带一路"沿线的非洲国家共同搭建全球价值链伙伴关系，融入全球价值链网络体系中，不断推动非洲国家产业结构升级。

第三节　取得的成就与存在的问题

通过对非洲坦桑尼亚、埃塞俄比亚、阿尔及利亚、赞比亚的深入调查，我们对中国对非洲 OFDI 的发展情况提出了一些结论，我国对非洲直接投资虽然取得了巨大的成绩，但仍面临若干问题。

一、取得的成就

作为全球第二大人口大洲，非洲资源丰富，人口基数大，对于轻工业产品的需求会逐渐上升，非洲投资网的创办人用自身经历说明了几乎所有国家对服装、鞋类等劳动密集型产品和家用电子产品等技术含量较低产品的需求量大。国内不少工厂由于政府要求整改，成本大幅上升，已经不能给企业家带来收益。但是，随着非洲的经济发展，不少非洲人热衷于物美价廉的中国商品。因此，直接在非洲投资建厂的收益将比在国内生产再运输到非洲节约极大的成本、获得更大的收益。对比其他欧美国家的企业来看，虽然我国企业生产的商品技术含量较低，但是目前却适合非洲人的需求，在高速发展的全球化背景下，我国投资者在非洲投资制造业的前景是良好的。当然，在部分非洲国家的人民有了更高的需求时，投资方向也不能固执死板。总之，我们应该保持自信，积极"走出去"，充分利用国际资源。同时也应时刻保持警惕，适时调整投资战略，与时俱进。

二、需要进一步解决的问题

第一，要推动中国对非洲直接投资与中国对非洲进出口贸易的同步增长，并且要推动中国对非洲直接投资的增长速度快于中国对非洲进出口贸易的增长速度。我们也发现，短期内中国对非洲直接投资对非洲国家产业转型的促进作用很显著，因此应大力推动对非洲国家 OFDI 的快速增长。

第二，要注意到法律约束力对我国对非洲直接投资的影响，要建立对非洲直接投资的风险预警机制。大多数非洲国家法律约束力较差，一国较强的法律约束力能促进中国对该国的 OFDI，发达国家法律约束力能够显著促进中国 OFDI 效率的提高，但非洲国家政治风险高，法律约束力差，因此，中国企业要建立对非洲直接投资的风险预警机制。

第三，要推动房地产业向非洲国家和地区理性投资，也要遏制房地产业非理性的对外直接投资，大力发挥该行业对外直接投资对非洲国家国内投资的挤入效应。

第十二章 结论及政策建议

第一节 结论

为了对中国制造业融入全球价值链的环节和进程进行评估，我们测算了中国各年 GVC 地位指数和参与指数。中国 GVC 地位指数仍长期为负，表明中国出口的国外附加值远远高于国内增加值，中国在全球价值链中更多从事组装、加工等下游环节，中国仍长期被锁定在全球价值链分工的低端环节。同时可以看到，中国后向参与度与 GVC 参与指数变化趋势基本一致，即我国产业总出口中所包含的国外增加值主导我国全球价值链参与指数的主要方向，而我国各产业总出口中所包含的间接国内增加值所占比重极低，这也受到我国出口导向型战略的必然影响。

本书研究了 OFDI（包括对不同类型国家的 OFDI）对中国提升全球价值链参与指数和地位指数的影响程度，结果发现：第一，对发达国家 OFDI 将促进我国全球价值链地位指数不断上升，也能显著促进我国全球价值链参与指数不断上升。第二，对发展中国家 OFDI 促进了我国全球价值链参与指数的不断上升，但不能显著促进我国 GVC 地位指数提升。第三，对发展中国家的 GVC 参与指数大于对发达国家的 GVC 参与指数，但对发达国家的 GVC 地位指数大于对发展中国家的 GVC 地位指数。

为了分析中国对外直接投资与整合国内价值链之间的关系，第一，研究了中国制造业 OFDI 对中国产业结构调整的影响，"走出去"能够促进产业结构转型升级，当前中国制造业 OFDI 促进我国产业结构转型升级主要体现在对产业结构合理化的提升上。若分析 OFDI 对中国产业结构高级化水平的影响，就会发现中国制造业 OFDI 能显著促进中国产业结构高级化水平，若分析 OFDI 对中国产业结构合理化的影响，就会发现各省份制造业 OFDI 增长将使本地产业结构合理化水平显著提升。通过分析我国东部地区、中部地区、西部地区三大地区对外直接投资对国内产业结构合理化的影响，就会发现三大地区 OFDI 对国内产业结构合理化的影响程度明显不同。中国东部地区对外直接投资对提升产业结构合理化的促进作用最明显，其次为中部地区，中部地区对外直接投资也有助于提升产业结构合理化，但在西部地区，对外直接投资对提升产业结构合理化的正向激励作用并不存在。

第二，考察了中国制造业对外直接投资对我国出口的影响，认为中国各省对所有类型国家的对外直接投资都能显著促进各省出口技术复杂度的提升，同时，中国对发展中国家 OFDI 获得的研发资本存量对中国出口技术复杂度的贡献大于向发达国家 OFDI 获得的研发资本存量和向"一带一路"沿线国家 OFDI 获得的研发资本存量。

第三，分析了中国对外直接投资对国内投资的影响，发现中国企业对外直接投资在规模较小时，即当 OFDI 流量、通过对"一带一路"沿线国家 OFDI 流量获得的国外研发资本存量和通过全球 OFDI 流量获得的国外研发资本存量较少时，OFDI 能显著促进国内投资，但当 OFDI 流量、通过对"一带一路"沿线国家 OFDI 流量获得的国外研发资本存量和通过全球 OFDI 流量获得的国外研发资本存量达到一定规模时会挤出国内投资。分析金融影响作用下的OFDI对国内投资的影响时，发现中国对外直接投资流量存在显著的挤入效应，通过 OFDI 流量获得的国外研发资本也具有一定程度的挤入效应。针对三大地区的检验结果发现，东部地区对外直接投资流量存在显著的挤入效应，中部地区和西部地区对外直接投资不存在挤入效应。

第四，分析了中国制造业 OFDI 对我国技术创新的影响，发现从中国 OFDI 逆向技术溢出对地区技术创新的影响来看，国民素质在六大因素中对我国 OFDI 逆向技术溢出效应的影响最显著，进出口额对我国 OFDI 逆向技术溢出效应的影响最小；我国从发达国家 OFDI 所获得的逆向技术溢出通过人力资本的调节作用能显著促进我国技术进步；我国对发展中国家直接投资存在正向技术输出，但中国仍可通过对发展中国家 OFDI 获得部分技术回收。

第五，在系统的调查分析和实证研究基础上，挑选典型的中国对外直接投资的东道国作为案例进行调查分析。中国制造业对非投资的实践显示，中国制造业对非投资机制渐趋完善，投资取得很多重大成果，有效转移了我国过剩产能，推动了国内产业结构升级，从而拉动了经济的蓬勃发展，同时也给非洲当地带来了发展机会，但确实还存在一些问题。首先，中国企业对在非洲投资面临的风险认识不够；其次，短期内中国对非洲进出口贸易对非洲国家产业转型的促进作用不显著，因此应加大对非洲投资力度；最后，我国对非洲国家 OFDI 对非洲各国人均 GDP 的促进作用极小。

第二节　政策建议

在发展战略措施方面，通过实地调研和观察感受，本书提出以下政策建议，以推动中国制造业海外投资效率提升：

1. 增强对发展中国家的资源寻求型对外直接投资，加大对发达国家的技术寻求型对外直接投资力度

第一，加强与发达国家的技术输出合作，加大对发达国家的技术寻求型投资力度。依托北美、东欧、中欧地区的劳动力受到良好训练的优势，加强在该地区进行战略投资合作，将发达国家作为我国获得逆向技术溢出的主要东道国。

第二，加大对发展中国家的基础设施建设的支持力度，增加对发展中国家的资源寻求型对外直接投资。当前我国对发展中国家 OFDI 增长速度较快，对发展中国家投资的我国企业应进一步规范经营行为，对发展中国家 OFDI 应更加关注东道国投资环境的风险管理。加大对石油等自然资源密集型并且与中国之间的文化距离较近的发展中国家的投资力度，提高我国企业对外直接投资的逆向技术溢出水平，从而带动本土企业价值链升级。

第三，加大对欧盟、中东欧、日本、韩国等发达国家和地区的市场寻求型对外直接投资力度。提高我国企业对发达国家 OFDI 的逆向技术溢出水平，对一些对中国有贸易壁垒的国家可采取来源于第三国的中国中间品出口等方式促进我国出口，充分发挥中国的成本优势以及欧盟等发达国家的市场规模、市场特点，推动中国出口。

2. 加大中西部地区的对外开放力度，推动中西部地区对外直接投资的逆向技术溢出效应

第一，西部地区应适度发展对外直接投资，并以引进外资为主，大力发挥中国对外直接投资对产业结构调整和升级的促进作用，尤其是要进一步提升中西部地区对外直接投资效率，促进中西部地区金融业发展，发挥中部地区对外直接投资对产业结构高度化的促进作用。

第二，加大各区域尤其是中西部地区的对外开放力度，优化人力资本、要素市场的发育和法律制度环境，以促进吸收更多的 OFDI 逆向技术溢出。进一步加大中西部地区的对外开放力度，积极发挥《中西部地区外商投资优势产业目录

（2017 年修订）》的作用。

第三，当前，外商投资对中西部地区出口技术复杂度的影响不显著，同时中国通过对外直接投资获得的国外研发资本存量对东部地区出口技术复杂度的影响大于中西部地区。因此，在推动"引进来"的同时，大力推动企业向"一带一路"沿线国家和地区"走出去"。在第一阶段，中西部地区应通过在"一带一路"沿线国家和地区建立境外经贸合作园区、投资合作项目等方式，打开对外开放战略通道。在第二阶段，中西部地区企业应在"一带一路"沿线国家和地区建立子公司、分支机构、研发机构，参与东道国的经贸合作。

3. 推动各省份对外直接投资的产业结构高度化效应和国内技术创新能力的提升

本书研究发现，我国各省份制造业 OFDI 增长都会使本地产业结构合理化水平显著提升。同时应制定政策，大力促进西部地区各省 OFDI 与产业结构合理化的良性互动。

应不断提升中国制造业和其他产业对外直接投资对产业结构升级的影响，应认识到当前我国对外直接投资的产业升级效应不够明显，制造业对外直接投资与国内产业结构升级的平均绝对关联度极低的事实，主要是因为我国制造业对外直接投资规模小以及所占比重极低，传统产业结构调整升级目标仍未实现，从而导致我国 OFDI 不能通过对外产业转移、上下游关联产业发展、新兴产业快速成长、获取母国需要的资源等途径促进产业结构转型升级。

应大力发展生产性服务业，促进本土企业技术不断升级。提高对外直接投资质量，制定政策鼓励生产性服务业外商投资企业进入中国，同时大力推动我国生产性服务业"走出去"，尽快在"一带一路"沿线国家打造中国服务品牌，充分发挥中国生产性服务业的全球价值链地位指数和全球价值链参与指数显著大于"一带一路"沿线国家的优势，促进我国技术创新能力不断升级。

在转移国内落后制造业、优化资源配置的同时，大力推动和引导我国新兴产业走出国门。开展对外直接投资和国际合作，抢占技术、研发资本等关键领域的战略高地，提升国际竞争力，进而带动产业结构优化升级。

4. 推动理性对外直接投资，充分发挥对外直接投资对国内投资的挤入效应

推动制造业和房地产业"走出去"。为了充分发挥房地产业对外直接投资对国内投资具有的挤入效应，要大力推动房地产业向"一带一路"沿线国家和地区理性投资，也要遏制房地产业非理性的对外直接投资，大力发挥该行业对外直接投资对国内投资的挤入效应。

对外直接投资对国内投资的影响与国内金融市场密切相关，本书研究发现，中部地区和西部地区对外直接投资不存在挤入效应，因此由于中西部地区金融业

发展滞后导致该地区对外直接投资挤出国内投资，为了防止我国中西部地区对外直接投资对国内投资的挤出效应，中西部地区必须大力发展金融业。中西部地区应制定政策，鼓励中小银行的金融机构经营许可证与短期金融工具及长期金融工具的申请。

推动中西部地区出口导向型产业的发展，尤其是要大力推动中国对外直接投资所引致的出口导向型产业发展。本书研究发现，由于进口对东中西三大地区国内投资的挤出效应均大于出口对国内投资的挤入效应，三大地区货物进出口总额与GDP之比变量系数均显著为负，因此应大力推动中国对外直接投资所引致的出口导向型产业发展。

5. 提高生产性服务业的对外开放水平

第一，突出发展生产性服务业，不断增强服务业对产业升级的促进作用，大力推动信息服务、现代物流业、交通运输业等生产性服务业向"一带一路"沿线国家和地区"走出去"。第二，应制定促进我国生产性服务业"走出去"的优惠政策和鼓励措施，在"一带一路"沿线国家和地区树立品牌形象。因此，中国应同"一带一路"沿线国家和地区组成区域价值链，尽快用区域价值链中的技术先进方代替全球价值链中的技术落后方。第三，进一步加大研发及科研人员的投入力度。要进一步减少政府对市场的干预，创造公平竞争的市场环境，规范市场秩序。

6. 合理引导外商投资，改变外商投资促进我国区域经济协调发展的推动作用不显著的事实

当前，外商投资在我国各地区的分布严重失衡，包括生产性服务业在内的外商投资主要集中于我国东部地区，外商投资企业投资金额在中部地区和西部地区所占比重极低，制约了外商投资对我国区域经济协调发展的推动作用。因此，应制定政策鼓励外商投资中西部地区，在充分考虑东中西三大地区使用外商投资的实际情况下，将负面清单模式扩展至除上海、广东、天津、福建自贸区以外的中西部地区自贸区。

7. 加大对发达国家资本技术密集型产业直接投资的力度

从全球价值链地位指数的变化趋势来看，发达国家处于全球价值链的高端，从而中国对发达国家直接投资不能显著推动发达国家全球价值链地位指数的提升，但中国对发展中国家直接投资能显著推动发展中国家全球价值链地位指数的提升，因此中国对外直接投资对发展中国家全球价值链地位指数和全球价值链参与指数的促进作用较强。同时，中国应该重点投资发达国家研发资本密集型的高科技产业，不断提升我国全球价值链地位指数。

8. 大力推动中国企业向欧盟"走出去"

中国对欧盟包括服务业对外直接投资在内的 OFDI 能够产生显著的技术输出，即中国对欧盟发达国家 OFDI 能显著促进欧盟国家技术进步，促进欧盟国家攀升全球价值链，因此应不断增加对作为研发密集地的欧盟的 OFDI，通过对欧盟 OFDI 来逐渐获得不断增加的技术溢出效应。

参考文献

［1］Agosin M R, Mayer R. 2000. Foreign Investment In Developing Countries, Does It Crowd in Domestic Investment? ［R］. UNCTAD Discussion Papers, No. 146.

［2］Barro R J, Lee J W. International Comparisons of Educational Attainment ［J］. Journal of Monetary Economics, 1993, 32 (3): 363 –394.

［3］Borensztein E, J De Gregorio, J W Lee. How Does Foreign Direct Investment Affect Economic Growth ［J］. Journal of International Economics, 1988, 6 (45): 115 –135.

［4］Braconier H, Ekholm K, Midelfart Knarvik K H. Does FDI Work as a Channel for R&D Spillovers? Evidence Based on Swedish Data ［R］. IFN Working Paper, 2001, No. 553.

［5］Branstetter L. Is Foreign Direct Investment a Channel of Knowledge Spillovers? Evidence from Japan's FDI in the United States ［J］. Journal of International Economics, 2006, 68 (2): 325 –344.

［6］Chang B K A S. Technological Capabilities and Japanese Foreign Direct Investment in the United States ［J］. The Review of Economics and Statistics , 1991, 73 (3): 401 –413.

［7］Chang S J. International Expansion Strategy of Japanese Firms: Capability Building Through Sequential Entry ［J］. Academy of Management Journal, 1995 (38): 383 –407.

［8］Chen Y R, Lee B S. A Dynamic Analysis of Executive Stock Options: Determinants and Consequences ［J］. Journal of Corporate Finance, 2010 (16): 1.

［9］Christopoulus D K, Tsionas E G. Financial Development and Economic Growth: Evidence from Panel unit Root and Cointe – gration Tests ［J］. Journal of Development Economic, 2004 (73): 55 –74.

［10］Coe D T, Helpman E. International R&D Spillovers ［J］. European Economic Review, 1995 (5): 859 – 887.

[11] Cohen W, Levinthal D. Absorptive Capacity: A New Perspective on Learning and Innovation [J]. AdmInistrative Science Quarterly, 1990 (35): 128 – 152.

[12] Desai M A, Foley C F, Hines J R. Foreign Direct Investment and the Domestic Capital Stock [J]. American Economic Review, 2005, 95 (2): 33 – 38.

[13] Driffield N, Love J H. Foreign Direct Investment, Technology Sourcing and Reverse Spillovers [J]. The Manchester School, 2003, 71 (6): 659 – 672.

[14] Driffield N, Love J H, Taylor K. Productivity and Labor Demand of Effects inward and Outward FDI on UK industry [J]. The Manchester School, 2009 (77): 171 – 203.

[15] Escribano A, Fosfuri A, Tribo J A. Managing External Knowledge Flows: The Moderating Role of Absorptive Capacity [J]. Research Policy, 2009 (38): 96 – 105.

[16] Feenstra R, Z Li, M Yu. Exports and Credit Constraints under Private Information: Theory and Application to China [J]. Review of Economics and Statistics, 2014, 96 (4): 729 – 744.

[17] Feldstein M. Effects of out Bound Foreign Directinvestment on the Domestic Capital Stock [M]. Chicago: University of Chicago Press, 1994.

[18] Fosfuri, Andrea, Motta, Massimo, Ronde, Thomas. Foreign Direct Investment and Spillovers through Workers' Mobility [J]. Journal of International Ecomomics, 2001, 53 (1): 205 – 222.

[19] Hausman, Ricardo, Jason Hwang, Dani Rodrik. What You Export Matters [J]. Journal of Economic Growth, 2007, 12 (1): 1 – 25.

[20] Herzer D, Schrooten M. Outward FDI and Domestic Investment in Two Industrialized Countries [J]. Economics Letters, 2008 (99): 139 – 143.

[21] Head K, Ries J. Increasing Returns Versus National Product Differentiation as an Explanation for the Pattern of US – Canada Trade [J]. American Economiceview, 2001, 91 (4): 858 – 876.

[22] Koopman R, Powers W, Wang Z. Give Credit Where Credit is Due: Tracing Value Added in Global Production Chains [M]. National Bureau of Economic Research, Inc, 2010.

[23] Koopman R, Wang Z, Wei S J. How Much of Chinese Export is Really Made in China? Assessing Domestic Value – added When Processing Trade is Pervasive [R]. NBER Working Paper, No. 14109, 2008.

［24］Kppman R, Powers W, Wang Z, et al. Give Credit Where Credit is Due：Tracing Value – added in Global Production Chains ［R］. NBER Working Paper, No. 16426, 2010.

［25］Kogut B, Chang S. Technological Capabilities and Japanese Foreign Direct Investment in the United States ［J］. The Review of Economics and Statistics, 1991 （73）：401 – 413.

［26］Lall S. Determinants of R&D in an LDC：The Indian Engineering Industry ［J］. Economics Letters, 1983, 13 （4）：379 – 383.

［27］Narula R. Understanding Absorptive Capacities in an "Innovation Systems" Context：Conquences for Economic and Employ – ment Growth ［R］. MERIT Research Menorandum Series, 2004.

［28］Pol Antras , Stephen R. Yeaple. Multinational Firms and the Structure of International Trade ［R］. NBER Working Paper No. w18775, 2013.

［29］Swenson. Overseas Assembly and Country Sourcing Choices ［R］. NBER Working Papers 10697, 2004.

［30］Tu Qiang, Mark A V, Ragu – Nathan T S, et al. Absorptive Capacity：Enhancing the Assimilation of Time – based Manufacturing Practices ［J］. Journal of Operations Management, 2006 （24）：692 – 710.

［31］Vahter P, Masso J. Home Versus Host Country Effects of FDI：Searching for New Evidence of Productivity Spillovers ［R］. Working Papers of Eesti Pank 13, 2005.

［32］Winkler D E. Potential and Actual FDI Spillovers in Global Value Chains：The Role of Foreign Investor Characteristics, Absorptive Capacity and Transmission Channels ［R］. World Band Policy Research Working Paper, No. 6424, 2013.

［33］Zahra S A, Hayton J C. The Effect of International Venturing on Firm Performance：The Moderating Influence of Absorptive Capacity ［J］. Journal of Business Venturing, 2008 （23）：195 – 220.

［34］卜伟, 易倩. OFDI 对我国产业升级的影响研究 ［J］. 宏观经济研究, 2015 （10）：54 – 61.

［35］陈俊聪. 对外直接投资对服务出口技术复杂度的影响——基于跨国动态面板数据模型的实证研究 ［J］. 国际贸易问题, 2015 （12）：64 – 73.

［36］陈俊聪, 黄繁华. 对外直接投资与出口技术复杂度 ［J］. 世界经济研究, 2013 （11）：74 – 79, 89.

［37］陈昊. 出口贸易如何影响高学历劳动力就业？——兼论出口贸易就业

筛选机制的实现［J］. 产业经济评论，2016（4）：107－121.

［38］陈昊，吴雯. 中国 OFDI 国别差异与母国技术进步［J］. 科学学研究，2016（1）：49－56.

［39］崔日明，黄英婉. "一带一路"沿线国家贸易投资便利化水平及其对中国出口的影响［J］. 广东社会科学，2017（3）：5－13.

［40］戴魁早. 中国工业结构的优化与升级：1985－2010［J］. 数理统计与管理，2014（2）：296－304.

［41］丁一兵，张弘媛. 中美贸易摩擦对中国制造业全球价值链地位的影响［J］. 当代经济研究，2019（1）：76－84.

［42］戴翔. 中国制造业出口内涵服务价值演进及因素决定［J］. 经济研究，2016（9）：44－58.

［43］樊纲，王小鲁，朱恒鹏. 中国市场化指数——各地区市场化相对进程报告（2001 年）［M］. 北京：经济科学出版社，2003.

［44］关兵. 我国制造业参与全球价值链情况的再考察——基于 OECD－WTO 全球价值链指标体系［J］. 工业经济论坛，2015（5）：29－40.

［45］霍忻. 中国 OFDI 逆向技术溢出对国内技术进步影响研究——基于吸收能力视角［J］. 经济经纬，2016（3）：60－65.

［46］黄德春等. 金融支持海洋产业结构优化［M］. 北京：海洋出版社，2020.

［47］韩亚峰，付芸嘉. 自主研发、中间品进口与制造业出口技术复杂度［J］. 经济经纬，2018（6）：73－79.

［48］蒋殿春，张宇. 经济转型与外商直接投资技术溢出效应［J］. 经济研究，2008（7）：26－38.

［49］綦建红，陈晓丽. 中国 OFDI 的出口效应：基于东道国经济发展水平差异的实证分析［J］. 学海，2011（3）：136－142.

［50］綦建红，魏庆广. OFDI 影响国内资本形成的地区差异及其门槛效应［J］. 世界经济研究，2009（10）：53－58，88－89.

［51］阚放. 推进中国在全球价值链分工中地位升级的路径研究［D］. 辽宁大学博士学位论文，2016.

［52］齐俊妍，王永进，施炳展，盛丹. 金融发展与出口技术复杂度［J］. 世界经济，2011（7）：91－118.

［53］林志帆. 中国的对外直接投资真的促进出口吗？［J］. 财贸经济，2016（2）：100－113.

［54］刘胜，顾乃华. 外商直接投资对中国制造业出口技术复杂度的影响

[J]．首都经济贸易大学学报，2016（1）：11－18.

[55] 刘伟全．中国 OFDI 逆向技术溢出与国内技术进步研究 [D]．山东大学博士学位论文，2010.

[56] 刘素君，赵文华．中国自由贸易区（FTA）促进了进口贸易吗——基于 PPML 回归的实证研究 [J]．特区经济，2018（1）：52－55.

[57] 李轩．中国对东盟直接投资与母国产业结构的关联性分析 [J]．经济问题探索，2016（9）：72－77.

[58] 莫莎，李玲．对外直接投资对出口技术复杂度的影响研究 [J]．贵州财经大学学报，2015（2）：63－73.

[59] 蒲小川．中国区域经济发展差异的制度因素研究 [D]．复旦大学博士学位论文，2007.

[60] 申俊喜，王圳．我国 OFDI 逆向技术溢出制约因素的实证研究 [J]．科技与经济，2013（5）：71－75.

[61] 宋国豪，徐洁香．人口老龄化对出口技术复杂度的影响 ——基于跨国面板的分析 [J]．山东工商学院学报，2018，32（6）：74－81.

[62] 邵敏，武鹏．出口贸易、人力资本与农民工的就业稳定性——兼议我国产业和贸易的升级 [J]．管理世界，2019（3）：99－113.

[63] 佟家栋，张焦伟，曹吉云．FTA 外商直接投资效应的实证研究 [J]．南开学报：哲学社会科学版，2010（3）：86－92.

[64] 王岚，李宏艳．中国制造业融入全球价值链路径研究——嵌入位置和增值能力的视角 [J]．中国工业经济，2015（2）：76－88.

[65] 王雷，桂成权．OFDI 逆向技术溢出对地区技术创新的影响——基于基础吸收能力的调节作用 [J]．南京审计学院学报，2015（5）：28－36.

[66] 王英，周蕾．我国对外直接投资的产业结构升级效应：基于省际面板数据的实证研究 [J]．中国地质大学学报（社会科学版），2013（6）：119－124.

[67] 王永进，盛丹，施炳展，李坤望．基础设施如何提升了出口技术复杂度？[J]．经济研究，2010（7）：103－115.

[68] 魏龙，王磊．从嵌入全球价值链到主导区域价值链："一带一路"战略的经济可行性分析 [J]．国际贸易问题，2016（5）：104－115.

[69] 辛晴，邵帅．OFDI 对国内资本形成的影响——基于中国省际面板数据的经验分析 [J]．东岳论丛，2012（10）：135－139.

[70] 薛新红，王忠诚．中国 OFDI 对国内投资的影响：挤出还是挤入[J]．国际商务（对外经济贸易大学学报），2017（1）：120－130.

[71] 熊琦．东盟国家在全球生产网络中的分工与地位——基于 TiVA 数据

与全球价值链指数的实证分析 [J]．亚太经济，2016 (5)：51－56.

[72] 杨连星，刘晓光．中国 OFDI 逆向技术溢出与出口技术复杂度提升 [J]．财贸经济，2016 (6)：97－112.

[73] 杨连星，罗玉辉．中国对外直接投资与全球价值链升级 [J]．数量经济技术经济研究，2017 (6)：54－70.

[74] 俞毅，万炼．我国进出口商品结构与对外直接投资的相关性研究基于 VAR 模型的分析框架 [J]．国际贸易问题，2009 (6)：96－104.

[75] 杨仁发，王金敏．"一带一路"倡议下中国生产性服务业"走出去"研究 [J]．兰州财经大学学报，2017 (6)：9－17.

[76] 杨丽丽，刘利．中国对外直接投资与价值链分工地位升级研究——基于制造业动态面板的系统 GMM 实证分析 [J]．中国商论，2016，(24)：121－124.

[77] 衣长军，李赛，张吉鹏．制度环境、吸收能力与新兴经济体 OFDI 逆向技术溢出效应——基于中国省际面板数据的门槛检验 [J]．财经研究，2015 (11)：4－19.

[78] 尹东东，张建清．我国对外直接投资逆向技术溢出效应研究——基于吸收能力视角的实证分析 [J]．国际贸易问题，2016 (1)：109－120.

[79] 印梅，陈昭锋．人口年龄结构、人力资本与出口技术复杂度 [J]．当代经济管理，2016 (12)：40－45.

[80] 姚战琪．中国对"一带一路"沿线各国 OFDI 逆向技术溢出效应分析 [J]．河北经贸大学学报，2017 (5)：22－30.

[81] 姚战琪．"一带一路"沿线国家 OFDI 的逆向技术溢出对我国产业结构优化的影响 [J]．经济纵横，2017 (5)：44－52.

[82] 姚战琪．中国对"一带一路"沿线国家 OFDI 逆向技术溢出的影响因素研究 [J]．北京工商大学学报 (社会科学版)，2017 (5)：11－24.

[83] 姚战琪．最大限度发挥中国 OFDI 逆向溢出效应——推动对"一带一路"沿线国家 OFDI 逆向溢出的政策取向 [J]．国际贸易，2017 (5)：44－48.

[84] 姚战琪．中国对欧美国家直接投资效率的影响因素研究 [J]．中国社会科学院研究生院学报，2018 (3)：80－90.

[85] 姚战琪，姚维瀚．全球价值链背景下中国制造业与服务业对外直接投资关系研究 [J]．河北经贸大学学报，2018 (4)：56－65.

[86] 姚战琪，夏杰长．中国对外直接投资对"一带一路"沿线国家攀升全球价值链的影响 [J]．南京大学学报 (哲学·人文科学·社会科学版)，2018 (4)：35－46.

［87］尹伟华．中日制造业参与全球价值链分工模式及地位分析——基于世界投入产出表［J］．经济理论与经济管理，2016（5）：100－112.

［88］杨丽丽，刘利．中国对外直接投资与价值链分工地位升级研究——基于制造业动态面板的系统 GMM 实证分析［J］．国际商贸，2016（8）：121－124.